权威·前沿·原创

皮书系列为
"十二五""十三五"国家重点图书出版规划项目

BLUE BOOK

智库成果出版与传播平台

自贸区蓝皮书

BLUE BOOK OF CHINA'S FTA&FTZ

中国自贸区发展报告
（2020~2021）

ANNUAL REPORT ON CHINA'S FTA&FTZ (2020-2021)

中国自贸试验区迈向高质量发展之路

中国社会科学院金融研究所
中国博士后特华科研工作站
主　编　王　力　黄育华
副主编　朱福林　王　伟

社会科学文献出版社
SOCIAL SCIENCES ACADEMIC PRESS（CHINA）

图书在版编目（CIP）数据

中国自贸区发展报告. 2020 - 2021：中国自贸试验区
迈向高质量发展之路 / 王力，黄育华主编. -- 北京：
社会科学文献出版社，2021.12
（自贸区蓝皮书）
ISBN 978 - 7 - 5201 - 9381 - 8

Ⅰ. ①中…　Ⅱ. ①王… ②黄…　Ⅲ. ①自由贸易区 -
经济发展 - 研究报告 - 中国 - 2020 - 2021　Ⅳ. ①F752

中国版本图书馆 CIP 数据核字（2021）第 232462 号

自贸区蓝皮书

中国自贸区发展报告（2020~2021）
——中国自贸试验区迈向高质量发展之路

主　　编 / 王　力　黄育华
副 主 编 / 朱福林　王　伟

出 版 人 / 王利民
责任编辑 / 恽　薇　胡　楠
责任印制 / 王京美

出　　版 / 社会科学文献出版社·经济与管理分社（010）59367226
　　　　　　地址：北京市北三环中路甲 29 号院华龙大厦　邮编：100029
　　　　　　网址：www. ssap. com. cn
发　　行 / 市场营销中心（010）59367081　59367083
印　　装 / 天津千鹤文化传播有限公司

规　　格 / 开 本：787mm × 1092mm　1/16
　　　　　　印 张：15　字 数：224 千字
版　　次 / 2021 年 12 月第 1 版　2021 年 12 月第 1 次印刷
书　　号 / ISBN 978 - 7 - 5201 - 9381 - 8
定　　价 / 138.00 元

自贸区蓝皮书编委会

主要编撰者简介

王 力 经济学博士，特华博士后科研工作站执行站长，中国社会科学院大学教授、博士生导师，北京大学经济学院校外导师，湖南大学金融学院和上海商业发展研究院兼职教授。主要研究领域：区域金融、产业经济、资本市场、财富管理、创业投资。主要社会兼职：中国生产力学会常务理事和副秘书长、中国保险学会常务理事和副秘书长、中国城市经济学会理事等。主持完成中国生产力学会重大课题"中国自由贸易试验区金融创新调研报告"，参与"设立上海自由贸易试验区可行性方案研究""设立重庆自贸试验区实施方案研究""设立云南自由贸易试验区实施方案研究""上海自由贸易试验区制度创新案例研究"等，承担了中国社会科学院重大国情调研项目"中国自由贸易试验区（港）建设跟踪调研"。主编出版《中国自贸区发展报告》（自贸区蓝皮书）等著作100余部。在国家核心期刊上发表《全球金融后台业务发展的最新趋势研究》和《顶层设计与制度建设齐头并进——关于我国自贸区建设的若干思考》等学术论文200余篇。

黄育华 经济学博士，金融学博士后，现就职于中国社会科学院生态文明研究所城市群研究室。主要研究领域：城市金融、城市公共安全、风险管理。编著出版《国际金融中心研究》《中国区域金融中心研究》《中国金融风险管理》《中国城市公共安全发展报告》《中国金融中心发展报告》等多部著作。在《中国金融时报》《国际金融报》《经济日报》《中国金融》《经济研究参考》等国家核心报刊发表《中国金融中心建设若干问题研究》和

《中国自贸试验区建设面临的突出问题与政策建议》等学术论文80余篇。主持参与国家社科基金项目"国有商业银行股份制改造跟踪研究"、北京市软科学项目"首都金融后台与服务外包体系建设研究"、国家自然科学基金项目"商业银行操作风险管理研究",以及中国社会科学院国情调研项目"精准扶贫百村调研"、中国社会科学院重大国情调研项目"中国自由贸易试验区(港)建设跟踪调研"等。

朱福林　经济学博士,特华博士后科研工作站博士后、副研究员,2012~2013年韩国建国大学客座教授,毕业于中国社会科学院研究生院,现就职于商务部国际贸易经济合作研究院。主要研究领域:国际服务贸易、服务外包、自由贸易区、自由贸易港、自由贸易试验区、数字经济、数字贸易等。出版学术著作2部,发表CSSCI论文40余篇,参与多项国家社科基金、省部级重点课题。荣获2014年中国技术经济学会优秀论文奖、2017年全国商务发展研发成果奖报告类优秀奖、2019年全国商务发展研究成果奖著作类二等奖。2018年《全球价值链背景下中国服务外包产业竞争力测算及溢出效应研究》入选第七批"中国社会科学博士后文库"并荣获全国优秀博士后学术成果。主要学术著作还包括《中国服务贸易外溢效应研究》等。

王　伟　特华博士后科研工作站研究员,毕业于中国社会科学院研究生院。主要研究领域:区域金融、资本市场、财富管理、数字经济。作为课题组成员在核心期刊发表论文10余篇,参与编撰《中国金融中心发展报告》(金融蓝皮书)、《中国自贸区发展报告》(自贸区蓝皮书)、《中国城市公共安全发展报告》(公共安全蓝皮书)、《中国农村土地市场发展报告》(土地市场蓝皮书)、《中国新三板市场发展报告》(新三板蓝皮书)等著作10余部。参与中国社会科学院重大国情调研项目"中国自由贸易试验区(港)建设跟踪调研",以及"北京国家保险产业园建设实施规划""中国大湾区发展战略研究""中国城市金融竞争力研究"等省部级重点课题。

摘　要

近年来，经济全球化遭遇挫折，多边主义机制推进缓慢，局部地区贸易保护主义倾向不断加剧。中美贸易冲突不仅严重损害了双方的经贸利益，而且对全球经济复苏造成不利影响。突发的新冠肺炎疫情重创世界经济，造成国际贸易与投资大幅萎缩，供应链、价值链、产业链呈现区域化、本地化收缩态势，全球经济增长乏力。

习近平总书记多次在重要场合强调，中国开放的大门不会关闭，只会越开越大。2019 年 10 月，党的十九届四中全会强调要建设更高水平的开放型新体制。建设自由贸易区是中国构建对外开放新格局的重要举措。面对错综复杂的国际局势，在党中央、国务院的领导下，中国自由贸易区建设取得了一系列重大积极进展。

本报告对 2020～2021 年中国自由贸易区发展态势进行了系统梳理，并针对具体问题展开深入分析及提出相应政策建议。总报告对中国自由贸易试验区及自由贸易协定发展总体情况、成效、挑战进行了总结分析，并提出相应政策建议。截至 2021 年 12 月，中国已设立了 21 个自由贸易试验区，拥有自由贸易试验区的省份已占到全国的 70%。中国不断构建高质量自由贸易区网络，截至 2021 年 12 月，中国已与 26 个国家和地区签署了 19 个自由贸易协定。分报告主要内容分别为：对海南自贸港战略布局及系列制度建设进行综合评估的同时深入探讨海南自贸港法律体系建设，以期对海南自贸港制度设计、运行提出建设性意见；对进口博览会与自贸试验区联动发展以全面提高对外开放水平展开深入分析；对目前自贸试验区金融改革创新的主要

成果和问题进行总结，并对后续的改革方向和重点进行探讨；以海南旅游业为案例，对自贸区服务业改革创新发展进行深入探究；对自由贸易试验区制造业发展现状进行总结并提出趋势预测；分析中国与非洲基本贸易情况，并对中非经济和中非自由贸易区建设提出建议；在评估中国和拉美国家签署的自由贸易协定的基础上，对正在谈判和研究中的自由贸易协定和潜在的自由贸易协定谈判对象进行展望。

关键词： 自由贸易试验区　自由贸易协定　自由贸易港　高质量发展

目 录

Ⅰ 总报告

Ⅱ 专题篇

Ⅲ 行业篇

皮书数据库阅读**使用指南**

总 报 告

General Report

B.1
中国自贸试验区迈向高质量发展之路

王 力 黄育华 朱福林*

摘 要： 自贸试验区建设对于我国参与全球化新格局治理、对接国际经贸新规则具有重大意义。自贸试验区坚持制度创新核心职能，在贸易自由化、投资便利化、金融业开放和政府职能转变方面进行了大量有价值的创新探索，在抗击新冠肺炎疫情中发挥了稳外贸外资基本盘的关键作用。我国自贸试验区发展过程中仍存在一些问题，如高价值制度创新占比较低、压力测试开展不足、对标国际经贸规则欠缺等。为推进自贸试验区高质量发展，应加强顶层设计、加快立法保障、理顺管理体系，为制度创新、压力测试、金融开放等提供优良政策环境，通过建立容错机制激励"大胆试、大胆闯、主动改"，通过加强制造业与现代服务业融合发展不断夯实自贸试验区

---

* 王力，特华博士后科研工作站执行站长，中国社会科学院大学教授、博士生导师；黄育华，中国社会科学院生态文明研究所研究员；朱福林，商务部国际贸易经济合作研究院副研究员。

产业集群基础，为发挥"增长极"效应增强辐射带动作用。与此同时，我国已与26个国家和地区签署19个自由贸易协定，对于推动我国经贸国际合作发挥着重要的促进作用，未来应继续加强高标准自由贸易区网络建设。

关键词：　自贸试验区　自由贸易协定　制度创新　高质量发展

　　建设高质量、高标准自由贸易区是当前我国推进经济高质量发展、构建对外开放新高地、培育外贸竞争新优势的重大国家战略。自由贸易试验区（Pilot Free Trade Zone）和自由贸易区（Free Trade Area）是两类相辅相成的不同开放模式，两者都是我国构建对外开放新机制的重要路径。自由贸易试验区（以下简称自贸试验区）是我国在现有多边经贸规则约束下主动推进实施的开放战略，由于其空间相对有限，可称之为"小自贸区"。自由贸易区具有排他性，仅对成员国有效，且覆盖成员国全部关境领土，可称之为"大自贸区"。这两类自由贸易区都以提升贸易投资自由化和便利化为目标，都积极推动自身与世界的经贸联系，扩大产业开放等。在具体运行中，它们可以形成相互促进的"双自联动"效应，对我国构建全面开放新格局发挥着重要作用。

一　引言

　　自贸试验区是在我国经济进入新阶段背景下，党中央、国务院推进新一轮高水平对外开放的重要战略举措，通过以制度创新为核心的自身探索为全国范围内改革开放提供可复制经验，承担了探索新路径、新模式、新动能的重大历史使命。从一定角度来看，我国自贸试验区建设是一场综合实验，融入了体制改革、制度型开放、政府职能转变等重大高质量发展目标。自2013年首个自贸试验区在上海设立以来，我国自贸试验区根据国家总体安排，结合自身优势与特色，在贸易便利化、投资便利化、服务业开放、行政体制改革、信息化管理等方面开展了大量尝试，并形成大量可供借鉴的经验与做法，为我国新时代推进高水平开放、构建开放型经济新体制进行了非常有益的探索。总之，目前我国自贸试验区战略实施态势稳中有进，不断助推我国改革开放伟大事业前进。

新冠肺炎疫情影响广泛深远。新冠肺炎疫情突袭而至，导致全球产业链严重受阻，对世界经济与贸易造成严重不利影响。目前，全球新冠肺炎疫情形势仍很严峻，尽管疫苗已在世界范围内推广，但全球疫情形势并没有趋缓，反而愈演愈烈，对世界经济、贸易、投资等活动仍产生相当大的抑制效应。

习近平主席和李克强总理多次在重要场合指出，赋予自贸试验区改革开放自主权，鼓励大胆闯、大胆试。面对日趋复杂和变化多端的国际环境，我国应坚持做好自己的事，坚持扩大对外开放，通过开放促改革、促发展，不断实现经济高质量发展。其中，建设自贸试验区就是一项重要的应对策略。此外，为应对中美贸易摩擦、贸易保护主义及新冠肺炎疫情带来的不利影响，我国不仅要发挥自贸试验区自主开放的旗帜功能，而且应积极扩大自由贸易区网络，不断提升自由贸易区开放水平。

二　当前世界经济贸易形势分析

（一）全球经济持续遭受新冠肺炎疫情影响

从世界范围来看，各国经济均不同程度地受到全球新冠肺炎疫情的负面冲击，新冠肺炎疫情危机被普遍认为是"大萧条"之后最严重的全球性经济灾难。2020年，美国、欧元区和日本GDP增速均出现不同程度下降。2021年3月IMF发布的《世界经济展望》显示，2020年世界经济增速下滑3.3%，预计2021年世界经济增速为6%。更为严重的是，新冠肺炎疫情产生的负面影响比预期或更持久，多数国家和地区出现经济萎缩，导致工作岗

位供给减少和收入减少。IMF 对过往全球性疫情（SARS 病毒、H1N1 病毒、埃博拉病毒等）的实证研究发现，疫情导致世界各国基于净人均收入的基尼系数提高，导致贫富差距扩大，这类疫情发生 5 年后，世界净基尼系数将上升 1.5%，受教育水平较低群体和低收入群体受到的影响较为显著。① 总之，新冠肺炎疫情对未来世界经济格局的影响不容乐观。

（二）全球供应链面临深刻调整与重组

新冠肺炎疫情全球肆虐，为防控疫情扩散而采取的人为隔离措施造成国际产业链、供应链断裂以及国际物流受阻，造成世界贸易严重受损。由于不同商品对全球供应链依赖的程度不同，其受到的影响也不同。对复杂性价值链依赖程度较高的产品（如汽车等）受新冠肺炎疫情的影响较为严重，导致其生产及贸易均严重受限。由于全球范围内的交通和旅游管制，服务贸易受到的影响最为直接。WTO 指出，服务业是受新冠肺炎疫情影响最为严重的经济部门；旅行、运输和分销服务受制于流动性限制及隔离措施，受到的影响较为严重。全球疫情也导致世界商品供需结构发生变化。为了应对全球疫情，世界各国对医疗产品（包括医疗器械、口罩、消毒剂等）等需求增长从而导致其供给也相应增加，而耐用消费品则被推迟消费。受疫情影响，全球失业率提高且物价上涨，世界商品需求结构发生明显变化，从而带动世界贸易商品结构随之变化。消费者更多地选择价格弹性较低的生活必需品，如防疫用品、居家食品等，这些商品的世界贸易量有所增加；而弹性较高的文娱商品需求下降，从而导致其国际交易量下降。新冠肺炎疫情重新引发全球对产业链安全的特别关注，多国意识到供应链过度依赖的脆弱性，增加供应链多元性将成为一种趋势，从而将引发全球供应链产业链调整。

（三）中美贸易冲突加剧贸易保护主义抬头

作为世界最大经济体和中国重要的贸易合作伙伴国之一，美国的对外贸

---

① IMF, "How Pandemics Leave the Poor even Farther Behind", May 11, 2020。

易政策将显著地影响中国的对外贸易状况。自 2008 年国际金融危机发生以来，美国一直面临国内蓝领工人失业率居高不下的难题，同时美国在与中国贸易过程中一直处于贸易逆差位置。为了扭转国内经济不景气和长期贸易逆差状况，美国近年来开始采用较为保守的对外贸易政策。2016 年特朗普总统上台并提出"美国优先"战略，特朗普政府加速推动美国制造企业向本土回流。2018 年，特朗普政府分批次对中国进口商品实施额外关税加征，中国采取反制措施，对美国进口商品同样加征了额外关税。虽然《中华人民共和国政府和美利坚合众国政府经济贸易协议》（即"第一阶段协议"）在 2020 年初得以签署，但随着新冠肺炎疫情在美国大规模肆虐，美国国内经济遭受重创。从历史经验角度来看，美国很可能在未来一段时间继续采取保守的贸易保护政策，中美贸易的未来发展充满众多不确定性。拜登政府基本上延续了特朗普对华经贸政策。从长远来看，美国的贸易保护主义行为不仅对美国经济恢复作用不大，更会影响甚至破坏长期构建的国际经贸合作关系，对经济全球化发展也带来阻碍，更不利于世界经济从疫情中走出来。

三 中国自由贸易区发展总体态势

（一）中国自由贸易区发展现状

当前，在 WTO 多边谈判机制严重受挫背景下，建立自由贸易区成为各国次优选择，促使全球范围内自由贸易区数量快速增加。截至目前，全球向 WTO 报备的区域贸易协定总数达 305 个。随着全球开放标准"水涨船高"，区域性自由贸易协定谈判议题进一步扩展，自由化便利化制度要求不断提高。十九大报告指出，新时代我国社会主要矛盾出现重大转变，与此同时，我国经济发展由以高速增长为标志的粗放阶段不断转向以追求高质量发展为目标的集约阶段。中美贸易摩擦及新冠肺炎疫情导致国际形势日益复杂和动荡，我国对外开放面临重大挑战。在此背景下，推进自由贸易区加快建设是我国开展新一轮改革开放的重要组成部分。商签高标准自由贸易协定（Free

Trade Agreement，FTA）不仅是我国积极应对国际新经贸规则发展趋势的必然要求，也是应对国际局势中不利因素、推动国内全面深化改革、构建更高水平开放型经济新体制的客观要求。截至2021年4月底，我国已与26个国家或地区签署19个自由贸易协定，涵盖瑞士、澳大利亚、新西兰、韩国等发达经济体，以及东盟、巴基斯坦等发展中经济体，表明我国参与国际经贸合作的程度逐步提高。除已签协定之外，我国处于商谈阶段的自由贸易协定有10个，处于正在研究阶段的自由贸易区数量有8个（见表1）。在目前我国完成签署的FTA中，RCEP代表着我国FTA的最高水准，是我国构建高

表1 中国自由贸易协定最新进展

进展程度	协定/自贸区	进展程度	协定/自贸区
已签署	区域全面经济伙伴关系协定	正在谈判	中国－海合会
	中国－柬埔寨		中日韩
	中国－毛里求斯		中国－斯里兰卡
	中国－马尔代夫		中国－以色列
	中国－格鲁吉亚		中国－挪威
	中国－澳大利亚		中国－摩尔多瓦
	中国－韩国		中国－巴拿马
	中国－瑞士		中国－韩国自贸协定第二阶段谈判
	中国－冰岛		中国－巴勒斯坦
	中国－哥斯达黎加		中国－秘鲁自贸协定升级谈判
	中国－秘鲁	正在研究	中国－哥伦比亚
	中国－新西兰		中国－斐济
	中国－新加坡		中国－尼泊尔
	中国－新加坡升级		中国－巴新
	中国－智利		中国－加拿大
	中国－智利升级		中国－孟加拉国
	中国－巴基斯坦/中国－巴基斯坦第二阶段		中国－蒙古国
	中国－东盟/中国－东盟（"10＋1"）升级		中国－瑞士自贸协定升级联合研究
	内地与港澳更紧密经贸关系安排	优惠贸易安排	亚太自由贸易协定

注：数据截至2021年4月底。

资料来源：商务部中国自由贸易区服务网，http://fta.mofcom.gov.cn/index.shtml。

标准自由贸易区网络的重要成果。2020 年 11 月 20 日，国家主席习近平在北京以视频方式出席亚太经合组织（APEC）第二十七次领导人非正式会议并发表重要讲话时指出，要继续推进区域经济一体化，早日建成亚太自由贸易区（FTAAP），将积极考虑加入《全面与进步跨太平洋伙伴关系协定》（CPTPP）。但当前国际局势下我国构建高水平 FTA 面临诸多不确定性，这对中国签署高水平 FTA 构成一定障碍。

（二）中国自由贸易区发展成效

自由贸易协定的签署有效提升了我国与协定方的贸易投资合作水平，推动了我国与贸易伙伴之间的经贸关系。自由贸易协定在货物贸易自由化方面达到很高水平，通过关税降免为双方减免大量关税。除中巴自贸协定之外，我国自由贸易协定实现零关税的产品税目基本达到了 90% 以上水平，其中，新加坡、新西兰、澳大利亚都承诺对我国所有产品最终实现零关税（刘晓宁，2020）。以中澳 FTA 为例，协定生效时降税立即为双方带来 10.2 亿美元的关税减免。此外，除个别国家和地区之外，我国签署的大部分自贸协定对双边贸易产生了显著的促进效应。例如，我国与东盟的自贸协定于 2005年生效，双边贸易稳步发展，2019 年我国对东盟出口额为 3595 亿美元，同比增长 17.8%，占我国总出口额的 14.4%，东盟地区一举超越美国，成为我国仅次于欧盟的出口目的地；2019 年我国对东盟进口额为 2820 亿美元，同比增长 9.8%，占我国总进口额的 13.6%[①]，东盟成为我国最大的进口来源地。我国与较早签署 FTA 的智利、巴基斯坦、新西兰、秘鲁等国家和地区的双边贸易均受到自贸协定签署的大力促进，年均增速在 10% 以上，高于同期贸易总额年均增速（刘晓宁，2020）。另外，在全球经贸规则标准不断提高的带动下，近年来我国对外签署的 FTA 也日益采纳部分高标准经贸规则，一方面有力地推动我国由商品开放转向制度型开放，另一方面不断推

---

① 根据国家统计局 2019 年统计公报数据计算所得，其中，人民币兑美元汇率按国家外汇管理局公布的 2019 年度平均值（1 美元 =6.8985 元人民币）换算。

动我国原本开放度较低的产业加大开放力度。例如，近年来，我国签署的自贸协定中服务贸易条款明显增多且重要性日益突出，承诺开放的服务部门不断增加，大大推进了我国服务业开放。RCEP 开放承诺达到了已有自贸协定的最高水平，承诺服务部门数量在中国入世承诺约 100 个部门的基础上，新增开放 22 个部门，提高 37 个部门的承诺水平①。同时，服务业开放涉及国内规制一致性问题，将导致相关管理制度变革。自贸协定的签署为我国企业"走出去"、开展国际投资、国际化经营等提供了巨大市场空间。例如，随着中国和智利自贸协定的实施，华为等一批优秀的中资企业在智利稳扎稳打，得到当地市场的广泛欢迎，并日益成为智利通信产业的重要参与者。

（三）中国自由贸易区存在的问题

自从党的十八大提出加快实施自由贸易区战略以来，我国积极尝试通过商签自由贸易协定扩大贸易朋友圈。但整体来看，我国自贸区建设仍有巨大的提升空间，与我国谈判进展较快的多为发展中国家和中小型发达经济体，而与经济规模较大的发达经济体的谈判则进展缓慢，从而导致我国自贸协定的深度与高度大打折扣。在与发展中经济体签署自贸协定时，由于同为发展中经济体，国际定位难免存在重合，双方均以商品出口、吸引外资为国际贸易战略，因而互补性差且竞争性强。此外，近几年我国面临的国际形势不确定性增加，对我国开展 FTA 谈判造成不利。首先，政治因素日益成为我国签署 FTA 的阻碍。以目前正在谈判的中日韩自贸区为例，尽管中日韩三方的合作意愿比较强烈，但是由于日本和韩国均为美国同盟，再加上中美贸易摩擦，因此中日韩三方自贸区谈判日趋复杂化并受到多边政治层面的干扰。与此相似的是，南中国海问题也成为中国与部分东盟国家推动自贸协定的重大绊脚石。其次，潜在协约国固守的关键领域谈判空间狭小。双边或区域自贸协定的签订带有比较浓厚的排他色彩，自贸区为参与协定的伙伴国提供了比其他国家更优越的贸易条件和关税优惠，参与合作的国家普遍采取较为谨

---

① 《看过来，RCEP 规则亮点逐个数》，《国际商报》2021 年 1 月 22 日，第 4 版。

慎的态度。对于一些国家而言，特定商品具有特殊地位。这些特殊领域的存在对自贸区建设产生很大阻挠。以日本为例，农产品关税问题是其"禁区"，在这一问题上的分歧大大延缓了中日韩自贸区推进步伐。最后，文化宗教等价值观差异也对 FTA 签订造成困难。我国正在谈判或正在研究的潜在自贸区合作伙伴，比如加拿大、尼泊尔和中东国家等受到较为深厚的宗教文化影响，宗教信仰等造成的价值观差异，可能给双方进一步开放合作带来不利影响①。

（四）中国自由贸易区高质量发展策略

自由贸易区的建立对于促进地区间贸易便利化、优化国内经济商品结构、改善国家相关经贸制度等，都具有重要意义，因此从长远来看，建立并深入建设自贸区符合成员各自利益。在贸易环境恶化背景下，我国更应保持扩大开放心态，积极构建高标准国际经贸合作关系网。一是积极参与构建大型自由贸易区。大型自由贸易协定是塑造国际经贸秩序的重要政策工具。在 WTO 多边谈判机制受挫背景下，美欧日等发达经济体正在积极推进超大型自由贸易协定。相对来说，我国在构建和参与超大型自由贸易协定上较为缓慢。面对日益加强的区域集团化趋势，我国应积极参与构建和推进多边及双边大型自由贸易协定，避免被排除在未来全球主要自由贸易协定之外、造成事实上的"边缘化"，并争取在新一轮国际协定重构中积极发声、占据有利地位。RCEP 是目前我国高度重视及参与的大型自贸协定，对我国参与东亚及全球经济治理具有重要推动作用，为此我国应充分发展与成员国的贸易与投资往来。在 RCEP 签署之际，趁机加快推进中日韩 FTA 谈判进程。推动加入 CPTPP 程序，从经济利益、周边稳定及开放要求来看，加入 CPTPP 是一个有利抉择。在"一带一路"倡议合作机制深入推进背景下，应不断构建"一带一路"沿线高标准自由贸易网络。二是推动商签高标准自贸协定。

---

① 《专家：亚洲地区自由贸易区的文化挑战与机遇》，中国经济网，2014 年 5 月 19 日，www.ce.cn/culture/gd/201405/15/t20140515_2818059.shtml。

在服务贸易开放上,将国际通行的负面清单管理模式应用到自由贸易协定之中,不断放宽服务业市场准入。在与发达经济体谈判的自贸协定中纳入21世纪最新经贸规则,如知识产权、竞争政策、政府采购、竞争中性、监管一致性、数字贸易等,不断加大我国自贸协定响应世界经贸规则发展趋势的力度。不断争取与更多发达经济体签署自贸协定,积极推动中欧投资协定2021年底签署,带动我国自贸协定整体开放标准提高。三是妥善处理外交关系、求同存异、努力寻找国际合作的共同着力点。随着我国经济实力的提升,我国对外影响力不断提高并不断尝试参与全球治理。在这一过程中,由于处置方式、自我心态、制度与价值观差异等多方面原因,可能会产生一些对我国不利的错误认知,从而对我国国际形象造成一定影响,不利于我国国际经贸活动的开展。因此,我国应注重中国故事叙事方式,继续秉持韬光养晦国际策略,积极享受全球化红利。

四 中国自贸试验区发展总体态势

自由贸易试验区是党中央、国务院在新形势下全面推进新型改革开放的重要抓手。自2013年国内第一个自贸试验区——中国(上海)自由贸易试验区挂牌成立以来,截至2021年8月,我国共分6批次推出21个自贸试验区,实现东部沿海全覆盖,并通达内地,延伸至沿边。从区域覆盖分布来看,沿海地区、内陆地区、沿边地区分别有10个、8个、3个省份拥有自贸试验区。各省份自贸试验区又拥有多个自贸试验区片区,目前全国21个自贸试验区共规划设立67个片区(如表2所示)。大多数情况下,自贸试验区拥有3个片区,且三个片区分布于本省三个不同城市。上海、浙江、河北等省份由于多样化原因,自贸试验区片区数量超过3个。最为特殊的是海南,全境实施自贸试验区与自由贸易港政策。海南自贸试验区面积最大,为3.54万平方公里。随着自贸试验区在全国范围渐次扩容,作为主管部门的商务部特地组建自贸区港建设协调司,专门负责自贸试验区统筹协调、经验推广等有关具体工作。

表2　中国自贸试验区片区分布

省份	自贸试验区片区	省份	自贸试验区片区
上海	海关特殊监管区域（上海外高桥保税区、上海外高桥保税物流园区、洋山保税港区、上海浦东机场综合保税区）	四川	成都天府新区片区
			成都青白江铁路港片区
			川南临港片区
	陆家嘴金融片区	陕西	中心片区
	金桥开发片区		西安国际港务区片区
	张江高科技片区		杨凌示范区片区
	临港新片区	海南	海南全岛
广东	广州南沙新区片区	山东	济南片区
	深圳前海蛇口片区		青岛片区
	珠海横琴新区片区		烟台片区
天津	天津港片区	江苏	南京片区
	天津机场片区		苏州片区
	滨海新区中心商务片区		连云港片区
福建	平潭片区	广西	南宁片区
	厦门片区		钦州港片区
	福州片区		崇左片区
辽宁	大连片区	河北	雄安片区
	沈阳片区		正定片区
	营口片区		曹妃甸片区
浙江	舟山离岛片区		大兴机场片区
	舟山岛北部片区	云南	昆明片区
	舟山岛南部片区		红河片区
	宁波片区		德宏片区
	杭州片区	黑龙江	哈尔滨片区
	金义片区		黑河片区
河南	郑州片区		绥芬河片区
	开封片区	北京	科技创新片区
	洛阳片区		国际商务服务片区
湖北	武汉片区		高端产业片区
	襄阳片区	湖南	长沙片区
	宜昌片区		岳阳片区
重庆	两江片区		郴州片区
	西永片区	安徽	合肥片区
	果园港片区		芜湖片区
			蚌埠片区

注：截至2021年4月底。

资料来源：作者根据各自贸试验区总体方案整理。

（一）中国自贸试验区发展历程

1. 上海自贸试验区走在全国前列

作为改革开放前沿阵地，一直以来上海发挥自贸试验区建设的引领作用，在自贸试验区全国格局中占据至关重要的地位。凭借良好的对外开放基础，上海在自贸试验区建设中拔得头筹。中国（上海）自贸试验区于2013年9月29日正式挂牌成立，由四个外向型经济基础优良的海关特殊监管区组成，面积为28.78平方公里。中国（上海）自贸试验区以国际标准自由贸易区为建设蓝图，志在于投资便利化、贸易自由化、金融开放和政府职能转变这四大领域发挥引领作用，并通过自身试验形成一系列改革开放成功经验复制推广至全国。为进一步深化上海自贸区建设，2015年4月，党中央、国务院决定扩大中国（上海）自贸试验区地理范围，陆家嘴金融片区（含世博地区）、张江高科技片区、金桥开发片区被划进来，使中国（上海）自贸试验区面积达120.72平方公里，这是上海自贸试验区第一次实现扩区，由此进入上海自贸区2.0版阶段。此后，国内其他省份新设自贸试验区的区域面积通常以120平方公里为参照，进一步凸显上海自贸试验区的先锋作用。2017年3月，为进一步释放自贸试验区政策优势，国务院发布《全面深化中国（上海）自由贸易试验区改革开放方案》，将中国（上海）自贸试验区的建设目标定为"三区一堡"①，由此推动中国（上海）自贸试验区步入3.0版阶段。2019年8月，《中国（上海）自由贸易试验区临港新片区总体方案》发布，先行启动区面积为119.5平方公里，提出到2025年，建立比较成熟的投资贸易自由化便利化制度体系；到2035年，建成具有较强国际市场影响力和竞争力的特殊经济功能区。设立中国（上海）自贸试验区临港新片区是以习近平同志为核心的党中央总揽全局、科学决策，旨在进一

---

① "三区"是指开放和创新融为一体的综合改革试验区、开放型经济体系的风险压力测试区、提升政府治理能力的先行区；"一堡"是指服务国家"一带一路"倡议推动市场主体走出去的桥头堡。

步扩大开放的重大战略部署，是新时代彰显我国坚持全方位开放鲜明态度、主动引领经济全球化健康发展的重要举措，标志着中国（上海）自贸试验区4.0版正式拉开帷幕。

2. 其他省份自贸试验区建设渐次展开

在上海自贸试验区加快发展的同时，为形成错位试验、互补试验效果，其他省份自贸试验区按照国家部署也逐渐设立，形成了目前的空间布局（如图1所示）。2015年4月，国务院决定在广东、天津和福建增设自贸试验区，之所以选择这三个地方，与其良好的经济基础、开放条件、地理位置等有关，广东、天津、福建自贸试验区的设立壮大了自贸试验区队伍，为国家开展错位制度创新试验开创了更多的"试验田"，不同地区的自贸试验区可以开展多样化、差异化、个性化试验，并与其他自贸试验区形成相互激励机制，推动自贸试验区竞相发展。随着自贸试验区建设的推进，多地认识到自贸试验区所带来的政策红利，产生申请自贸试验区建设的诉求。为响应地方需求，也为了使自贸试验区政策进一步落地，2017年3月国务院批准在辽宁、浙江、河南、湖北、重庆、四川、陕西7个省份增设自贸试验区，并发布了各个自贸试验区的总体方案，对各个省份自贸试验区发展目标、战略定位、区域划分、主要任务等重要内容进行了规定。此次新设的7个自贸试验区大多位于中西部地区，并且，自贸试验区范围首次扩容至东北地区，一方面可以使不同地区享有自贸试验区政策做到区域平衡，另一方面可以扩大自贸试验区范围，提供更为广阔的试验场景。2018年中国迎来改革开放40周年，注定是不平凡的一年。2018年4月13日，习近平主席宣布支持海南全岛建设自由贸易试验区，并在海南建设我国第一个自由贸易港，标志着我国对外开放进入自由贸易港时代。海南不仅可以实施自贸试验区政策，还可以不断探索构建自由贸易港制度与政策体系。2019年8月，国务院批准在山东、江苏、广西、河北、云南、黑龙江设立自贸试验区，此次一并设立的6个自贸试验区具有多个特点：一是相对落后地区由于发展战略需要也能设立自贸试验区，二是自贸试验区范围首次延伸至沿边地区，三是增添开放型经济发展较领先的地区，进一步释放外向型经济活力。2020年李克强总理在《政府工作报告》中提出在中西部地区增设自贸试验区。2020 年 9 月，国务院批准在北京、湖南、安徽增设自贸试验区，并决定实施浙江自由贸易试验区扩区方案。目前，我国拥有自贸试验区的省份（不含港澳台）达到近 70%。经过 8 年左右的推进，我国自贸试验区布局经历了由沿海至内地、由东部至中西部、由发达地区向欠发达地区渐次推进的过程，大致形成了囊括东、西、南、北、中的平衡格局。2021 年《政府工作报告》提出，加强自贸试验区改革开放创新，推动海关特殊监管区域与自贸试验区统筹发展。

图 1　中国各批次自贸试验区成立时间

资料来源：经济观察网，2020 年 9 月 29 日，http://www.eeo.com.cn/2020/0925/416500.shtml。

（二）中国自贸试验区发展定位

目前 21 个自贸试验区的战略定位是存在差异的，这主要由经济发展水平、产业优势、地理区位、开放水平等因素所决定（见表 3）。第一，沿海地区外向型经济基础较好，参与国际大循环经验丰富，其自贸试验区依托开放型经济比较优势可探索构建向国际水准靠拢的制度环境。上海自贸试验区凭借其国际贸易中心、国际金融中心等优势在构建开放型经济体制上领先其他自贸试验区，发挥着领头雁的作用。上海自贸试验区临港新片区设立了以

表3 全国自贸试验区定位与重点发展产业分布

自贸试验区	发展定位	自贸试验区片区	重点发展产业
上海	到2020年率先建立同国际投资和贸易通行规则相衔接的制度体系,成为投资贸易自由、规则开放透明、监管公平高效、营商环境便利的国际高标准自由贸易园区;到2035年,建成具有较强国际市场影响力和竞争力的特殊经济功能区	海关特殊监管区域(上海外高桥保税区、上海外高桥保税物流园区、洋山保税港区、上海浦东机场综合保税区)	国际贸易、航运物流、高端制造、金融服务、专业服务、文化创意、维修检测、跨境电商、融资租赁、生物医药
		陆家嘴金融片区	金融、总部经济、航运、贸易、高端研发、文化会展、专业服务
		金桥开发片区	未来车、智能造、大视讯、5G新通信、汽车保税展示与销售、保税维修与再制造、跨境电商、保税研发
		张江高科技片区	集成电路、生物医药、人工智能
		临港新片区	集成电路、人工智能、生物医药、航空航天、新能源汽车、装备制造、绿色再制造、新型国际贸易、跨境金融、航运服务、信息服务、科技创新服务
广东	依托港澳、服务内地、面向世界,建设成为粤港澳深度合作示范区、21世纪海上丝绸之路重要枢纽和全国新一轮改革开放先行地	广州南沙新区片区	航运物流、特色金融、国际商贸、高端制造
		深圳前海蛇口片区	金融、现代物流、信息服务、科技服务
		珠海横琴新区片区	旅游休闲健康、商务金融服务、文化科教、高新技术
天津	以制度创新为核心,以可复制可推广为基本要求,努力成为京津冀协同发展高水平对外开放平台、全国改革开放先行区和制度创新试验田、面向世界的高水平自由贸易园区	天津港片区	航运物流、国际贸易、融资租赁、汽车及零配件流通、跨境电商、保税展示展销
		天津机场片区	航空航天、装备制造、新一代信息技术、研发设计、航空物流、保税维修与再制造、医药健康
		滨海新区中心商务片区	金融创新、人工智能、先进通信

续表

自贸试验区	发展定位	自贸试验区片区	重点发展产业
福建	围绕立足两岸、服务全国、面向世界的战略要求，充分发挥对台优势，率先推进与台湾地区投资贸易自由化进程，把自贸试验区建设成深化两岸经济合作的示范区	平潭片区	旅游、文化康体、物流贸易、总部经济、影视产业
		厦门片区	国际贸易、总部经济、航运服务、航空维修、融资租赁、金融服务、跨境电商、文化贸易、集成电路研发设计、数据服务
		福州片区	物联网、精密仪器、水产品交易、会展经济、跨境电商、整车进口、金融服务
辽宁	以制度创新为核心，以可复制可推广为基本要求，加快市场取向体制机制改革，积极推动结构调整，努力将自贸试验区建设成为提升东北老工业基地发展整体竞争力和对外开放水平的新引擎	大连片区	港航物流、金融商贸、先进装备制造、高新技术、循环经济、航运服务
		沈阳片区	装备制造、汽车及零部件、航空装备、金融、科技、物流
		营口片区	商贸物流、跨境电商、金融、新一代信息技术、高端装备制造
浙江	以制度创新为核心，以可复制可推广为基本要求，将自贸试验区建设成为东部地区重要海上开放门户示范区、国际大宗商品贸易自由化先导区和具有国际影响力的资源配置基地	舟山离岛片区	绿色石化，油品等大宗商品储存、中转、贸易，保税燃料油供应服务
		舟山岛北部片区	油品等大宗商品贸易，保税燃料油供应，石油石化产业配套装备保税物流、仓储、制造
		舟山岛南部片区	大宗商品交易、航空制造、零部件物流、研发设计及相关配套、水产品贸易、海洋旅游、海水利用、现代商贸、金融服务、航运、信息咨询、高新技术
		宁波片区	国际航运、油气配置、新材料、智能制造
		杭州片区	人工智能、金融创新、跨境电商
		金义片区	小商品贸易、数字贸易、国际物流枢纽

续表

自贸试验区	发展定位	自贸试验区片区	重点发展产业
河南	以制度创新为核心,加快建设贯通南北、连接东西的现代立体交通体系和现代物流体系,将自贸试验区建设成为服务"一带一路"倡议的现代综合交通枢纽、全面改革开放试验田和内陆开放型经济示范区	郑州片区	智能终端、高端装备、汽车制造、生物医药、现代物流、国际商贸、跨境电商、现代金融服务、服务外包、创意设计、商务会展、动漫游戏
		开封片区	服务外包、医疗旅游、创意设计、文化传媒、文化金融、艺术品交易、现代物流
		洛阳片区	装备制造、机器人、新材料、研发设计、电子商务、服务外包、国际文化旅游、文化创意、文化贸易、文化展示
湖北	力争建成高端产业集聚、创新创业活跃、金融服务完善、监管高效便捷、辐射带动作用突出的高水平高标准自由贸易园区,在实施中部崛起战略和推进长江经济带发展中发挥示范作用	武汉片区	新一代信息技术、生命健康、智能制造、国际商贸、金融服务、现代物流、检验检测、研发设计、信息服务、专业服务
		襄阳片区	高端装备制造、新能源汽车、大数据、云计算、商贸物流、检验检测
		宜昌片区	先进制造、生物医药、电子信息、新材料等高新产业及研发设计、总部经济、电子商务
重庆	努力将自贸试验区建设成为"一带一路"和长江经济带互联互通重要枢纽、西部大开发战略重要支点	两江片区	高端装备、电子核心部件、云计算、生物医药、总部贸易、服务贸易、电子商务、保税展示交易、仓储分拨、专业服务、融资租赁、研发设计
		西永片区	电子信息、智能装备、保税物流中转分拨
		果园港片区	国际中转、集拼分拨

续表

自贸试验区	发展定位	自贸试验区片区	重点发展产业
四川	将自贸试验区建设成为西部门户城市开发开放引领区、内陆开放战略支撑带先导区、国际开放通道枢纽区、内陆开放型经济新高地、内陆与沿海沿边沿江协同开放示范区	成都天府新区片区	现代服务业、高端制造业、高新技术、临空经济、口岸服务
		成都青白江铁路港片区	国际商品集散转运、分拨展示、保税物流仓储、国际货代、整车进口、特色金融、信息服务、科技服务、会展服务
		川南临港片区	航运物流、港口贸易、教育医疗、装备制造、现代医药、食品饮料
陕西	努力将自贸试验区建设成为全面改革开放试验田、内陆型改革开放新高地、"一带一路"经济合作和人文交流重要支点	中心片区	高端制造、航空物流、贸易金融
		西安国际港务区片区	国际贸易、现代物流、金融服务、旅游会展、电子商务
		杨凌示范区片区	农业科技
海南	发挥海南岛全岛试点的整体优势,紧紧围绕建设全面深化改革开放试验区、国家生态文明试验区、国际旅游消费中心和国家重大战略服务保障区,把海南打造成为我国面向太平洋和印度洋的重要对外开放门户	海南全岛	围绕旅游业、现代服务业、高新技术产业三大主导产业,发展种业、医疗、教育、旅游、电信、互联网、文化、金融、航运、海洋经济、先进制造业
山东	以制度创新为核心,以可复制可推广为基本要求,全面落实党中央关于增强经济社会发展创新力、转变经济发展方式、建设海洋强国的要求,加快推进新旧发展动能接续转换、发展海洋经济,形成对外开放新高地	济南片区	人工智能、产业金融、医疗康养、文化产业、信息技术
		青岛片区	现代海洋、国际贸易、航运物流、现代金融、先进制造
		烟台片区	高端装备制造、新材料、新一代信息技术、节能环保、生物医药、生产性服务业

续表

自贸试验区	发展定位	自贸试验区片区	重点发展产业
江苏	着力打造开放型经济发展先行区、实体经济创新发展和产业转型升级示范区	南京片区	集成电路、生命健康、人工智能、物联网、现代金融
		苏州片区	生物医药、纳米技术应用、人工智能、新一代信息技术、高端装备制造、现代服务业
		连云港片区	新医药、新材料、新能源、大数据、高端装备制造、航运物流、文化旅游、健康养老
广西	着力建设西南中南西北出海口、面向东盟的国际陆海贸易新通道,形成21世纪海上丝绸之路和丝绸之路经济带有机衔接的重要门户	南宁片区	现代金融、智慧物流、数字经济、文化传媒、新兴制造产业
		钦州港片区	港航物流、国际贸易、绿色化工、新能源汽车关键零部件、电子信息、生物医药
		崇左片区	跨境贸易、跨境物流、跨境金融、跨境旅游、跨境劳务合作
河北	积极承接北京非首都功能疏解和京津科技成果转化,着力建设国际商贸物流重要枢纽、新型工业化基地、全球创新高地和开放发展先行区	雄安片区	新一代信息技术、现代生命科学、生物技术、高端现代服务业
		正定片区	临空产业、生物医药、国际物流、高端装备制造
		曹妃甸片区	国际大宗商品贸易、港航服务、能源储配交易、高端装备制造
		大兴机场片区	航空物流、航空科技、融资租赁
云南	着力打造"一带一路"和长江经济带互联互通的重要通道,建设连接南亚东南亚大通道的重要节点,推动形成我国面向南亚东南亚辐射中心、开放前沿	昆明片区	高端制造、航空物流、数字经济、总部经济
		红河片区	加工及贸易、大健康服务、跨境旅游、跨境电商
		德宏片区	跨境电商、跨境产能合作、跨境金融

续表

自贸试验区	发展定位	自贸试验区片区	重点发展产业
黑龙江	着力深化产业结构调整,打造对俄罗斯及东北亚区域合作的中心枢纽	哈尔滨片区	新一代信息技术、新材料、高端装备、生物医药、科技、金融、文化旅游、寒地冰雪经济
		黑河片区	跨境能源资源综合加工利用、绿色食品、商贸物流、旅游、健康、沿边金融
		绥芬河片区	木材、粮食、清洁能源等进口加工业,商贸金融、现代物流等服务业
北京	以制度创新为核心,以可复制可推广为基本要求,全面落实中央关于深入实施创新驱动发展、推动京津冀协同发展战略等要求,助力建设具有全球影响力的科技创新中心,加快打造服务业扩大开放先行区、数字经济试验区,着力构建京津冀协同发展的高水平对外开放平台	科技创新片区	新一代信息技术、生物与健康、科技服务
		国际商务服务片区	数字贸易、文化贸易、商务会展、医疗健康、国际寄递物流、跨境金融
		高端产业片区	商务服务、国际金融、文化创意、生物技术和大健康等产业
湖南	以制度创新为核心,以可复制可推广为基本要求,全面落实中央关于加快建设制造强国、实施中部崛起战略等要求,发挥东部沿海地区和中西部地区过渡带、长江开放经济带和沿海开放经济带结合部的区位优势,着力打造世界级先进制造业集群、联通长江经济带和粤港澳大湾区的国际投资贸易走廊、中非经贸深度合作先行区和内陆开放新高地	长沙片区	高端装备制造、新一代信息技术、生物医药、电子商务、农业科技
		岳阳片区	航运物流、电子商务、新一代信息技术等产业
		郴州片区	有色金属加工、现代物流等产业

续表

自贸试验区	发展定位	自贸试验区片区	重点发展产业
安徽	以制度创新为核心，以可复制可推广为基本要求，全面落实中央关于深入实施创新驱动发展、推动长三角区域一体化发展战略等要求，发挥在推进"一带一路"倡议和长江经济带发展中的重要节点作用，推动科技创新和实体经济发展深度融合，加快推进科技创新策源地建设、先进制造业和战略性新兴产业集聚发展，形成内陆开放新高地	合肥片区	高端制造、集成电路、人工智能、新型显示、量子信息、科技金融、跨境电商
		芜湖片区	智能网联汽车、智慧家电、航空、机器人、航运服务、跨境电商
		蚌埠片区	硅基新材料、生物基新材料、新能源

注：截至 2020 年 7 月。
资料来源：商务部。

国际高标准自由贸易区为参照的发展目标。第二，区位优势在自贸试验区发展定位中起到重要的影响作用。广东自贸试验区与香港、澳门相邻，其发展任务与目标自然落在如何推动粤港澳贸易投资自由化便利化上。天津是京津冀协同战略的重要一方，是华北重要的开启门户，因此其设立自贸试验区主要是为了更好地推动京津冀协同发展。福建与台湾隔海相望，在海峡两岸经贸合作上具有天然优势，已形成一批两岸经贸合作平台，因此福建自贸试验区的发展任务就落在了深化两岸经贸合作上。第三，一些内陆型自贸试验区缺乏沿海优势，但有些处于长江经济带上，且具有土地及劳动力成本优势，因此其定位各具特色。近几年，由于东部地区经营成本大幅上升，国家积极推动制造业梯度转移，为中西部发展创造了机遇。同时，中部崛起和西部大开发是我国重要的区域发展战略。自贸试验区的设立有利于中西部地区更好地抓住机遇，对国家战略形成强大推力。第四，沿边自贸试验区虽然经济实力、发展水平等相对落后，但其具有与其他国家接壤的区位优势。我国非常

重视与周边国家发展睦邻友好的外交关系，为沿边自贸试验区开展跨境经贸合作创造了条件。自贸试验区建设为巩固与发展双边经贸关系做出重要贡献，自贸试验区政策红利、双边经贸合作有利于我国与周边国家保持友好关系。第五，由于我国地域广阔，不同地区所面临的经济问题是不一样的，比如东北地区一直存在经济活力不强的难题。因此，我国自贸试验区的定位，一方面要对接国家战略，另一方面也表现在对区域性问题的解决上。例如，辽宁自贸试验区的主要任务中有一条就是要加快市场取向体制机制改革，为提升东北老工业基地竞争力提供新动能。第六，在同一区域内的自贸试验区往往因条件不同而采取不同的定位。例如，重庆与四川都是我国重要的西部开放门户，但由于四川地处内陆，因此四川自贸试验区要建设成内陆型开放高地标杆；而重庆自贸试验区由于可以借助长江黄金水道之力，且具有发展海铁联运优势，因此要成为"一带一路"和长江经济带互联互通重要枢纽。另外，广西和云南均属于我国西南部，但它们两个的定位也不同，广西自贸试验区依托"东盟"做文章，而云南则以连接南亚和东南亚为切入点。

（三）中国自贸试验区产业布局

由于在产业基础、经济条件及区位优势等方面存在差异，各自贸试验区的重点产业领域也有所区别。目前，各自贸试验区已初步形成各自主打的重点产业，并且以重点产业为支柱形成产业链上下游配套产业集群。从片区来看，目前全国67个片区大都是地方政府重点打造的产业聚集区，已大致具备较为完善的产业促进平台，有些片区选择的重点产业多达十几项，有的片区只聚焦于少数几个重点产业。一定程度上，自贸试验区片区产业发展决定着地区产业发展水平。

由于我国未来经济发展趋势及科技革命等对各地区的影响具有一致性，因此各自贸试验区片区在选择重点产业时也具有较高的趋同性。据相关研究，现代商贸业被34个片区视为重点产业，这可能与自贸试验区片区贸易自由化便利化功能相关。由于自贸试验区注重金融业开放，因此金融被27个片区作为重点产业，仅次于现代商贸业。未来产业具有高成长性，因此也获得片区青睐，25 个片区选择新一代信息技术作为重点产业，20 个片区将重点发展医药健康。此外，高端装备制造业代表着一国制造业水平，因此也受到重视，共有 17 个片区将其作为重点产业。旅游会展是部分具有相较优势的片区重点关注的产业领域。此外，其他受到重点发展或培育的产业领域还包括保税贸易、研发设计、智能制造、新材料、跨境电商、航空航天、汽车、文化科教等（见图 2）。

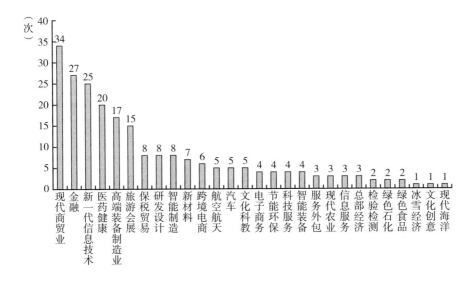

图 2　自贸试验区重点产业出现频率

注：不包括北京自贸试验区、湖南自贸试验区、安徽自贸试验区及浙江自贸试验区扩展区。

资料来源：赛迪顾问《2020 年中国自由贸易试验区发展白皮书》。

自贸试验区重点产业选择基本符合产业基础决定论。经济基础与原有产业条件对各片区重点产业选择具有关键性影响。例如，上海一直以来发挥着经济龙头的作用，经过改革开放 40 多年发展，上海科技、产业、人才等优势十分显著，除了在金融、贸易等重点产业领域之外，还在"卡脖子"核心技术产业上有所布局。再比如，浙江自贸试验区在未扩区之前，所有片区均设在舟山，主要依托舟山港大宗商品运输优势打造油气全产业链。此外，湖北自贸试验区之所以聚焦集成电路、人工智能、光电子信息、新能源汽

车、生物医药等产业，主要是由于武汉等片区已聚集了一批相关重点企业，具有较为雄厚的产业基础。对海南而言，由于与国际主航道存在一定偏离，且具有非常好的全域旅游的资源优势，因此国家对其产业定位做出规定，即以旅游业、现代服务业、高新技术产业为三大主导产业。

（四）中国自贸试验区发展成效

自贸试验区在很多方面与领域取得积极进展，自贸试验区与生俱来的试验田作用得到充分发挥。各自贸试验区秉承历史使命与重大责任，在政府行政管理体制改革、贸易自由化与投资便利化、资本账户与人民币国际化、金融业对外开放等领域积极探索制度创新，以开放促改革，带动区域经济及产业集群发展。

1. 加速政府职能转变

自贸试验区在外资准入管理制度设计上实现了从审批到备案的根本转变，推动政府职能也发生适应转变，政府不再像过去一样以审批代替管理。负面清单管理模式在吸引外资方面大大优于之前的正面清单管理模式。以海南为例，在自贸试验区与自由贸易港的双重利好政策推动下，即使面对史无前例的全球新冠肺炎疫情，海南在吸引外资方面仍然取得亮眼佳绩。据海南商务厅数据，2020 年前 5 个月海南全省新设外资企业 154 家，实际利用外资额为 3.19 亿美元，分别实现同比增长 12.4% 和 146.6%[1]。负面清单管理模式本质上要求政府职能进行重大转变，要为自贸试验区"大胆试、自主改、大胆闯"进一步理顺权责关系。近年来，国家发改委、商务部每年定期联合发布全国版和自贸试验区版两个版本的负面清单，有力地推动"放管服"不断深化，不断推动我国开放型经济体制加快形成，大大催促政府加快向服务型政府转变。如今负面清单管理模式已得到大众广泛认可与支持，未来我国跨境贸易及外商投资将主要采取负面清单开放模式，从而进一

---

[1] 《一图看懂 1~5 月海南外资招商情况》，海南省人民政府网，2020 年 6 月 20 日，http：// dofcom. hainan. gov. cn/dofcom/zwdt/202006/34e4dd060e3c44eab1e3198567112c69. shtml。

步推动政府职能转变，不断营造法治化、国际化、现代化营商环境。

2. 推动开放型经济新体制形成

中国经济进入新常态后，经济增速显著下滑。与此同时，世界经济仍处于 2008 年金融危机阴影之下，出现增长疲软态势。面对此局面，党中央、国务院适时采取一系列有效开放措施，加大开放力度，避免经济深陷巨大困境。改革开放实践表明，开放与市场具有密切关联性，开放程度越高，市场机制往往越完善。自贸试验区是我国推进市场经济体制改革的重要方面（王受文，2017）。另外，国际上对外商进入早已采取负面清单管理模式，负面清单是更高水平开放型经济体制的重要标志，而我国进入新常态后仍沿袭旧体制，已不能完全适应新形势要求。因此，"负面清单 + 准入前国民待遇原则"管理模式成为早晚要实施的一项措施，由于自贸试验区的"试验"属性，这一先进外资管理模式就率先在自贸试验区开展。2018 年，负面清单管理模式应用范围拓展到全国，全国版外商投资负面清单条目数不断减少，由 2018 年的 48 项压缩到 2020 年的 33 项，大大推动了我国开放型经济体制加速形成。另外，自贸试验区不断扩大外资准入引发我国外资管理制度变革。2019 年《外商投资法》经全国人大正式通过，紧接着，全国人大依据《外商投资法》积极起草《外商投资法实施条例》，该条例于 2019 年底通过，已于 2020 年 1 月 1 日正式实施。《外商投资法》的实施意味着原先的"外资三法"正式退出历史舞台，该法案总结过去多年经验对外商投资管理进行了系统性规定，包括外商投资准入、外商投资促进、外商投资保护、外商投资管理等主要内容。《外商投资法》的出台与实施在一定程度上表明我国外资管理基本法律制度框架的确立，标志着我国外商管理体制进入一个新的历史阶段。《外商投资法》成为新形势下我国外资领域一项重要的基础性法律，为我国外资管理法律法规的完善确立了大的框架体系，使我国开放型经济体制的法律基础得到进一步夯实。

3. 推动高水平开放

自贸试验区依托贸易投资管理体制、金融业开放及政府职能转变的创新探索和实践，已成为我国高水平对外开放的新型重要阵地和外贸外资高质量发展的新前沿。外资主体数量的增加是检验自贸试验区制度创新和营商环境改善的重要指标。在国家政策支持下，自贸试验区成为我国吸引外资的重要聚集区，成为我国面对复杂国际形势吸引外资的重要稳定器和外向型经济的重要桥头堡。长期以来，我国服务业开放滞后，服务业改革举步维艰，成为制约中国经济高质量发展的严重阻碍。自贸试验区的一大历史使命就是探索服务业高水平开放。通过自贸试验区开放压力测试，为全国服务业开放提供样板经验与路径。中国高水平开放的症结主要在服务业领域。自贸试验区在服务业开放方面的开拓举措有利于我国服务业开放进程加快。面对中美贸易摩擦，我国大力推进自贸试验区建设，表明了我国继续坚持对外开放基本国策的强大意志。自贸试验区开放步伐不断加快，负面清单条目持续压缩，2020年已削减至30项，比2013年缩减了160项（见图3），外资准入门槛大幅降低，外资准入领域进一步扩大，农业、一般制造业、现代服务业等领域开放力度不断加大。当前，在服务全球化背景下，高水平开放主要体现为服务业开放。我国自贸试验区负面清单的压缩项目也主要在服务业领域，通过扩大服务业开放，我国高水平开放不断积蓄力量，为推动国内深层次改革做出应有贡献。

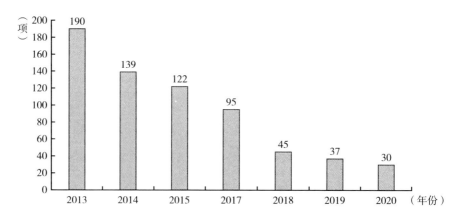

图3 自贸试验区负面清单条目数量变化趋势

资料来源：《自由贸易试验区外商投资准入特别管理措施（负面清单）》（2013～2020年）。

4. 倒逼国内深化改革

中国的改革开放一定程度上是一部通过开放刺激国内改革的当代史，开放对国内改革形成倒逼，国内改革的推进反过来又促进了开放，因此，改革与开放这两个轮子都得转，一方缺少动力就会导致另一方停滞不前。自贸试验区是仿效国外自由贸易园区理念而建，因此其本质就在于扩大开放。由于自贸试验区具有特定区域范围，因此可以通过"先行先试"探索更高水平开放条件下经济运行管理体制，即使出现突发情况也可以将影响控制在一定区域内。通过自贸试验区加大制度创新探索，形成深化国内改革的动力，是建设自贸试验区的一大目的。将自贸试验区开放形成的管理经验推广到全国是自贸试验区设立的重要使命。自贸试验区建设 8 年以来，其先行先试、"排头兵"、"试验田"的作用不断得到充分体现。国务院多次面向全国及特定地区推广自贸试验区改革试点经验。国务院自由贸易试验区工作部际联席会议办公室多次印发"最佳实践案例"，将各地取得的优秀实践与做法进行推广。自贸试验区片区也将获得的可复制经验向本省份其他地区扩散。截至目前，自贸试验区复制推广的制度创新成果累计达 260 项，其中，国务院以发函等方式推广的共有 6 批，达 143 项。此外，自贸试验区对制度创新的探索呈现较高的系统集成性，在前述 260 项可复制可推广制度创新成果之中，有 76 项是投资自由化便利化领域的，76 项是贸易便利化领域的，30 项是金融开放创新领域的，60 项是事后事中监管领域的，18 项是人力资源领域的。总之，自贸试验区通过为"国"试验，不断探索改革开放新路径、新思路，对进一步深化国内改革、释放经济活力发挥着重要作用。

5. 助推区域经济融合增长

作为一个转轨经济体，我国虽然具有庞大的经济规模实力，但技术创新水平还较低，现代化产业体系发展还不健全，在全球价值链分工网络中仍处于低端位置。发展仍是第一要务，解决目前所有问题的落脚点仍在于如何发展，而且是如何高质量发展。改革开放以来，我国通过不同形式的开放园区实现了经济增长阶段性目标。自贸试验区，作为一种更高水平的开放平台，具有更强的带动效应。因此，通过自贸试验区产生巨大的辐射效应带动周

边、区域直至全国经济增长，促进全国形成统一开放、竞争有序的高标准市场体系，是国家设立自贸试验区的应有之义。自贸试验区通过制度创新不断释放制度红利，尤其较早设立的自贸试验区在完善市场经济体制上取得显著进步，虽然离国际化营商环境还有一定距离，但法治化、市场化的经商环境不断成型，推动经济不断转向高质量发展。自贸试验区的设立与建设起到很好的经济拉动效应。以河南自贸试验区郑州片区为例，截至 2019 年 12 月底，中国（河南）自贸试验区郑州片区新注册企业达 55671 家，新注册企业资本总额达 6581.2 亿元，这两项指标均是自贸试验区成立前的近 3 倍，占郑州市 1% 土地面积的郑州片区贡献了 20% 的新注册企业①。

（五）中国自贸试验区发展存在的问题

虽然我国自贸试验区建设取得诸多成就，推动我国加快形成开放型经济体制，助力对外开放新格局形成，但在建设过程中，自贸试验区高质量发展也面临诸多挑战。

1. 协调管理机制不畅

从党和国家领导人重要讲话及政府规划文件中可以看出，我国对自贸试验区寄予厚望，强调自贸试验区要大胆试、大胆闯，并为此提出赋予自贸试验区更大改革自主权，旨在破除束缚自贸试验区发展的不合理条条框框。但自贸试验区发展机制存在很大不足，导致在具体发展过程中，各级政府和部门之间无法开展目标一致的紧密合作，以致自贸试验区的改革协同效果不尽如人意。自贸试验区建设是一项综合性改革，必须被赋予足够的权力才有可能得到推动，但目前自贸试验区实际上面临改革权力不足以支持其履行职责的局面。目前，中央部委仍牢牢掌握着大部分权力，以致自贸试验区每开展一些步伐稍微大一点的改革都需要向中央部委寻求充分授权。自贸试验区承担着为"国"试验的历史重任，但很多改革任务并不是一省一市一区之力

---

① 《三周年！河南自贸试验区成绩单来啦》，《东方今报》2020 年 4 月 2 日，http：//www.china-hnftz.gov.cn/tzgg_details-6486.html。

所能实现的。很多部门由于缺乏对自贸试验区的深刻认识，在改革推进过程中存在或多或少的疑虑，因此部门横向协调出现困难。从中央与地方两者关系角度来看，地方政府为了发展经济、促进产业发展，希望改革步伐大一点，但中央相关部门由于存在害怕被追责等顾虑而表现得有所保守。从自贸试验区管委会与其所在政府来看，由于自贸试验区强调制度创新探索，重在机制建设，短期内经济效应不是很显著。而地方政府面临经济增长任务，对制度创新、压力测试等自贸试验区改革项目并不十分热心。总之，自贸试验区存在管理体制上的缺陷导致其协调成为难题。

2. 高价值制度创新缺失

自贸试验区以制度创新为核心使命。随着我国对外开放水平不断提高，目前我国进入制度型开放阶段。党的十九届四中全会提出，推动规则、规制、管理、标准等制度型开放。但由于此前我国制度型开放实践经验比较缺乏，因此通过自贸试验区制度创新探索可以获得相关经验。但自设立以来，由于相关条件不具备，我国自贸试验区制度创新大都流于表面，未能形成高价值制度创新成果。我国还尚未出台自贸试验区专项法律，因此自贸试验区制度创新缺乏法律支撑。国务院出台的自贸试验区总体方案和各地推出的管理条例法律层级不高，对自贸试验区开展制度创新无法形成有效法治保障。对自贸试验区而言，我国改革开放40多年来已形成较为固定的垂直管理模式，如果缺乏法治的强力支撑，很多改革开放重大突破无法实现。此外，由于我国自贸试验区存在多头管理的缺陷，涉及部门过多，因此无法建立起科学合理的考核机制，从而导致制度创新主体缺失或动力不足。很多改革又需要多部门共同推动才能完成，存在很高的体制协调成本，这个过程非常耗时耗力，从而导致自贸试验区只能在一些事务性、手续性、流程性工作上做优化，并不是真正意义上的制度创新。

3. 重大开放压力测试不足

自贸试验区就是要突破原先的开放局限，否则意义不大。实际上，自贸试验区也被赋予了相关机制，即可以开展风险压力测试。国家希望通过自贸

试验区在开放深度上有所作为，并形成与之相配套的一系列管理体制。自贸试验区的一个试验任务就是，当开放接近或达到很高水平时，我国宏观调控与管理机制能否有效应对，经济基本面是否会受到冲击。但由于各种原因，自贸试验区在开放压力与风险测试上并未取得太大进展。虽然个别自贸试验区在金融国际化方面有所尝试，但总体来看在服务业开放压力测试上仍然过于谨慎。实际上，我国服务业开放相对滞后，已成为我国经济转型升级和高质量发展的重要障碍。自贸试验区应在服务业开放上大胆尝试，但现实是各自贸试验区仍然偏重于关税、海关、单一窗口等货物贸易自由化，虽然这些工作也很重要，但不是自贸试验区的核心试验。此外，一些相关配套基础环境对自贸试验区开展压力与风险测试未能形成有效激励。从负面清单来看，2019年和2020年自贸试验区负面清单条目数均仅比全国版少3项，自贸试验区负面清单优势很不明显。金融业开放理应是自贸试验区进行压力与风险测试的重点领域，但目前自贸试验区在人民币汇率市场化改革、资本项目开放、境内外资金便利化流动等方面并未做出实质性探索。此外，目前全球进入数字化时代，数字贸易蓬勃发展，但自贸试验区在跨境数据传输、外商数字服务业准入等方面仍无太多建树。总之，自贸试验区由于在开展压力与风险测试上面临诸多掣肘，无法充分放开手脚大胆试，从而进一步降低了社会各界对自贸试验区的预期。

4. 与国际经贸规则存在差距

我国自贸试验区是仿照国际上成熟的自由贸易区而建的。二战后，世界各地，尤其是发展中经济体，为积极融入全球化，纷纷打造各种形态的自由贸易区，并取得很大成功，实现了经济飞跃。国际上标准自由贸易区本质上是一块经济"飞地"，实行国际通行的经贸规则。从我国国情来看，由于国内外形势复杂，不可能在全国范围进行探索，因此选择自贸试验区作为对接国际经贸规则的试验场所。从发展目标上来看，我国自贸试验区以国际标准版自由贸易区基本特征为对象。但是如果我国自贸试验区不主动对接国际经贸规则，则很难建立国际一流的自由贸易区。目前，我国自贸试验区还未能实现"境内关外"这一国际标准自由贸易区具有的特征。虽然自贸试验区依托海关特殊监管区可以达到部分"境内关外"效果，但自贸试验区整体"境内关外"还未实现。此外，目前国际经贸新规则不断向服务贸易、投资、知识产权、政府采购、反腐、监管一致、竞争中立、国有企业、金融、电子商务、环保、商业秘密等领域渗透，而我国自贸试验区在这些方面的探索均鲜有太大进展。

（六）中国自贸试验区高质量发展对策

当前，世界处于百年未有之大变局，全球政治经济格局面临深刻调整，国内外发展环境矛盾交织、充满诸多不确定性。为应对国内外时局，党中央、国务院及时提出构建新发展格局战略，以大国优势吸引全球创新资源聚集。自贸试验区是国内国际双循环的重要支点，推动自贸试验区高质量发展有利于我国新发展格局加快形成，为此应以自贸试验区为战略举措继续深化与世界各国在经贸领域的合作与交流，在变局中取得主动地位。

1. 进一步促进自贸试验区制度创新

自贸试验区应回归制度创新核心职能，只有进行大量制度创新，自贸试验区的价值才能被充分挖掘出来。而为了使自贸试验区实施主体更加积极地开展制度创新，就必须为其创造一个有利的氛围，因此须加强与完善自贸试验区顶层设计。第一，加快制定自贸试验区专属法案。国际上建立自由贸易区的通常做法为立法先行，从立法上明确自贸试验区的开放度，明确"境内关外"属性，并加强相关法律法规的配套，使自贸试验区制度创新受到法律保护与支持。第二，进一步明确自贸试验区的主体责任，明确中央和地方在自贸试验区上的分工与职责，在国家部委、省级、自贸试验区及片区之间建立顺畅的沟通机制，并按照法律规定确立协调回复时限等具体问题。应充分下放权力至自贸试验区，让自贸试验区大胆闯、大胆试，即使试错了也不应将责任锁定于某个人，只要是集体做出的合理决策，就不能由个人承担。第三，进一步完善自贸试验区管理机制。在明确自贸试验区责任主体的同时，要加大考核力度，明确各责任主体的职责、目标和考核标准等事项，注重激励与考核掌握实权的部门。同时在微观运作管理上，应借鉴国外自由

贸易区成熟做法，推行扁平化、专业化管理架构，采取企业化运作模式。政府主要从政策供给上发力，为自贸试验区出台更多优惠政策，而具体运营方则以市场化管理为手段。此外，国务院负责监督全国自贸试验区发展状况，各自贸试验区应定期向国务院汇报发展情况，相关数据应向社会公开。第四，尝试构建容错纠错机制，为一线实施主体创造激励氛围。制度创新的本质在于突破现有条款，既然是试验就不可能一试就对、一试就成。人都是理性动物，当存在后顾之忧时是不可能有所突破的。如果继续拘泥于条条框框，自贸试验区制度创新的核心功能就很难发挥。第五，尽早谋划接轨国际新规则，加强重大领域开放压力测试。紧跟国际经贸规则最新发展，在个别有条件的自贸试验区率先对接国际经贸最新规则，并以此校准"边境后"管理体制，如此压力测试也能得到实质性开展。

2. 加快培育自贸试验区龙头产业

自贸试验区的发展最终要落实到产业上。自贸试验区产业布局的基本方略就是集国家战略、区位优势、产业基础、科技变革于一体，只有对接国家战略、依托自身优势、把握科技创新趋势重点产业才能获得更为有利的发展空间。自由贸易试验区依托商品、服务、人才、资本、信息自由化便利化流动优势，在发展现代商贸、现代物流、现代金融、信息服务等生产性服务业方面较为擅长。目前我国开放的难点与重点在于服务业，自贸试验区的压力测试也主要体现于金融、文化等服务业领域，仍需扩大服务业开放。但对于中国这样的人口与产业大国来说，工业和制造业是建设现代化强国的重要产业基础，作为国家重要的经济聚集区，自贸试验区不仅要在扩大服务业开放上有所作为，也应加快工业和制造业等实体经济的发展。国际经验表明，制造业尤其是先进制造业在国家和区域科技进步、拉动高层次人才就业、带动上下游产业等方面均发挥了不可替代的作用。实际上，没必要在优先发展制造业抑或是优先发展服务业这一问题上弄得针尖对麦芒，强大的制造业与先进的现代服务业都是我国急需的，而且两者要融合发展。在自贸试验区范围内提供以先进制造业为核心的实体经济产业用地保障。自贸试验区作为产业发展的高能量级平台、国际创新资源的聚集地与枢纽，更应充分发挥自身独特功能优势，带头推动先进制造业与现代服务业均衡发展，在加强制度型开放的同时要推动生产性服务业与制造业的联动发展。另外，对于自由贸易试验区，仅凭"政策"洼地并不能吸引到高质量、高价值和高规格外资，这些企业更注重营商环境、知识产权保护、公平竞争等，但"政策"洼地与优惠政策之间并不相悖，在国内成本压力上升、体制成本居高不下的条件下，合理运用优惠刺激政策仍是吸引跨国公司这一全球性稀缺资源的重要有效途径。这些优惠政策应通过吸引外资壮大产业集群，从而使自贸试验区这块制度高地最终成为区域经济"增长极"。

参考文献

［1］邓富华、张永山、姜玉梅、霍伟东：《自由贸易试验区的多维审视与深化路径》，《国际贸易》2019 年第 7 期。

［2］杜国臣、徐哲潇、尹政平：《我国自贸试验区建设的总体态势及未来重点发展方向》，《经济纵横》2020 年第 2 期。

［3］孔庆峰：《我国自贸区建设如何对标国际先进经验》，《人民论坛·学术前沿》2020 年第 2 期。

［4］刘晓宁：《中国自贸区战略实施的现状、效果、趋势及未来策略》，《国际贸易》2020 年第 2 期。

［5］任春杨、张佳睿、毛艳华：《推动自贸试验区升级为自由贸易港的对策研究》，《经济纵横》2019 年第 3 期。

［6］王受文：《推进自由贸易试验区建设彰显改革开放试验田作用》，《时事报告（党委中心组学习)》2017 年第 5 期。

［7］王旭阳、肖金成、张燕燕：《我国自贸试验区发展态势、制约因素与未来展望》，《改革》2020 年第 3 期。

［8］张威、崔卫杰、叶欣：《中国自贸试验区发展成就与政策建议》，《国际经济合作》2018 年第 1 期。

［9］郑展鹏、曹玉平、刘志彪：《我国自由贸易试验区制度创新的认识误区及现实困境》，《经济体制改革》2019 年第 6 期。

［10］周楠、于志勇：《天津自贸试验区管理体制：现状、问题与优化路径》，《经济体制改革》2019 年第 2 期。

专 题 篇
Special Reports

B.2
对标国际一流推进海南自贸港建设

付立新*

摘　要：　当前，全球贸易保护主义有所抬头，逆全球化思潮涌动。党中央明确支持海南建设中国特色自由贸易港，推进海南全岛分步骤、分阶段建立自由贸易港政策及制度体系。本报告对海南自贸港战略布局概况、综合类制度建设、投资贸易类制度建设、税收类制度建设、海关类制度建设进行综合评估，同时深入探讨海南自贸港法律体系建设。基于以上分析，报告提出以下政策建议：目标精准定位，有效落实政策；加大压力测试，放宽投资准入；创新监管制度，提高通关效率；完善税收制度，形成洼地效应；健全法律制度，提供优先保障。

关键词：　自贸区　海南自贸港　制度建设　海关　税收

---

* 付立新，法学博士，特华博士后科研工作站应用经济学博士后，研究领域为信托和金融法。

一 海南自贸港区域概况

（一）背景意义

2018 年 4 月 14 日，《中共中央 国务院关于支持海南全面深化改革开放的指导意见》（以下简称《指导意见》）正式发布。在这份文件中，对于海南自贸试验区逐步探索、稳步推进的建设政策，党中央表示了明确的支持态度，明确支持海南建设中国特色自由贸易港，推进海南全岛分步骤、分阶段建立自由贸易港政策及制度体系。

在此之前，我国已有 11 个自由贸易试验区，而今的海南自贸区以自身的重要优势将我国的对外开放进程向前推动了一大步。作为全球面积最大的自贸试验区的海南省，在自由贸易试验区建设过程中，将朝着有中国特色的自贸港方向前进。当前国内国际环境日趋复杂，我国做出全面深化海南改革开放这一决策，是紧跟时局全面考量的结果。2008 年爆发全球金融危机后，尤其是进入 2016 年后，全球经济增长呈现多元化发展态势，集中表现为经济增长速度较以往发生了很大变化。不同的增长速度导致国际对全球化的态度产生差异，去全球化、逆全球化的声音此起彼伏。在当前的全球贸易环境中，以美国为代表的国家的保护主义倾向不断加剧，对各国尤其是经济实力有限、经济增长受外部影响较大的发展中国家的稳定与发展产生许多不利影响。而中国一贯遵守 WTO 规则，主张全球化自由贸易，主张世界经济一体化。中美之间的博弈其实更多的是规则的博弈。而在自贸试验区及自贸港建设中，规则的博弈则占据着重要地位。中国基于当前的国际形势和自身发展做出的海南自由贸易试验区建设决策是探索建设中国特色自由贸易港的重大战略举措。

海南自由贸易港具有得天独厚的地缘优势。作为博鳌亚洲论坛永久举办地的海南，也具有与东盟联系最有利的地理优势，在进行自贸港建设的过程

中，更能促进我国与世界各国的联系，尤其是与东南亚各国之间的贸易往来，同时推动区域经济一体化以及"21世纪海上丝绸之路"政策的实施。作为我国面积最大的省，建设海南自贸港是其实现跨越式发展的关键一环。2019年我国GDP是99万亿元，海南GDP是0.538万亿元，相当于全国的0.54%。如果海南自由贸易试验区（港）建设进展良好，就能对全国产生良好的示范作用。总之，建设海南自由贸易试验区（港），将为海南经济发展提供重要动力，为新时代中国特色社会主义建设提供发展模范；正如《指导意见》中所述，促进海南经济持续、稳定、协调发展，同时加快建成经济繁荣、社会文明、生态宜居、人民幸福的美好新海南，是实现全省人民的幸福家园、中华民族的四季花园和中外游客的度假天堂三大愿景的重要举措。

（二）海南自由贸易港建设历程

2018年4月13日下午，在庆祝海南建省办经济特区30周年大会上，对于海南自贸试验区逐步探索、稳步推进的建设政策，党中央表示了明确的支持态度，明确支持海南建设中国特色自由贸易港，分步骤、分阶段建立自由贸易港政策及制度体系。

2019年11月8日下午及9日上午，在海口分别召开了专家座谈会和领导小组全体会议。参会的中共中央政治局常委、国务院副总理、推进海南全面深化改革开放领导小组研究讨论海南自由贸易港建设政策和制度体系，对建设中的重点工作进行了部署。

2020年3月15日，海南自由贸易港的官方网站正式上线。次日上午，中共海南省委深改委暨自贸区（港）工委会议召开，对加快推动建设自贸港的相关工作进行了战略部署。

2020年4月13日，商务部自贸区港司司长唐文弘就加快推进海南自由贸易港建设进行了阐述，提出将推动形成全面开放新格局，将海南打造成我国与太平洋及印度洋之间联络的重要开放门户。

2020年6月1日，国务院印发了《海南自由贸易港建设总体方案》，并通知将总方案与各地实际情况结合认真贯彻落实。6月3日，海南自由贸易港 11 个重点园区同时挂牌，并将这 11 个重点园区作为样板区和试验区，利用制度创新优势，率先实施相关政策并进行压力测试，从而推动海南自贸港高速创新发展。

（三）基本内容及特征

海南自贸港发展的主导产业为旅游业、现代服务业、高新技术产业，并对产业布局进行科学安排与管理。针对现实发展需要建设海关特殊监管区域，创新制度建设，最大限度提高投资贸易便利化、自由化，重点发展国际投资贸易、保税物流、保税维修等业务。同时在三亚增设专门引进和中转全球动植物种质资源的海关监管隔离区。

海南自贸港试点具有以下基本特征。

第一，范围广。目前已有的自贸试验区占地面积多数维持在 120 平方公里左右，与之相比较，海南将全岛共 3.5 万平方公里的范围均对外开放，范围广，表明了中国深化开放的决心。

第二，领域多。与目前已有的自贸区试点形成充分互补，海南的定位为"三区一中心"，更注重在生态、海洋、军民融合等领域的发展。

第三，基础多元化。目前已有的自贸区试点多选在经济发展较好的区域，但海南是全岛建设自由贸易试验区，不论地方经济发展是否发达均进行试点，使海南自贸港的试点更加多元化。

第四，协同性强。在海南全岛试点进行制度创新对于提高整体性及协同性有重要作用，将充分发挥自贸区与行政区高度一致的优势，形成改革系统较高的集成性，成为海南建设自贸港的一大优势。

（四）战略定位

1. 全面深化改革开放试验区

在自贸区建设中，应充分发扬敢为人先、埋头苦干的特区精神，改革并创新经济体制及社会治理制度。在对外开放方面更加积极，充分适应国际经济形势，探索更加新型开放的经济体制，以期把海南自贸区打造成我国与印

度洋及太平洋之间联络往来的重要站点。

2. 国家生态文明试验区

在试验区建设过程中，要注意生态保护，牢记绿水青山就是金山银山，探索生产发展、生活富裕、生态良好的文明发展道路，建立现代化建设新格局，注重人与自然的和谐相处，为全国的生态文明建设提供经验。

3. 国际旅游消费中心

在自贸区内挖掘旅游消费热点，积极提高旅游业消费水平并加大开放力度，提高行业服务质量，促进当地旅游行业整体的国际化，推动我国旅游业朝着业态丰富、产品集聚、环境舒适、特色鲜明的道路不断前进。

4. 国家重大战略服务保障区

提高支撑保障能力，在海洋强国、"一带一路"倡议、军民融合等方面深化发展，坚决响应党中央的号召，提高海南在我国整体经济建设中的重要地位。

（五）发展目标

1. 自由贸易试验区(港)建设分三步走

第一步，建立自由贸易试验区。

目前，确立了到 2025 年初步建立以贸易自由便利和投资自由便利为重点的自由贸易港政策和制度体系的目标。改善我国的营商环境，将总体水平提高到国内一流水平，促进市场主体增长，提升各产业的竞争力，完善相关法律体系，以提高我国的经济发展质量，提高经济收益。

建设海南全岛范围内的自贸区，应以目前已有的自贸区试点内容为借鉴主体，并结合当地具体情况，探索制度创新，赋予海南改革更多的自主权，以加速我国营商环境的优化，建成更加法治、便利、公平、高效的市场环境。加强落实简政放权、放管结合，优化服务政策，转变政府职能，提高政府的治理水平。在外资政策方面，在准入前实行国民待遇及负面清单管理制度，以提高贸易及投资自由化便利化水平，以文化教育、医疗健康、金融互联等为重点行业，进一步提高现代农业及服务业、高新技术产业的开放水平，在维护外商投资合法权益的同时促进服务贸易的发展。注重海南岛整体发展优势，促进改革系统的集成，以发挥改革开放试验田的经验优势，得出更多制度创新成果。

第二步，探索建设中国特色自由贸易港。

随着自贸港运作模式逐渐成熟，制度体系不断完善，争取到2035年基本构建以自由公平、法治以及高水平过程监管为特征的贸易投资规则，为贸易、投资、跨境资金流动、运输及人员往来等多方面提供自由便利的环境，进一步优化营商环境，完善相关法律监管体系，加大风险防控力度，加快现代社会治理格局基本形成，为我国经济开放步入新阶段提供助力。

海南自贸港政策体系的建立，应着眼于国家发展实际，分步骤、分阶段稳步推进与探索。在立足海南自身实际、结合中国特色的同时，积极吸收借鉴国际经验，积极发展现代化主导产业，如服务业、旅游业以及高新技术产业等，以充分的创造力和活力调动人的全面发展，推动海南步入高水平高层次的开放型经济。在出入境管理方面，积极借鉴59国外国人入境旅游免签政策的实施效果，为免签政策领域的扩大提供支持。完善信息化平台建设，如建立国际贸易"单一窗口"等，以调动各方积极参与自贸港建设，形成吸引外商、先进技术以及经验的良性互动局面。同时完善监管体系，为投融资、税收金融等发展提供更高效灵活的管理模式，推动我国进入高层次、优环境以及更广辐射范围的开放型经济新高地。

第三步，全面建成高水平自由贸易港。

争取至21世纪中叶，我国自贸港建设进入更高水平、更有国际影响力的较高水平行列。

2. 自由贸易试验区(港)发展的四个阶段

第一，推动小康社会的全面建成。2021年，我国建成全面小康社会，贫困人口同步脱贫，国际开放程度进一步提高，公共服务体系建设进一步完善，基本建立完善的生态文明制度。

第二，进一步提高经济增长质量及效益。争取到2025年，我国经济质量及收益得到明显提高；优化营商环境至领先水平，推动自贸港管理模式的

初步建成；基本实现公共服务质量的提高及均等；提高法治水平，完善民主法治建设。

第三，实现社会主义现代化建设进入全国前列。至 2035 年，推动营商环境、社会主义现代化建设步入全国前列；公共服务、创新创业环境升至领先水平，推动人民共同富裕进程；调动全社会活力，基本建成现代化治理格局。

第四，社会主义现代化建设领先完成。至 21 世纪中叶，社会主义现代化建设领先完成，在综合竞争力及文化影响力方面步入领先行列，建成具备法治现代化、市场国际化的现代化制度体制，基本实现全体人民共同富裕的目标，建成具备新面貌的新海南，经济发展和社会文明程度都达到较高水平，生态环境适宜，人民能够幸福生活。

二 海南自贸港制度建设

我国海南自由贸易港建设发展到现在，取得了相当大的成效。

第一，推动与国际相融合的开放型经济发展。当前日渐显著的贸易保护主义以及"逆全球化"思潮，对世界经济的稳步发展造成了一定的困难。推进海南自贸港建设进程，大力推行准入前国民待遇及负面清单管理模式，其目的在于降低产业准入门槛、破除制度障碍，推动我国服务业与制造业领域扩大开放。

第二，建设全面深化改革试验田。为克服简政放权难以落实的难题，海南自贸试验区将政府体制改革与自贸港简政放权联系起来，为部门之间综合治理提供了新的经验，从根本上舍弃了之前"放权—收权"的老路，走出了"边减边设壁垒"的怪圈，创新政府治理模式，切实简政放权于市场，提高政府整体治理水平。

第三，牢牢守住了安全开放的边界。在自贸区实行深化开放及简政放权改革的同时，统一协调"有为"和"有守"二者的关系，在监管时落实底线原则，既简政放权，又对风险防控严格把关。制定针对性清单严加管控，严守底线思维，清单之外的放宽监管，坚持创新思维，完善防控措施，在简政放权的同时也合理维护政府权威，避免了从"过度依赖行政审批"的一个极端到"政府治理能力弱化"的另一个极端。

第四，形成了高质量发展新模式。当前我们正处于攻坚期，在发展方式进一步转变升级、经济结构进一步优化完善、增长动力进一步转换升级方面均面临许多问题，借鉴自贸区的发展经验可以为我国经济向高质量发展转型升级提供经验与动力，加速我国经济发展，提高自贸区的创新能力与竞争力，为我国今后自贸区经济的发展提供有益的发展经验以及参考模式。

第五，构筑了区域协调发展新格局。海南自贸港与粤港澳大湾区互动频繁，更加紧密。其与周边区域之间的互动发展既可能产生辐射效应，又可能走向其对立面——虹吸效应。前者有利于形成区域带动效应，共同繁荣；后者则可能放大区域发展差距与鸿沟。海南自贸港将成为区域经济的"增长极"，未来必将在促进区域经济协调发展的过程中发挥更大的作用。

（一）综合类制度建设

1. 转变政府职能改革成效明显

我国海南自由贸易港建设中，转变政府职能改革成效十分明显，对推动政府治理机构创新、提升政府治理能力起到重要的作用，集中体现在以下几方面。

一是放权。国家把一些国家级的或者省级的权限下放给自由贸易试验区，在自主权方面适当放宽在自贸区内的改革权限，但仍存在尚未突破的空间。

二是简化。审批程序从时间和空间上给予经济主体较大的便利，例如海南自贸港进行商事制度改革，实行认缴制、简易注销、企业准入"单一窗口"、证照分离等主要在程序和手续上的简化制度。但不能把简化作为自由贸易试验区追求的终极目标，真正的目标是效率的切实提升。

三是转移。政府将部分职能转移给中介机构，可以减轻职能部门的负担，提高工作效率。

四是协调。协调是自由贸易试验区创新的重大贡献。职能部门之间部门利益或责任不清,导致协调不畅。设立自由贸易试验区前,政府相关职能部门之间存在一定的协调问题。

2. 目前尚未建成完善的监督体系

我国海南自贸港监管制度取得了不少创新性成果,但问题依然存在。虽然方案中明确"一线放开、区内自由""先进区、后报关"等管理原则,但在海关管理方面,货物进出仍要履行申报及备案手续;目前已实施的贸易"单一窗口"管理模式,也存在一定的成本占用问题,我国货物进出海关等口岸的管理方式仍存在完善空间。总体来说,自贸港监管体系存在事前事中监管不足、监管主体分散、多头管理且管理不到位等问题。

3. 海南自贸港现行综合类政策

海南自贸港现行综合类政策见表1。

表1 海南自贸港现行综合类政策

序号	发布时间	文件名称
1	2018年4月3日	《海南省人民代表大会常务委员会关于实施海南省总体规划的决定》
2	2018年5月14日	《百万人才进海南行动计划(2018~2025年)》
3	2018年5月16日	《海南省重大决策社会稳定风险评估办法(试行)》
4	2018年6月12日	《关于引进人才住房保障的指导意见》
5	2018年6月6日	《中共海南省委办公厅 海南省人民政府办公厅关于印发〈海南省引进高层次人才配偶就业安置实施办法(试行)〉的通知》
6	2018年7月25日	《交通运输部贯彻落实〈中共中央 国务院关于支持海南全面深化改革开放的指导意见〉实施方案》
7	2018年9月13日	《海南省机构改革方案》
8	2018年11月14日	《海南省创新驱动发展战略实施方案》
9	2018年11月27日	《人力资源社会保障部关于印发〈支持海南人力资源和社会保障事业全面深化改革开放的实施意见〉的通知》
10	2018年12月7日	《农业农村部贯彻落实〈中共中央 国务院关于支持海南全面深化改革开放的指导意见〉实施方案》
11	2018年12月31日	《海南省建设国际旅游消费中心的实施方案》
12	2019年1月23日	《海南热带雨林国家公园体制试点方案》

续表

序号	发布时间	文件名称
13	2019 年 3 月 10 日	《海南省全面加强生态环境保护坚决打好污染防治攻坚战行动方案》
14	2019 年 5 月 12 日	《国家生态文明试验区(海南)实施方案》
15	2019 年 7 月 9 日	《海南省推进学前教育深化改革规范发展行动方案》
16	2019 年 8 月 5 日	《关于支持海南开展人才发展体制机制创新的实施方案》
17	2019 年 9 月 4 日	《中共海南省委　海南省人民政府关于建立更加有效的区域协调发展新机制的实施意见》
18	2019 年 10 月 24 日	《海南省新一轮户籍制度改革实施方案(试行)》
19	2020 年 1 月 3 日	《外国人来海南工作许可管理服务暂行办法》
20	2020 年 1 月 19 日	《海南省交通运输厅等部门关于加快海南省道路货运行业转型升级促进高质量发展实施意见》
21	2020 年 8 月 14 日	《智慧海南总体方案(2020～2025 年)》
22	2020 年 9 月 30 日	《海南现代综合交通运输体系规划》
23	2021 年 4 月 23 日	《海南省服务业扩大开放综合试点总体方案》
24	2021 年 4 月 26 日	《商务部等 20 部门关于推进海南自由贸易港贸易自由化便利化若干措施的通知》

(二)投资类、贸易类制度建设

1. 投资领域开放程度越来越高

在自贸区内的外资并购只要未涉及特别管理措施,仅需履行备案登记的管理手续。提升投资领域开放度,以达到负面清单与准入前国民待遇相结合的变革。在此之前实行的正面清单及准入后国民待遇相结合的管理模式,开放程度不高,也不够灵活。负面清单类似于黑名单的含义,指将不准或者限制投资的行业和项目列出,对列出的行业和项目不准投资或者限制投资,之外的均可投资。负面清单对中国最大的挑战在于,现在全世界有 77 个国家实行负面清单管理制度,但是这些国家总体上有比较完善的法律体系,会对负面清单之外的项目进行严格限制。我国自由贸易试验区实行负面清单规则试点,且清单逐年变短。我国上海、广东、天津、福建四个自贸试验区的共享负面清单在 2015 年为 122 项,至 2017 年便缩减为 95 项,到 2018 年更是

缩减在 45 项以内,在金融汽车、能源资源、交通运输及基础设施等多领域均取消或放宽外资限制,对服务贸易领域更是压缩到 30 项内,为使投资便利化对外资的管理模式将以审核批准制替代备案制。

2. 开放程度尚未完全符合国际自由贸易区要求

从国际贸易法规和政策等方面看,我国自贸区与境内关外式真正意义上的自贸区还有一段距离。目前仅对试验区内的企业贸易给予宽限及优惠,仍未达到真正充分的放开。离岸贸易和离岸金融业务较少。自由贸易试验区虽然逐步实行负面清单制度,但对自由贸易的发展仍存在一定的限制,金融行业人民币自由兑换及利率浮动方面仍需不断改善,负面清单在不断缩短,但与全球经贸规则新标准,尤其与 TPP 要求相比,仍然过长,特别是服务贸易负面清单条目过多,没有完全达到压力测试和积累经验的预期目标。

3. 海南自贸港现行投资类、贸易类政策

海南自贸港现行投资类政策见表 2。

表 2　海南自贸港现行投资类政策

序号	发布时间	文件名称
1	2017 年 6 月 13 日	《质检总局关于推进检验检疫改革创新进一步支持自由贸易试验区建设的指导意见》
2	2018 年 5 月 21 日	《关于印发海南省推进县域创新驱动发展实施方案的通知》
3	2018 年 6 月 8 日	《自由贸易试验区外商投资备案管理办法(试行)》
4	2018 年 9 月 26 日	《海南省人民政府办公厅关于印发进一步压缩企业开办时间的实施意见的通知》
5	2018 年 10 月 25 日	《海南省人民政府办公厅关于印发海南省促进创业投资持续健康发展实施方案的通知》
6	2018 年 12 月 28 日	《国家发展改革委关于印发〈海南省建设国际旅游消费中心的实施方案〉的通知》
7	2019 年 1 月 11 日	《海南省人民政府关于印发海南省健康产业发展规划(2019～2025 年)的通知》
8	2019 年 1 月 15 日	《海南省人民政府办公厅印发〈关于支持三大科技城发展的措施〉的通知》

序号	发布时间	文件名称
9	2019 年 1 月 19 日	《住房和城乡建设部关于落实〈国务院关于支持自由贸易试验区深化改革创新若干措施的通知〉有关事项的通知》
10	2019 年 2 月 21 日	《中共海南省委办公厅 海南省人民政府办公厅关于印发〈海南省全面禁止生产、销售和使用一次性不可降解塑料制品实施方案〉的通知》
11	2019 年 3 月 4 日	《海南省人民政府办公厅关于印发海南省促进"互联网 + 医疗健康"发展实施方案的通知》
12	2019 年 3 月 6 日	《海南省人民政府关于印发海南省清洁能源汽车发展规划的通知》
13	2019 年 3 月 24 日	《海南省人民政府关于鼓励存量商品住宅用地转型利用和解决有关历史遗留问题的实施意见》
14	2019 年 3 月 24 日	《海南省人民政府关于支持产业项目发展规划和用地保障的意见(试行)》
15	2019 年 5 月 28 日	《海南省人民政府关于海口江东新区总体规划(2018 ~ 2035)的批复》
16	2019 年 5 月 30 日	《海南省人民政府关于印发〈海南省工程建设项目审批制度改革实施方案〉和〈海南省建设工程竣工联合验收实施方案〉的通知》
17	2019 年 5 月 31 日	《海南省人民政府关于印发〈海南省人民政府推进制度创新十一条措施〉和〈制度创新成果考核评估办法〉的通知》
18	2019 年 6 月 20 日	《海南省人民政府办公厅关于印发中国(海南)自由贸易试验区琼港澳游艇自由行实施方案的通知》
19	2019 年 7 月 15 日	《海南省人民政府办公厅关于印发〈海南省优化营商环境行动计划(2019 ~ 2020 年)〉的通知》
20	2019 年 7 月 17 日	《海南省人民政府办公厅关于印发海南邮轮港口海上游航线试点实施方案的通知》
21	2019 年 7 月 22 日	《海南省人民政府印发〈关于支持博鳌乐城国际医疗旅游先行区发展的措施(试行)〉等四个"一园一策"的通知》
22	2019 年 8 月 14 日	《海南经济特区注册会计师条例》
23	2019 年 9 月 17 日	《四部门印发〈关于支持建设博鳌乐城国际医疗旅游先行区的实施方案〉》
24	2019 年 9 月 18 日	《关于营造企业家健康成长环境弘扬优秀企业家精神更好发挥企业家作用的实施意见》
25	2019 年 9 月 29 日	《海南经济特区律师条例》
26	2019 年 10 月 5 日	《海南省大数据开发应用条例》
27	2019 年 11 月 22 日	《海南省人民政府办公厅关于印发海南省加快 5G 网络建设政策措施的通知》
28	2019 年 11 月 30 日	《海南省人民政府办公厅关于印发中国(海南)自由贸易试验区开展"证照分离"改革全覆盖试点实施方案的通知》
29	2019 年 12 月 10 日	《海南省人民政府办公厅关于印发〈海南省游艇租赁管理办法(试行)〉的通知》

序号	发布时间	文件名称
30	2019 年 12 月 23 日	《国家邮政局印发〈关于支持海南邮政业深化改革开放的意见〉》
31	2020 年 8 月 14 日	《推进海南全面深化改革开放领导小组办公室印发〈海南能源综合改革方案〉》
32	2020 年 9 月 21 日	《关于在中国(海南)自由贸易试验区深化改革开放调整实施有关规章规定的公告》
33	2021 年 1 月 4 日	《海南自由贸易港外商投资准入特别管理措施(负面清单)(2020 年版)》
34	2021 年 4 月 8 日	《国家发展改革委　商务部关于支持海南自由贸易港建设放宽市场准入若干特别措施的意见》

海南自贸港现行贸易类政策见表3。

表 3　海南自贸港现行贸易类政策

序号	发布时间	文件名称
1	2016 年 5 月 5 日	《国务院关于促进外贸回稳向好的若干意见》
2	2017 年 4 月 12 日	《工商总局关于推行企业登记全程电子化工作的意见》
3	2017 年 4 月 12 日	《工商总局关于全面推进企业电子营业执照工作的意见》
4	2018 年 12 月 28 日	《中国(海南)自由贸易试验区商事登记管理条例》
5	2019 年 11 月 26 日	《中共中央　国务院关于推进贸易高质量发展的指导意见》
6	2019 年 12 月 23 日	《关于在中国(海南)自由贸易试验区试点其他自贸试验区施行政策的通知》
7	2020 年 10 月 27 日	《海南省关于开展合格境外有限合伙人(QFLP)境内股权投资暂行办法》

（三）税收类制度建设

1. 尚未形成统一独立税收体系

在建设海南自贸区前，我们一直希望国家通过制定一些自由贸易区的税收政策，来提升区域内的吸引力。然而，《中国（海南）自由贸易试验区总体方案》《海南自由贸易港建设总体方案》出台后，并没有建立完全独立的税收政策支持体系，而只是在某些领域给予一定的企业所得税、个人所得税、关税的减免。这与国外自由贸易区相比，无论从范围上还是力度上来说，都存在一定的差距。

2. 海南自贸港现行税收类政策

海南自贸港现行税收类政策见表4。

表 4 海南自贸港现行税收类政策

序号	发布时间	文件名称
1	2017 年 10 月 23 日	《海南省财政厅、海南省物价局关于取消和调整部分行政事业性收费项目的通知》
2	2017 年 12 月 4 日	《国务院关于废止〈中华人民共和国营业税暂行条例〉和修改〈中华人民共和国增值税暂行条例〉的决定》
3	2017 年 12 月 11 日	《海南省人民政府关于印发海南省实施新一轮分税制财政体制方案的通知》
4	2018 年 6 月 8 日	《商务部办公厅、海关总署办公厅关于保税区及保税物流园区贸易管理有关问题的通知》
5	2018 年 7 月 20 日	《中共中央办公厅、国务院办公厅印发〈国税地税征管体制改革方案〉》
6	2018 年 10 月 13 日	《财政部印发〈支持海南全面深化改革开放有关财税政策的实施方案〉》
7	2018 年 12 月 22 日	《国务院关于印发个人所得税专项附加扣除暂行办法的通知》
8	2018 年 12 月 22 日	《中华人民共和国个人所得税法实施条例》
9	2019 年 10 月 9 日	《国务院关于印发实施更大规模减税降费后调整中央与地方收入划分改革推进方案的通知》
10	2020 年 6 月 4 日	《中华人民共和国海关对洋浦保税港区监管办法》
11	2020 年 6 月 30 日	《关于海南离岛旅客免税购物政策的公告》
12	2020 年 6 月 30 日	《关于海南自由贸易港企业所得税优惠政策的通知》
13	2020 年 6 月 30 日	《关于海南自由贸易港高端紧缺人才个人所得税政策的通知》
14	2020 年 9 月 21 日	《财政部、交通运输部、税务总局关于海南自由贸易港国际运输船舶有关增值税政策的通知》
15	2020 年 9 月 22 日	《关于洋浦保税港区统计办法的公告》
16	2020 年 9 月 29 日	《海南离岛免税店销售离岛免税商品免征增值税和消费税管理办法》
17	2020 年 9 月 30 日	《海南现代综合交通运输体系规划》
18	2020 年 11 月 12 日	《关于海南自由贸易港原辅料"零关税"政策的通知》
19	2020 年 12 月 25 日	《关于海南自由贸易港交通工具及游艇"零关税"政策的通知》
20	2021 年 1 月 4 日	《海南自由贸易港外商投资准入特别管理措施(负面清单)(2020 年版)》
21	2021 年 1 月 14 日	《关于海南自由贸易港试行启运港退税政策的通知》
22	2021 年 1 月 15 日	《最高人民法院关于人民法院为海南自由贸易港建设提供司法服务和保障的意见》
23	2021 年 1 月 29 日	《海南自贸港鼓励类产业目录(2020 年版)》
24	2021 年 2 月 1 日	《重大区域发展战略建设(推进海南全面深化改革开放方向)中央预算内投资专项管理办法》
25	2021 年 2 月 2 日	《关于增加海南离岛旅客免税购物提货方式的公告》
26	2021 年 3 月 4 日	《关于海南自由贸易港自用生产设备"零关税"政策的通知》

（四）海关类制度建设

海南自贸港海关工作应梳理现有法律法规和其他制度文件可做突破内容，研究在海南先行先试具体办法，提出更加自由化便利化的海关监管措施。

海南自贸港现行海关类政策见表5。

表5 海南自贸港现行海关类政策

序号	发布时间	文件名称
1	2018年2月1日	《海关总署关于实施〈中华人民共和国海关预裁定管理暂行办法〉有关事项的公告》
2	2019年5月8日	《海口海关落实〈国务院关于促进综合保税区高水平开放高质量发展的若干意见〉措施》
3	2020年1月26日	《海口海关关于全力保障新型冠状病毒肺炎疫情防控物资快速通关的公告》
4	2020年1月26日	《海口海关对用于新型冠状病毒肺炎疫情防控和治疗的进口捐赠物资提供通关便利有关事项的公告》
5	2020年2月6日	《海口海关关于进一步推进行政审批事项网上办理的通知》
6	2020年2月13日	《海口海关关于新型冠状病毒肺炎疫情期间海关查验货物时收发货人可免于到场的公告》
7	2020年2月14日	《海口海关关于印发〈海口海关帮扶企业"防疫情、稳外贸"十六条措施〉的通知》
8	2020年2月25日	《海口海关关于应对新冠肺炎疫情做好行政复议工作的通知》
9	2020年2月27日	《海关总署关于对美加征关税商品市场化采购排除通关事项的公告》

三 海南自贸港法律体系建设

法治建构是中国特色自贸区（港）改革创新的决定性因素。海南自贸港战略的提出，开启了中国特色涉外经贸法治建设的新征程，是中国特色涉外经贸法治建构的又一次伟大实践。

（一）海南自贸港"中央授权及法治保障模式"

2018年10月，习总书记对自贸区建设提出新的指示，要在进一步总结经验的基础上，面向未来，积极解放思想、探索创新、统筹改革，在提升自贸区发展水平的同时形成可借鉴的创新成果，将自贸区建设成新时代改革开放的新高地，为实现中华民族伟大复兴的中国梦助力。2018年3月，李克强总理在《政府工作报告》中提出，"全面复制推广自贸区经验，探索建设自由贸易港，打造改革开放新高地"。

比较发现，中国特色自由贸易港作为"新型特殊经济功能区"的区域定位与中国自贸试验区作为"改革开放新高地"的功能定位存在较大差异。尽管二者都必须发挥法治对改革的适度有序引领、推动、规范、保障作用，但是，"制度先行"是建设自贸港的中国特色，与国内自贸区"创新先行"相比，其开放的领域更多，对法律体制的稳定性和权威性也提出了更高要求。党中央2020年4月30日发布《关于授权国务院在中国（海南）自由贸易试验区暂时调整实施有关法律规定的决定（草案）》、2020年6月28日发布《国务院关于在中国（海南）自由贸易试验区暂时调整实施有关行政法规规定的通知》，党中央决定由全国人大针对海南进行特别授权立法，将开启法治对全面深化改革开放的适度有序引领、推动、规范、保障作用。

对"中央授权及法治保障模式"、中国自贸试验区"三层次联动推进模式"①、"国家层面统一立法的基本法模式"进行比较分析，发现"中央授权及法治保障模式"是最优选择。该种模式的最大成效是主要解决了有法可依问题，即"凡属重大改革都要于法有据"的重要法治导向，但该种

---

① 上海自贸区自2013年建设以来，坚持"自下而上的自主改革创新路径"，即"问题导向/市场主体需求导向→地方政府推动→形成专业化和系统化改革方案→向中央寻求政策突破→重构中国开放型经济（涉外经贸）制度体系（涉外经贸政策体系与涉外经贸法治体系）"。局部采取了"先国家授权（全国人大常委会和国务院双授权）再部委支持后地方立法/政策文件保障"的"三层次联动推进模式"。

模式仍然存在三个方面的不足：首先，法律具有滞后性，该模式无法适配深层次的制度改革及创新；其次，该模式不具有可持续性；最后，该模式可能存在价值取向模糊。因此，该授权模式在实践中遭遇了行政化、地方化、空洞化、碎片化难题的固有缺陷。

构建中国特色自由贸易港"国家层面统一立法的基本法模式"时机尚未成熟，因此"中央授权及法治保障模式"是确保法治适度有序引领海南自由贸易港建设的最优模式选择。构建海南自由贸易港"最核心政策和制度体系"关涉市场准入、投资准入、海关监管、贸易便利、财税、金融等众多属于国家立法权的事项和众多国家部委事权（赋权）的内容，利用经济特区及地方的立法权均不能达到良好效果。因而在海南自贸港建设中，对事权与立法权二者之间的关系进行界定就尤为重要。应对海南进行特别授权立法修法，为构建海南自贸港"最核心政策和制度体系"提供坚实的法治保障。

（二）海南自贸港现行法律体系

1. 国家法律

海南自贸港现行国家法律见表6。

表6　海南自贸港现行国家法律

序号	发布时间	法律名称
1	2019 年 1 月 18 日	《中华人民共和国预算法》
2	2019 年 1 月 18 日	《中华人民共和国产品质量法》
3	2019 年 1 月 18 日	《中华人民共和国电力法》
4	2019 年 1 月 18 日	《中华人民共和国民用航空法》
5	2019 年 1 月 18 日	《中华人民共和国农村土地承包法》
6	2019 年 3 月 22 日	《中华人民共和国外商投资法》
7	2019 年 6 月 12 日	《中华人民共和国车船税法》
8	2019 年 6 月 12 日	《中华人民共和国反不正当竞争法》
9	2019 年 6 月 12 日	《中华人民共和国建筑法》

序号	发布时间	法律名称
10	2019 年 6 月 12 日	《中华人民共和国商标法》
11	2019 年 6 月 12 日	《中华人民共和国行政许可法》
12	2019 年 9 月 19 日	《中华人民共和国城市房地产管理法》
13	2019 年 9 月 19 日	《中华人民共和国土地管理法》
14	2019 年 9 月 19 日	《中华人民共和国资源税法》
15	2019 年 9 月 19 日	《中华人民共和国药品管理法》
16	2019 年 12 月 30 日	《中华人民共和国证券法》

2. 行政法规、规章

海南自贸港现行行政法规、规章见表 7。

表 7　海南自贸港现行行政法规、规章

序号	发布时间	文件名称
1	2017 年 12 月 30 日	《中华人民共和国环境保护税法实施条例》
2	2018 年 10 月 16 日	《外商投资期货公司管理办法》
3	2018 年 12 月 22 日	《中华人民共和国个人所得税法实施条例》
4	2019 年 10 月 16 日	《国务院关于修改〈中华人民共和国外资保险公司管理条例〉和〈中华人民共和国外资银行管理条例〉的决定》
5	2019 年 10 月 23 日	《优化营商环境条例》
6	2019 年 11 月 1 日	《中华人民共和国食品安全法实施条例》
7	2019 年 12 月 31 日	《中华人民共和国外商投资法实施条例》

3. 地方性法规

海南自贸港现行地方性法规见表 8。

表 8　海南自贸港现行地方性法规

序号	发布时间	文件名称
1	2017 年 12 月 11 日	《海南省环境保护条例》
2	2018 年 12 月 26 日	《中国(海南)自由贸易试验区商事登记管理条例》
3	2018 年 12 月 26 日	《海南经济特区禁毒条例》
4	2018 年 12 月 26 日	《海南省大气污染防治条例》

序号	发布时间	文件名称
5	2019 年 3 月 26 日	《中国(海南)自由贸易试验区重点园区极简审批条例》
6	2019 年 4 月 18 日	《海南省六届人大常委会立法规划(2018~2022)》
7	2019 年 7 月 29 日	《海南省人民代表大会常务委员会关于海南省耕地占用税适用税额的决定》
8	2019 年 7 月 29 日	《海南省人民代表大会常务委员会关于修改〈海南省无线电管理条例〉的决定》
9	2019 年 7 月 29 日	《海南省测绘地理信息条例》
10	2019 年 8 月 14 日	《海南经济特区注册会计师条例》
11	2019 年 9 月 29 日	《海南省人民代表大会常务委员会关于批准在三亚崖州湾科技城等三个园区推广适用"三园"特别极简审批的决定》
12	2019 年 9 月 29 日	《海南经济特区律师条例》
13	2019 年 10 月 5 日	《海南省大数据开发应用条例》
14	2019 年 11 月 29 日	《海南省社会保障卡一卡通服务管理条例》
15	2020 年 1 月 10 日	《海南省反走私暂行条例》
16	2020 年 1 月 11 日	《海南省人民代表大会常务委员会关于修改〈海南经济特区海岸带保护与开发管理规定〉的决定》
17	2020 年 1 月 13 日	《海南省排污许可管理条例》
18	2020 年 1 月 22 日	《海南经济特区外国企业从事服务贸易经营活动登记管理暂行规定》
19	2020 年 2 月 10 日	《海南经济特区禁止一次性不可降解塑料制品规定》
20	2020 年 7 月 31 日	《海南自由贸易港消防条例》

4. 政府规章

海南自贸港现行政府规章见表9。

表9 海南自贸港现行政府规章

序号	发布时间	文件名称
1	2015 年 9 月 28 日	《海南省人民政府关于集中规范开展招标投标活动的意见》
2	2015 年 10 月 17 日	《海南省促进邮轮游艇产业加快发展政策措施》
3	2015 年 11 月 26 日	《海南经济特区企业法人登记管理条例实施细则》
4	2015 年 12 月 18 日	《关于推进新一轮海南农垦改革发展的实施意见》
5	2016 年 1 月 26 日	《海南省人民政府关于加快发展现代金融服务业的若干意见》
6	2016 年 7 月 9 日	《中共海南省委关于以创新为引领推进供给侧结构性改革的实施意见》
7	2018 年 4 月 20 日	《免签证来琼旅游外国人服务和管理办法》

续表

序号	发布时间	文件名称
8	2018 年 7 月 19 日	《海南省科学技术奖励办法》
9	2018 年 9 月 29 日	《海南省内部审计工作规定》
10	2019 年 3 月 7 日	《海南国际经济发展局设立和运行规定》
11	2019 年 4 月 4 日	《海南博鳌乐城国际医疗旅游先行区管理局设立和运行规定》
12	2019 年 5 月 23 日	《海南省大数据管理局管理暂行办法》
13	2019 年 7 月 3 日	《海南省人民政府关于将部分省级行政审批事项调整由海口市、三亚市、洋浦经济开发区实施的决定》
14	2019 年 7 月 17 日	《海南省省和市县总体规划实施管理办法（试行）》
15	2020 年 1 月 3 日	《海南省基本医疗保险基金统收统支管理暂行办法》
16	2020 年 1 月 9 日	《海南省人民政府关于印发〈海南省政府投资项目管理办法〉和〈海南省政府投资项目代建制管理办法〉的通知》
17	2020 年 1 月 10 日	《海南省反走私暂行条例》
18	2020 年 1 月 11 日	《海南省人民代表大会常务委员会关于修改〈海南经济特区海岸带保护与开发管理规定〉的决定》
19	2020 年 1 月 13 日	《海南省排污许可管理条例》
20	2020 年 1 月 22 日	《海南经济特区外国企业从事服务贸易经营活动登记管理暂行规定》
21	2020 年 2 月 10 日	《海南经济特区禁止一次性不可降解塑料制品规定》
22	2020 年 9 月 22 日	《海南省价格监测管理规定》

四　制度创新建议

（一）目标精准定位，有效落实政策

自由贸易试验区（港）建设不仅要明确发展定位，而且要努力探寻目标达成的可行路径。尤其要做好国家战略层面和地方发展需求的协调工作，相关职能部门要形成合力，着力加快配套制度的建设。具体应做到：一要切中国家发展战略，偏离国家发展战略的自由贸易试验区（港）发展站位不高，意义不大；二要切合地方实际，自贸区（港）发展应考虑所在地省域管辖机关的发展需求，以自贸区（港）发展带动当地的发展；三要对自贸区（港）充分授权，激发动力，取得切实成效。《指导意见》提出应将海南

建设成"三区一中心"①,这是结合海南的地缘优势以及国家发展战略进行的精准定位。

(二)加大压力测试,放宽投资准入

各国或地区的自由贸易试验区(港)开放性一般较高,有些甚至是全域开放,便利化、自由化水平呈不断上升趋势。例如,中国香港除了赌博业受管制,电信、广播、电视、新闻等少数行业有一定准入条件外,其他行业高度开放,允许私人外资进入,且不限制股比;除了毒品、军火等特殊商品以及进行定控管的烟酒、碳酸饮料之外,绝大多数的商品自由进出。新加坡规定金融、保险、证券等特殊领域外资进入须向主管部门备案,新闻业、广播业的外资出资比例分别不得超过30%和49%,外资不得进入国防领域等,其他所有行业均向外资开放且无股比限制。在科隆,任何自然人或法人均可注册,无需营业执照,也没有最低投资要求。阿联酋对外资准入有限制,要求把一部分股权划拨给当地的自然人,但是迪拜杰贝阿里自贸区不受该条件限制。

我国海南自由贸易试验区(港)的建设,要保持一定的吸引力,就应实现"境内关外"机制下的"一线"充分放开,适度开放离岸贸易和离岸金融;探索实行自由贸易港"极简版负面清单"制度,可使负面清单进一步接近并达到TPP水平。海南自由贸易试验区(港)应设立开放风险压力测试区域,同国际经贸规则加强衔接②,积极对标最高国际标准,对专业服务业及先进制造业等放宽权限等。海南自贸港建设中,应保证充分放开"一线"的政策稳定性,在5年内或更长期限内,不实行"二线有效渗透",建成真正意义上的开放高地和具有阶段性飞地经济属性的自贸区。

---

① 其中"三区"包括全面深化改革开放试验区、国家生态文明试验区、国家重大战略服务保障区,"一中心"是指国际旅游消费中心。

② 随着WTO体制日益边缘化,双边投资协定(BIT)、国际服务贸易协定(TISA)、跨太平洋伙伴关系协定(TPP)和跨大西洋贸易与投资伙伴关系协定(TTIP)等国际经贸规则逐渐盛行。

（三）创新监管制度，提高通关效率

国际上，许多自由贸易试验区（港）管理机构协调性较强，监管手段先进规范，通关效率较高。例如，中国香港报关就非常简便，货物进出海关仅需将相关商品所有付运资料及报关单在出入关 14 日内上报即可。新加坡实行全生命周期的电子化货物监管，在十分钟内就可拿到结果，通过海关系统贸易网络十秒钟就能够完成办理进出口手续，通关监管部门通过"单一窗口"统一实施监管。

海南自贸区（港）应进一步转变完善政府职能，创新监管制度，为提高政府治理能力提供先行经验。中央应加大对自由贸易试验区（港）的简政放权力度，由自由贸易试验区（港）自主决策、自主管理；进一步简化监管流程，建立单一窗口、单一平台、单一管理机构等管理架构，比如将海关、检验、外汇、支付等接入"单一窗口"作业平台，实现集约式、一站化的高效管理；对商事登记制度进一步深化改革，探索海关综合监管模式等；建立市场主体自律、业界自治、社会及政府监督一体化的事中事后监管体系；对政府服务体系进一步升级优化，充分与互联网的大数据信息相结合；构建开放最前沿的体制机制，在确保自贸区（港）生态安全、经济安全的前提下，实现通关"五不"：不申报、不征税、不查验、不统计、不设账册。

（四）完善税收制度，形成洼地效应

我国自由贸易试验区在税收政策方面与非自由贸易试验区相比存在一定的优势，但当前我国自由贸易试验区的发展定位、国家发展战略以及国际形势决定了我国现行自由贸易试验区税收政策与世界许多自由贸易试验区（港）相比，优惠程度还远远不够。世界上绝大多数的自由贸易试验区（港）建设离不开税收优惠政策的支持。例如，中国香港在全域范围内实施"零关税"政策（酒类、烟草、碳氢油类及甲醇除外）；实行税收地域管辖权，中国香港企业在海外获得营业利润不交税；企业所得税税率较低，有限

公司及非有限公司税率分别为 16.5% 及 15%；等等。新加坡的企业所得税税率仅为 17%；除酒类、烟草、石油、机动车外，所有进口商品免征关税。巴拿马科隆货物进口和转口免关税，区内企业产品向美国和欧洲出口不受配额限制并享受优惠关税；科隆企业所得税税率为 2% ~ 5%，大大低于巴拿马公司所得税 30% ~ 40% 的税率。韩国釜山自贸区企业所得税税收 7 年减100%，之后 3 年减 50%。迪拜企业 50 年内不交所得税。

因此，在我国从自贸区到自贸港的建设中，税收政策应有所创新和突破。海南建设自贸港的过程也是具有中国特色的新模式稳步发展的重要时期，构建税收优惠政策体系不仅符合"国际惯例"，也与我国国情和海南省省情相符。当前海南税收收入规模较小，占全国税收收入 0.85% 左右[①]，制定税收优惠政策给国家财政造成的压力和风险较小，但由此形成的"洼地效应"较强，能吸引国内外资本涌向海南，带动海南经济的繁荣发展。当前应着手关税、增值税、消费税的全面改革；改革出口退税制度；重点研究企业所得税、个人所得税和预提所得税的改革和试点。

（五）健全法律制度，提供优先保障

国际上，自由贸易试验区（港）并不总是被推崇，因为"一线"放开，"二线"如果不能安全高效管住，就可能成为规避税收、贪污腐败和洗钱的场所。为此，各国一般通过颁布特殊法为自由贸易试验区（港）建设提供法律保障。比如，新加坡于 1969 年制定了《自由贸易区法》，美国于 1993 年制定了《对外贸易区法案》，韩国于 2003 年通过了《关于经济自由区域的指定及运营的法规》。因此，自由贸易试验区（港）建设，必须做长期细致的研究和规划，完善法律体系，做好各种风险防范工作。

---

① 据国家税务总局统计，2019 年全国税收收入为 14 万亿元，海南税收收入只有 1185.9 亿元，占全国税收收入的 0.85%。

参考文献

［1］迟福林：《开放热土：加快探索建设海南自贸港进程》，中国工人出版社，2019。

［2］陈利强：《中国特色自贸区（港）法治建构论》，人民出版社，2019。

［3］黄茂兴：《中国自由贸易港探索与启航》，经济科学出版社，2017。

［4］张云华：《支持海南自由贸易试验区（港）建设的税收制度安排》，中国财政经济出版社，2018。

B.3
进博会与自贸试验区联动发展报告

崔　璨*

摘　要： 进博会为境外企业提供了重要的展示舞台，自贸试验区则
为其进入中国市场提供了政策保障，二者联动，充分展现
了我国吸引各方资源的胆识和魅力，矢志不渝全面坚持改
革开放，提高对外开放水平以及推动经济全球化、多边主
义的坚定决心。要积极举办高质量进博会，发挥带动引领
效应；扩大进博会国内国外影响力，强化经济溢出效应；
推动进博会与自贸区联动，全面提高对外开放层次水平。

关键词： 进口博览会　自贸试验区　上海

当今世界正经历百年未有之大变局，我国所面临的外部环境更加复杂多
变，单边主义、贸易保护主义和霸凌主义有明显抬头趋势，影响世界经济的
一些不稳定性、不确定性因素正在显著增强。特别是2018年以来，美国政
府单方面地、无端地针对我国挑起贸易摩擦，对我国产品加征大量关税，不
仅严重阻碍中美双边经贸活动的正常开展，对全球经贸合作也带来了不利影
响。"中国国际进口博览会"（以下简称"进博会"）已成功举办三届，这
是国际上第一个将"进口"作为主题的博览会。举办进博会是我国对外开
放国内市场的一项重大举措，充分体现了我国进一步扩大对外开放、支持经
济全球化不断深入发展、推动建设开放型世界经济的决心（张婷、刘洪愧，

---

* 崔璨，中国国际经济交流中心助理研究员，博士，研究方向为宏观经济。

2020）。进博会的胜利召开毫无疑问促进了我国参与建设开放性全球贸易体系，推动了我国向更高水平对外开放迈进，助推了世界经济的贸易自由化和多边贸易机制；同时，有助于提高我国居民消费水平，进一步改善消费结构，扩大内需。进博会是一个光辉夺目的"点"，是我国进口领域的一颗明珠。在短短几天的时间内集中展示最尖端、最优秀的进口产品，吸引大量国外企业来华展示最新成果。自贸试验区体制是一条"线"，通过贸易政策便利化、体制机制创新等方式，促进进出口商品的自由流通，加强中国与世界的经贸合作。进博会为外国企业提供了重要的展示舞台，自贸试验区则为各国的企业单位进入中国市场提供了有效的政策保障，二者"点""线"结合，为扩大进口市场、加快进出口经贸流通提供强大助推力。进博会成为优质进口产品的首发式加速器、新品爆款催化剂；自贸试验区则为其进入中国市场提供了稳定的政策便利，为其在国内市场的全面铺开提供帮助。对外开放是一个"面"，向全世界展现中国近年来改革开放取得的巨大成就，欢迎各国商企"走进来"到华投资贸易，也帮助国内企业"走出去"，特别是到共建"一带一路"国家中去，加强与各国全方位合作。

一　进博会召开情况

（一）第一届进博会

2018 年 11 月 5～10 日，首届进博会在上海成功举办。面对美国针对我国单方面无端挑起贸易摩擦的局面，我国积极筹办召开进博会，欢迎包括美国在内的各国客商来华参展，体现了我国作为国际贸易大国的包容胸怀和高度自信。

第一届进博会的展品既包括实物商品，也包括服务贸易。展品中有售价近 2 亿元人民币的直升机，也有杞果干、辣椒酱等日常食品和生活用品。进博会的展览总面积超过了 30 万平方米，共吸引了 172 个国家、地区和国际组织到上海参展，参展企业总数达到 3617 家，境内外采购商超过 40 万名，

发布新产品、技术、服务 101 项。其中，加拿大、印度尼西亚、德国、俄罗斯、越南等 12 个主宾国分别设立了各自的特色展馆。共建"一带一路"国家参展企业多达千余家，数量占所有参展企业的 1/3。

（二）第二届进博会

2019 年 11 月，第二届进口博览会于上海拉开帷幕。习近平总书记出席开幕式，并发表重要讲话。该届博览会累计进场参观人数达 91 万人次，专业采购商达 50 余万名，参展企业达 3800 余家，共吸引 181 个国家、地区和国际组织来华参展，累计意向成交额达 711.3 亿美元，较首届进博会增长 23%。该届进博会共举行配套活动 380 余场，共发布新产品、技术、服务 391 项①。

（三）第三届进博会

第三届进博会于 2020 年 11 月 5～10 日在上海召开。2020 年，新冠肺炎疫情对全球经济形势以及世界各主要经济体都带来了持久且猛烈的冲击。全球资本市场遭遇重挫，投资以及国际贸易出现大幅萎缩，市场出现较大幅度的震荡，全球产业链供应链循环受阻，世界经济受到疫情影响面临深度衰退。

在这种情况下，我国克服困难，统筹疫情防控和办展工作，按期举办第三届进博会，取得了较为丰硕的成果。习近平总书记在开幕式的主旨演讲中强调，新冠肺炎疫情使世界经济不稳定不确定因素增多，但中国仍然将秉持开放、合作、团结、共赢的信念，坚定不移全面扩大开放，让中国市场成为世界的市场、共享的市场、大家的市场，推动世界经济复苏，为国际社会注入更多正能量。

第三届进博会亮点纷呈。一是展览规格高、规模大。习近平总书记通过

---

① 韩声江：《第二届进博会累计意向成交 711.3 亿美元，比首届增 23%》，https：//www. thepaper. cn/newsDetail_ forward_ 4919995。

视频发表主旨演讲，中央政治局常委、国务院副总理韩正和国务院副总理胡春华以及上海市委书记李强出席开幕式。西班牙、巴基斯坦等8个国家的元首、政府首脑，以及世贸组织、世卫组织等多个国际组织负责人发表视频致辞。145个国家和国际组织的231名部级以上官员，以及110位世界500强企业及国际智库代表在线上出席开幕式。展会总展览面积近36万平方米，比第二届进博会扩大近3万平方米，是疫情防控常态化条件下我国举办的规模最大、参展国别最多、线上线下结合的国际经贸盛会。二是水平高、参与广。第三届进博会中大批新产品、新技术、新服务实现首发首展，数量多达411项。世界500强以及行业龙头企业连续参展占比接近八成，近40万名专业观众注册报名，3000余名记者报名采访。三是活动多、成果丰。此次进博会共举办对接签约、投资促进等101场配套活动；针对疫情对人类卫生健康和生活带来的影响，专门设立了公共卫生防疫展区、节能环保区以及智慧出行专区；通过线下线上结合方式，达成合作意向861项，累计意向成交额达726亿美元，较第二届增长2.1%。

二　进博会与自贸试验区共同作用

连续三届进博会的成功举办，是进博会同上海自贸试验区紧密结合、共同发力的结果，在推动国际进出口贸易稳定发展方面发挥了重要作用。举办进博会、设立自贸试验区充分展现了我国吸引世界各国优势资源的胆识和魅力，支持贸易自由化和经济全球化，提高对外开放水平以及推动经济全球化、多边主义的坚定决心。进博会与自贸试验区紧密融合是我国进一步扩大对外开放、推动"一带一路"倡议、加强国际经贸合作的新举措新路径。

（一）进博会与自贸试验区是中国扩大对外开放的重要探索

进博会与自贸试验区同为我国对外开放的重要窗口，二者联动充分表明了中国进一步深化改革开放、维护多边贸易体系的意愿和能力，有助于推动

我国经济高质量发展，不断满足人民群众对美好生活的需要。从企业层面来看，进博会和自贸试验区联动为国际企业与中国市场实现合作共赢提供了重要平台。作为中国"买全球""惠全球"的重要平台，进博会提出"主动扩大进口"，是在新时代背景下我国坚持扩大对外开放的一项重大务实举措，进一步彰显了与世界各国共享美好未来、共同建设开放共赢的世界经济的坚定决心。

进博会与自贸试验区都是对于进口管理制度的有力创新。进口博览会是习近平总书记宣布举办，由国务院牵头，商务部和上海市人民政府共同主办，中国国际进口博览局和国家会展中心（上海）承办的大型国际展览，得到了十余个部委的大力支持①，其具备非常强的制度改革自主权以及充分的创新能动性。2018年7月印发的《关于扩大进口促进对外贸易平衡发展的意见》明确提出，要通过扩大进口来促进对外贸易平衡发展。该意见同时指出，要以进博会为试点，通过建设面向全球的高标准自贸试验区网络，完善进口制度，健全产权保护、进出口制度，优化通关、检验检疫、市场监督等程序。其根本目的在于实现贸易便利化、自由化以及经济的全球化，向全世界释放我国全面对外开放的积极信号，彰显高水平对外开放的信心和决心。

进博会与自贸试验区共同推进"一带一路"倡议的落地。进口博览会与自贸试验区都是推动我国"一带一路"倡议落实落地的重要平台。进博会与自贸试验区的联动为共建"一带一路"国家的企业及其产品拓宽中国市场找到了一个崭新的渠道，也为中国制造和中国企业在共建"一带一路"国家市场的发展寻觅了一个绝佳的机会。进博会上，大量来自共建"一带一路"国家的优质产品吸引了中国企业和消费者的目光，促成了一份份的订单，形象生动地展现了各自的特色，同时帮助中国消费者从各方面加深对"一带一路"倡议的认识。来华参展则使共建"一带一路"国家的政府官员

---

① 《国新办就首届中国国际进口博览会筹备进展情况举行发布会》，http://www.xinhuanet.com/talking/20171102z/index.htm。

和客商对中国、对上海有更加全面和具体的认识，更加强了他们与中国合作共赢的信心。上海自贸区的战略定位之一便是推动市场主体"走出去"的"桥头堡"，其重点任务是创新合作发展模式，服务"一带一路"倡议。在进博会开幕式上，习近平总书记多次提到"一带一路"倡议。

（二）进博会与自贸试验区是我国深化改革的重要尝试

进博会与自贸试验区有助于推动国内经济供给侧结构性改革。进博会和自贸试验区吸引了国际市场上的优质产品以优惠价格进入国内市场，从国际市场加速引进优质产品能够改善国内生产要素的供给。进博会与自贸试验区有助于有效利用国外高质量生产要素，进一步实现资源优化配置，倒逼国内企业提高效率，以达到改善产品质量、提升国内企业的创新能力和竞争优势的目的，进一步满足广大人民群众对美好生活的物质需要。在首届进博会上，有关部委、地方及中央企业等组建了近四十个交易团，采购了近千亿元的产品。

众多海外企业通过进博会这一方式获得了一趟高效、便捷的来华贸易新直通车，在很大程度上拓宽了原有的销售渠道。同时，进博会也成为满足我国消费者旺盛消费需求的重要途径，大量优质展品在博览会后成为国内市场上受到追捧的商品，进入千万消费者家中，为国内市场消费升级提供便捷有效的优质供给。例如，进博会上从加拿大进口的波士顿龙虾大受欢迎，展销会后，此类进口龙虾在盒马鲜生平台上的销售量超过 200 万只。对于广大商家而言，进博会是"打牌子"的绝佳机会，而自贸试验区则是拓展中国市场的重要渠道。

进博会与自贸试验区共同助力我国稳固全球贸易大国的地位。在中美两国贸易摩擦不断升级、经贸关系不断恶化的大背景下，举办进口博览会无疑向全世界展示了我国在国际贸易中合作、积极、双赢的态度，有助于我国进一步丰富进口输入来源，在贸易交往中占据较为有利的位置。

改革开放 40 余年来，经济发展开放水平的不断提升，为我国全面步入小康社会提供了非常有效的支撑。2019 年，我国货物贸易进出口总值已达

到 31.54 万亿元，据统计，年均货物贸易进出口增长幅度约为 14%。自 1978 年至今，我国在全球货物贸易中的排名，已从 30 名以后快速升至首位。从 2009 年至今，我国已经连续多年占据全球货物贸易第一大出口国和第二大进口国的位置。2014~2019 年，中国进口增长对全球进口总增长的贡献超过两成（22.7%）。截至 2020 年 6 月，我国的外汇储备规模已经超过 3.1 亿美元，黄金储备也达到了 6264 万盎司。充足的外汇和黄金储备使我国具备了极大的对外开放主动权。

进博会与自贸试验区产生了显著的"溢出"效应。上海已经连续三届成功举办进口博览会，成功展现了上海自贸试验区建成以来所取得的丰硕成果，助力上海以及长三角地区"一带一路"倡议桥头堡作用，提升上海国际化都市的服务水平，推动上海"五个中心"作用的发挥，加大"上海服务、上海制造、上海购物、上海文化"四大品牌建设力度，进一步增强上海新一轮对外开放的典型示范效应和辐射作用。进口博览会的召开，在很大程度上有效地推动了在长三角地区形成功能比较完善的产业生态体系，推动区域内产业政策的协同配合。绘制长江三角洲的产业分布地图、编制未来长三角区域的产业发展规划等举措无疑能够深化长三角各地产业的分工合作，加快技术层面的深度合作与协作，在一定程度上解决长期以来"以邻为壑""各自为政"的难题。长三角各地结合自身的特长以及特色，以产品集散地为中心，以上海为龙头，以进博会为契机，改善商品流通，实现经济新常态下的供给侧改革，提升我国在全球产业链中的地位。

进博会与自贸试验区的影响并不局限于上海市或者长三角地区，而是辐射整个华东地区甚至是全国，其彰显了对外开放合作、实现共同发展的重要引领作用。未来要进一步发挥进博会对长三角一体化发展的引领效用，建设世界级城市群，打破地域思想的束缚，提高一体化思想意识。进博会以及自贸区机制带动优质进口产品数量的快速增长，其"鲇鱼效应"较为明显，有效推动了区域要素市场的一体化，同时增强了人才培养、中转、吸纳能力，提高了人才、信息、资本、知识等各类要素在区域内的流动速度，推动了长三角一体化水平的快速提高。

（三）进博会与自贸试验区有助于提升中国国际综合影响力

进博会与自贸试验区共同着力提升我国对国际大宗产品的定价能力。我国虽然是世界第二大进口国，但在国际市场上对大宗商品的定价权与国际地位不匹配，较易受到价格大幅波动所带来的负面影响。随着我国进口量逐步上涨，人民币国际支付能力的提升，我国对大宗商品的定价把控能力近年来已有较大幅度提升。进博会、自贸试验区的联动机制将扩大中国进口影响力，进而提升对部分行业的把控能力，从而打造与我国国际地位相匹配的大宗产品定价能力。

进博会与自贸试验区有利于改善进出口贸易结构。一方面，通过进博会、自贸试验区等机制体系安排，中国的进出口贸易结构有望得到平衡和改善。例如我国长期存在的进口来源国较为单一、贸易伙伴集聚性较高、与共建"一带一路"国家商贸往来不足等情况有望得到较大程度改善。进博会和自贸试验区进一步增大了共建"一带一路"国家在我国外贸中的比重，有效降低了我国在贸易往来中对个别国家的依赖程度，使国际商贸的整体结构和国别区域更加均衡。另一方面，长期以来我国存在货物贸易出口额大于进口额、服务贸易进口额大于出口额的不平衡现象，通过进博会、自贸试验区体系的不断探索和建设，将努力推动货物贸易与服务贸易的平衡化。

进博会与自贸试验区同为掌握世界尖端科技发展动向的重要窗口。第一届博览会共发布新产品、技术、服务101项；第二届进博会首发的新产品、技术和服务多达391项，首次进入中国的展品多达5000余件；第三届首发的新产品、技术和服务进一步提升至411项。这充分说明利用进博会、自贸试验区等窗口，能及时有效掌握世界科技尖端前沿讯息，了解全球科技创新的最新成果，实现追随乃至引领科学技术发展的目的，贯彻落实新发展理念，提高国家科学技术水平。应以进博会、自贸实验区为平台，研究、引进、消化国际科技前沿成果，转化成为国内企业可学习、可借鉴、可运用的成果，满足国内对国际新品、精品的追求需要。把上海自贸试验区打造成具

有较强国际竞争力的产业高地，必然意味着未来将着力进一步加大科技成果转化力度，聚焦一些最具优势、最有条件的领域，打造一批代表未来发展方向、能够引领发展潮流的新兴产业集群。进博会的举办是展现我国发展活力的舞台，更是坚持全面对外开放的有力证明。进口博览会通过发挥优化进口结构的作用，使国内市场能接触到更多的国际先进技术、理念，实现提质增效，更好服务创新驱动发展战略。

三　进博会与自贸试验区联动

上海自贸试验区成立以来，已经在思维创新、理念改革、发展路径等全方位积累了大量可供推广的成功经验，信息互换、监管互认、负面清单制度、执法互助等系列改革经验更是难能可贵，为下一步成功举办进博会、进一步扩大进博会的世界影响力奠定了制度基础。

未来，进博会与自贸试验区要互相促进，相互借鉴有益经验。一是进博会应当充分吸纳上海自贸试验区成立以来积累的一系列改革试点经验，并将有效的举措移植运用到进博会的筹办和组织工作中去，进一步扩大进博会的影响力。二是充分发挥上海自贸试验区的制度以及政策优势，服务好、组织好进博会各项工作、活动，推动国际合作的达成。以成功举办进博会为有利契机，不断推动自贸试验区机制深入探索，把进博会打造成上海自贸试验区未来进一步发展的重要抓手（张婷、刘洪愧，2020）。

（一）进博会推动进口管理探索创新

在党中央、国务院的高度支持下，进博会充分发挥主动性，制定了一系列优惠政策，实施体制机制创新。2018年7月，《上海市贯彻落实国家进一步扩大开放重大举措加快建立开放型经济新体制行动方案》颁布，该方案就进博会的举办设置了专门的章节，提出了一系列的配套政策措施：搭建"6天+365天"的一站式交易促进服务平台，创设展会展品提前备案机制，通过担保方式，允许提前放行展品；对展品展中销售和现场成交可以适用中西部国际展会的税收优惠政策；赋予上海濒危动植物进口和再出口审批权；争取开展跨境电商"网购保税 + 线下自提"新模式试点；支持车辆展品留购并给予展示交易便利措施"；等等①。

关税方面，财政部对进博会展期内销售物品的关税也进行了相应的优惠调整，包括对一定数量之内的进口展品免予征收进口关税，且按七成的比例征收进口环节增值税以及消费税等一系列降低综合进口关税的举措②。

在知识产权领域，为了向参展各方提供更加规范有效的知识产权保障，我国同样采取了多项改革措施。上海市高级人民法院结合工作实际制定了《关于加强知识产权审判服务保障中国国际进口博览会的实施意见》以保障进博会期间的知识产权保护工作。

进博会的举办有助于进一步改善上海自贸试验区的营商环境。进博会开幕后，以上海自贸试验区改革为先导，在改善营商环境方面长三角区域已经开展了包括负面清单管理模式、"最多跑一次"、"一网通办"等在内的多项改革探索③。长三角区域内各地政府落实"放管服"精神，简政放权，实行"进口直通、出口直放""一次性（一张表）申报""一张网审查"，极大地提高监管效率，形成标准一致的货物检查检验制度，打造区域内部高效、廉洁、安全、便利的营商环境。整合进口商品的资金流、物流信息，充分利用大数据资源，实现信息共享，这些举措都势必有效降低货运流通过程中产生的摩擦成本。

前文所述的各项试点措施为下一步的改革与发展提供了有益的探索尝试，积累了必要的经验，奠定了扎实的基础。未来仍需要进一步实现深层次的进口制度优化，完善进口管理体制，为国内市场扩大进口减负，为群众能用上优质廉价的进口商品清障。

———————

① 《上海市贯彻落实国家进一步扩大开放重大举措加快建立开放型经济新体制行动方案》，https：//www. imsilkroad. com/news/p/103129. html。

② 郁琼源：《财政部：对进博会展期内销售的合理数量进口展品免征关税》，http：//www. xinhuanet. com/fortune/2018 - 11/01/c_ 1123649849. htm。

③ 《中国国际进口博览会打造知识产权保护"高地"》，http：//www. sipo. gov. cn/mtsd/1126637. htm。

（二）进博会推动自贸试验区快速发展

习近平总书记在首届进博会主旨讲话中强调，要支持自由贸易试验区深化改革创新，持续深化差别化的探索，加大压力测试，发挥自由贸易试验区改革开放试验田作用。2018 年 11 月 23 日，《关于支持自由贸易试验区深化改革创新若干措施的通知》印发，该通知明确指出，自贸试验区是党中央、国务院在新形势下全面深化改革和扩大开放的一项战略举措。

在首届进博会开幕式上，正式提出了"上海自贸区扩容，增设临港新片区"的新任务。《中国（上海）自由贸易试验区临港新片区总体方案》指出，增设新片区的目的在于加快形成更加开放的市场规则体系，促进高能级市场资源要素的自由流动与合理配置。临港新片区未来将成为"面向亚太的国际枢纽城市"①。

在 2019 年 11 月举行的第二届进博会主旨讲话中，习近平总书记强调："中国对外开放是全方位、全领域的，正在加快推动形成全面开放新格局"，"中国将继续鼓励自由贸易试验区大胆试、大胆闯，加快推进海南自由贸易港建设，打造开放新高地"②。次年 6 月 1 日，《海南自由贸易港建设总体方案》印发，该方案明确要求借鉴国际经验，到 2025 年，初步建立以贸易自由便利和投资自由便利为重点的自由贸易港政策制度体系。营商环境总体要达到国内一流水平，市场主体大幅增长，产业竞争力显著提升，风险防控有力有效，适应自由贸易港建设的法律法规逐步完善，经济发展质量和效益明显提升。

（三）进博会推动自贸试验区扩大开放常态化

通过近年来的不断努力，党中央提出的各项举措已经逐项落地落实，成

---

① 《国务院关于印发中国（上海）自由贸易试验区临港新片区总体方案的通知》，http://www.gov.cn/zhengce/content/2019 - 08/06/content_ 5419154. htm。
② 习近平：《开放合作 命运与共——在第二届中国国际进口博览会开幕式上的主旨演讲》，http://www.xinhuanet.com/politics/leaders/2019 - 11/05/c_ 1125194405. htm。

果显著。

在通关成本方面，自第一届进博会开幕以来，我国的平均关税税率已经由最初的9.8%大幅降到7.5%。2019年，面对贸易摩擦不断升级的局面，中国政府秉持合作共赢的态度，仍然多次主动调整进口税率，调减进口罕见病药品进口环节增值税，扩大按较低税率征税的商品范围，从多个角度、多个方面着手，主动增加进口量，不断扩大进口范围，提升贸易的便利水平，降低进口的合规成本，优化商品进口的结构（张翼，2019）。同时，通过简化通关流程、简化进出口环节证件监管、优化口岸营商环境等一系列举措，将进口和出口整体通关的所需时间缩短至2017年所需时间的一半，从整体上看，货物通关的时间以及经济成本较以往有大幅缩短与降低。

在知识产权方面，进博会上习近平总书记宣布要保护外资企业合法权益，不断提高知识产权审查质量和审查效率，坚决依法惩处侵犯外商合法权益特别是侵犯知识产权的行为，主动引入惩罚性赔偿制度，显著提高违法成本。2019年第一天，《电子商务法》开始实施，最高人民法院知识产权法庭成立。此类举措都将对知识产权产生全面、完善的保护作用。2019年3月，修订后的《专利代理条例》开始施行，对"黑代理"的法律责任做了明确规定。4月，修订了《反不正当竞争法》以及《商标法》，加大了对商业秘密侵权行为和侵犯商标专用权行为的惩治力度。

在外资保护方面，习主席在进博会开幕式上指出："将加快出台外商投资法规，完善公开、透明的涉外法律体系，全面深入实施准入前国民待遇加负面清单管理制度。"① 2019年3月，《外商投资法》获得表决通过，进一步加强了对外商投资的保护②；10月，《优化营商环境条例》公布，确立了对内外资企业等各类市场主体一视同仁的营商环境基本制度规范。同年6月，发布了外商投资准入负面清单（2019年版）。这一版本清单由2018年

---

① 刘士安、杜尚泽、王云松：《习近平出席首届中国国际进口博览会开幕式并发表主旨演讲》，http：//politics. people. com. cn/n1/2018/1106/c1024 - 30383452. html。

② 《十三届全国人大二次会议表决通过了〈中华人民共和国外商投资法〉》，http：//www. gov. cn/xinwen/2019 - 03/15/content_ 5373870. htm。

版本的48条缩减至40条。自2013年上海自贸区发布全国首份负面清单以来，历经四次修订，负面清单内容已经从最初的190条减少到40条。

由此可见，要将举办进博会作为重大机遇牢牢把握，充分发挥进博会的政策优势，深挖日常进口贸易中市场和企业的需求，推动自贸试验区深入改革，深化上海自贸试验区的体制建设，进一步加快"四个中心"和"科创中心"之间的联动。自贸试验区建设可充分借鉴进博会已经取得的巨大成功经验，促进服务进口以及高端产品进口，补齐"短板"，拉长"长板"，加固"底板"，形成新一轮的贸易自由化和便利化的制度创新，完善健全跨境人民币结算以及国际金融交易平台的建设，不断加强自主创新示范区与进博会的互联互动，有效推进国际科创中心的建设。

（四）进博会吸收自贸试验区有益经验

2013年9月上海自贸试验区成立以来，通过"中央—地方"两级联动以及各方共同努力，已经积累的一系列改革试点经验将被运用到进博会的筹办和组织中，进一步扩大进博会的影响力，吸收自贸试验区的有益经验，助推进口博览会成功举办。

在贸易便利化方面，上海自贸试验区按照"自由贸易港区"的定位，着力不断深化通关综合管理方面的改革；完善货物状态分类监管制度；加强贸易航运功能；实施促进跨境电商、平行汽车进口以及大宗商品业务发展等贸易便利化政策（罗芳，2017）。这些有益举措已经部分被进博会所吸纳，对于成功举办三届进博会起到了至关重要的推动作用。为了解决好进口产品的监管以及存储问题，早在2013年就提出，探索建立货物状态分类监管模式①，在工作实践中推行"一线放开、二线安全高效管住"的先进理念，要求在监管上实现信息互联互认共享，做到守住"一线"的国门安全以及"二线"的经济社会安全，逐步形成具有可操作性的进口产品监管储存机

---

① 《中国（上海）自由贸易试验区总体方案》，http：//www.gov.cn/zwgk/2013-09/27/content_2496147.htm。

制。这些先进理念在上海进口商品报税展示交易中心等试点单位已经取得初步成效，下一步建议总结相关成果并在进博会上予以推广。

在金融方面，金融创新是上海自贸试验区最主要的探索领域之一。各类先行的金融政策、措施唯有通过自贸试验区内的测试，才能够逐步推行到其他自贸区，然后逐步扩展到国内其他领域和地区。在自贸试验区内，境外融入本外币资金等领域有着最少的限制和最大的自由；探索和创新外汇管理体制，在自贸试验区内探索限额内可兑换点；允许符合条件的个人开展部分境外投资业务。前期的探索为进博会的金融服务提供了有益借鉴。在第二届进博会召开期间，通过为各方提供快捷的开户服务、便捷的贸易融资服务、优质的跨境结算服务以及实时资金交易服务等，进一步改善了业务生态，支持了营造有利于离岸转手买卖业务健康发展的格局，形成了"监管动态指导+银行主动担当+企业合规自律"的发展模式①。

在投资管理政策方面，自贸试验区实行负面清单管理模式，通过制度创新倒逼体制改革。在金融服务、航运服务、商贸服务、专业服务、文化服务、社会服务等服务领域，上海自贸试验区进一步扩大开放，支持试验区内的主体开展各种形式、各种类型的境外投资。在首届进博会开幕前，海关总署专门制定了《2018年首届中国国际进口博览会检验检疫禁止清单》以及《2018年首届中国国际进口博览会检验检疫限制清单》，并明确表示"清单之外都可进口"。近年来，通过各方的不断努力，外商投资准入的负面清单内容条目大量缩减。2017～2019年，全国外商投资准入负面清单的内容连续三年修订，限制内容分别由93项大幅减少到40项。到2020年，又进一步缩减了外商投资准入负面清单的内容。全国负面清单由40条进一步减至33条，压减比例超过15%，还有两条为部分开放。自贸试验区的负面清单内容由37条减至30条，压减比例接近20%，还有一条部分开放（曹政，2020）。

---

① 《上海市银行业第二届进口博览会自由贸易账户离岸转手买卖金融服务方案》，https://www.ciie.org/zbh/bqxwbd/20191106/19955.html。

四 对策建议

（一）积极举办高质量进博会，发挥带动引领效应

在全球疫情常态化的大背景下，要继续提升进博会组织管理水平，提升全流程便捷化程度。运用互联网技术，通过"云签约""云展销"等高科技手段，借助跨境网络电商平台，实现线上"云拓展，"开启"云接单"新模式。既要符合疫情防控的要求，减少不必要的人员流动和聚集，又要满足全方位展示、销售的实际需求。

建议建立网上展会平台，与阿里、京东等各类大型互联网企业合作，线上与线下两种方式互为补充，筹建网络展销贸易机制。鼓励国外厂商利用网络平台，展现优质产品；促进国内采购商线上采购，规范采购流程和手续。通过网络采购，进一步降低布展、参展和观展的成本。同时，将线下参展作为亮点和着力点，鼓励现场咨询、试用和体验活动，使采购商对展品的性能、特点有直观而理性的认识，从而更加方便下单，促进合作的达成。通过国际"线上""线下"合作，弥补短板，有效加快贸易往来。同时利用网络平台，建立"大数据"分析机制，汇总时间序列数据，客观分析成交情况，合理预测购买力趋势，挖掘消费服务潜能。

面对疫情，各国更应当加强合作，特别是加强在疫情防控合作领域的相互配合，发挥国际贸易的经济溢出效应，拉动相关行业的发展，实现医疗等各类资源的有效配置和充足储备。以进博会为契机，加强抗击疫情的经验交流和分享，加快全球各经济体的恢复和正常化进程，采取共同措施防止全球经济形势进一步恶化。

更为重要的是，通过举办进博会，增强与自贸试验区的联动效应，充分发挥二者在国际经贸合作方面的作用，建立健全国际贸易制度，力争吸引更多客商来华进行贸易投资。可逐步探索国际参展固定化机制，如我国与他国提前签约，确定参展前期意向，初步约定参展大致数量和方向等。

可建立常设办事机构，为进博会期间及其后续来华参展商办理入境、商贸等各类手续提供便利。可成立争议协商仲裁机构，为展会期间可能造成的争端提供协商、引导和仲裁服务。可仿照达沃斯论坛、博鳌论坛等，在上海建立国际性商贸论坛，吸引各国经济领域、商界、金融界高端人士来华参加。可逐步以进博会、自贸试验区为平台，建立以上海为总部的行业性协会、国际标准组织、商贸合作组织，甚至可以进博会为契机探索建立具有较大影响力的商业贸易类国际性组织，以达到扩大国际影响力、提升竞争力的目的。

（二）扩大进博会影响力，强化经济溢出效应

上海市具有特殊的地理优势和很强的国际影响力，前三届进口博览会都在上海本地举行。单次进博会参展的客商人数就近80万人，加上各国官员、媒体记者、工作人员等到沪人员在短时间内就超过了120万人。这既给上海带来了巨大的商机和影响力，也给城市管理、餐饮住宿、交通运输等各方面带来了显著压力，也不利于疫情防控常态化的相关防控。因此，建议未来可在长三角地区设立分会场，将部分展厅设置于苏州、杭州等长江三角洲城市内。长三角地区内交通便捷，一体化程度高，客商可轻松往返于三角洲城市群，例如乘坐高铁从上海至苏州不足两小时。而苏州、杭州等城市也具备较为成熟的国际展览经验，可以轻松承担分会场的职责。长三角各地、各部门之间要充分做好沟通，利用好进博会带来的巨大机遇，设立线上一站式平台，方便外国客商填报信息，同时鼓励区域内网络平台为进博会提供免保证金和免佣金的在线展示窗口。通过上述方式，既让客商对中国、对长三角地区有整体上的深入了解，分解了上海一地举办超大型展会所带来的巨大城市管理压力，同时也在客观上推动了长三角一体化水平的提升，方便产品在长三角内自由流通，充分体现进博会在国内的溢出效应，让三省一市成为世界精品的销售和采购中心。

要不断扩大进博会在国际层面上的影响力。近年来，受贸易保护主义、政策不确定等各类不利因素的影响，全球经济增长放缓，国际贸易出现低迷

态势。新冠肺炎疫情席卷全球更是让世界经济复苏进程雪上加霜，国际贸易陷入沼泽无法自拔。举办第三届进口博览会毫无疑问对国际贸易产生巨大的刺激效应，给展销商带来巨大利好。要充分利用全球疫情下办展会的机遇，展现我国负责任的大国形象，发挥全球进出口稳定器作用。对于部分欠发达和发展中国家参展商，提供免费参展的机会和部分优惠条件，鼓励其来华进行展销，为其打开和进入我国市场提供便利，使不同国家、不同阶层和不同人群都可享受经济全球化带来的便利。

"一带一路"沿线国家方面，首届展会中沿线国家占比达34%，第二届展会中沿线国家占比已经超过57%，第三届展会中有47个"一带一路"沿线国家的500多家企业参展。同时，其巨大市场也为我国带来了巨大红利。扩大进博会的影响力，吸引大批沿线国家来华参展，这都将促进我国与沿线国家的贸易、人文等多方面发展，提升与沿线国家全方面交流与合作的水平，推动政策协商，推进区域治理，提高我国在全球贸易体系中的影响力与话语权。

（三）进博会与自贸区联动，全面提高对外开放水平

2020年的政府工作报告明确提出了要推进更高水平对外开放，稳住外贸外资基本盘[1]的工作要求，这无疑加强了市场对未来预期的信心。2020年3月26日，商务部外贸司二级巡视员刘长于在回答记者提问时指出，"要按照总书记的重要指示，继续办好第三届中国国际进口博览会，把进博会办出水平、办出成效、越办越好[2]"。2020年8月12日，《关于进一步做好稳外贸稳外资工作的意见》印发，该意见提出了十五项关于稳外贸、稳外资的具体政策和举措，这些政策和举措将有利于稳住外贸的主体以及产业链和供应链。2020年8月28日，由商务部主办的全国稳外贸工作会议召开，会上主管部门领导强调要统筹推进常态化疫情防控和商务改革发展工作，推动国

---

① 《2020年政府工作报告》，http：//www.gov.cn/guowuyuan/2020zfgzbg.htm。
② 《积极主动扩大进口，继续办好第三届中国国际进口博览会》，https：//www.ciie.org/zbh/bqxwbd/20200327/21578.html。

内国际双循环相互促进，全力以赴稳外贸①。会上还专门提出，要积极主动扩大进口，精心办好第三届中国国际进口博览会。

从中央到地方，各个层面都高度重视进博会的召开。一定要牢牢抓住办会机遇，发挥进博会与自贸试验区联动机制的作用，相互借鉴，吸收有益经验，从制度和实践层面全面提高对外开放的能力和水平，形成更加便捷、有效、务实的对外开放环境。以进博会为平台，推动形成便利化、一体化的商贸监管制度，落实贯通展前、展中以及展后的通关、检验检疫、纳税等一揽子举措。

参考文献

［1］韩正：《全力以赴把上海自贸试验区打造成为服务国家"一带一路"建设、推动市场主体走出去的桥头堡》，http：//cpc. people. com. cn/n1/2017/0517/c64094 – 29280455. html。

［2］顾学明：《高质量共建一带一路》，《人民日报》2019 年 5 月 16 日，第 13 版。

［3］郭丽琴：《进口博览会倒计时，海关"负面清单"提供便利》，https：//www. yicai. com/news/100004036. html。

［4］罗芳：《"一带一路"与我国自贸区开放》，《东北亚经济研究》2017 年第 1 期。

［5］张婷、刘洪愧：《以进博会创新发展促进高水平对外开放的对策思考》，《国际贸易》2020 年第 5 期。

［6］张翼：《"进博"红利全球共享》，《光明日报》2019 年 10 月 28 日，第 1 版。

［7］曹政：《2020 年版外商投资准入负面清单发布》，《北京日报》2020 年 6 月 25 日。

---

① 《全国稳外贸工作会议在福建召开》，http：//www. mofcom. gov. cn/article/i/jyjl/l/202008/20200802996695. shtml。

行 业 篇
Industry Reports

B.4
自贸试验区金融创新发展报告

金殿臣 祝玉坤*

摘　要：　自贸试验区已成为我国对外开放的新平台和推动国内改革的
加速器。几年来，自贸试验区已在多个领域，尤其是在金融
改革创新方面形成了大量可复制可推广的经验，建立了"一
线放开、二线严格管理的宏观审慎"的金融制度框架和监管
模式，实现了金融重要领域和关键环节改革的"破冰"。自
贸试验区在金融和资本账户的可兑换以及与其相关的外汇管
理、汇率改革、外债管理改革等领域取得了一系列显著成
绩，但仍存在金融创新相关立法碎片化、金融监管体制相对
滞后、可复制可推广的金融创新有限和金融改革制度协同度
不高的问题。后续的改革方向和重点应当是妥善处理三组关

---

* 金殿臣，中国财政科学研究院助理研究员，经济学博士，研究方向为财政金融政策、金融开放、全球经济治理；祝玉坤，清华大学五道口金融学院博士后，研究方向为证券金融科技、金融监管政策等。

系推动金融改革、创新金融监管模式完善金融综合监管、丰富特色金融产品与服务和完善自贸区风险管理体系。

关键词：　自贸试验区　金融创新　金融科技　金融合作

目前，中国已在上海、黑龙江、河南、湖北、辽宁、福建、天津、江苏、广东、四川、浙江、云南、重庆、陕西、海南、河北、山东、广西、北京、湖南、安徽设立了共 21 个自贸试验区。从全国来看，上海自贸试验区是中国自贸试验区建设当仁不让的龙头，在此基础上，中国自贸试验区从沿海区域逐渐向内陆地区拓展，并已初步形成了东西互济、陆海统筹的全方位开放格局。事实上，中国设立的这一批批自贸试验区，不仅将成为新一轮改革开放的重要支点，还将为推动金融业深化改革、进一步激发行业发展活力带来新的机遇。

一　自贸试验区金融创新发展现状

（一）国内金融业总体发展状况

2020 年，虽然世界经济遭遇新冠肺炎疫情冲击，全球面临的经济金融不确定性持续上升，但中国金融业仍实现了平稳发展的目标，银行业、保险业、基金业、证券业等子行业规模均稳步增长。与此同时，随着供给侧结构性改革在金融领域持续推进，中国金融监管部门积极落实第五次全国金融工作会议与党的十九大等重要会议精神，围绕增强金融服务实体经济能力、扩大金融业对外开放、深化金融业改革、防范化解金融风险等领域精准发力，并取得一系列显著成效。

1. 银行业总资产跨越310万亿元门槛

2020 年，中国银行业总资产突破 310 万亿元大关，银行资本管理不断

加速，银行资产质量稳健性持续增强。2020年，受外部经济环境不确定性增加影响，尽管中国银行业面临较往年更大的挑战，但是银行业依旧牢牢抓住"强监管"这个牛鼻子，积极防范化解金融风险，坚守合规的基本底线，持续净化中国银行业的生态环境。在银行业自身抵御力不断提高的同时，银行业还不断加大服务实体经济力度，对企业提供的信贷大幅度增长，进而极大发挥了"压舱石"与"稳定器"之效，并助力了我国经济健康平稳发展。

与此同时，在刚刚过去的2020年，中国银行业不仅采取了一系列举措大力支持小微企业与民营企业的健康发展，还大力改善了"扶贫""三农"领域的金融服务环境，并取得了显著的成效。具体来说，到2020年底，中国银行业本外币涉农贷款余额约为38.95万亿元，同比增速达到10.7%；小微企业贷款余额为42.7万亿元，其中，普惠型小微企业贷款余额为15.3万亿元，较2019年提高31%，较各项贷款平均增速高18.1个百分点。另外，中国银行业还在2020年加快了创新发展步伐，积极利用新技术、新理念、新业态推动银行业智能化、数字化转型，尤其是在5G、大数据等新一代信息技术的支持下，银行业服务流程不断优化，风险防控持续加强，智慧服务范围不断拓展，从而为金融消费者提供了更加高效智能的产品和服务。

2. 保险业实现保费收入4.5万亿元

从中国银保监会公布的有关数据看，2020年中国保险业总资产达到23.3万亿元，较2019年增长13.3%；资金运用余额达21.7万亿元，较2019年增长17%；保费收入达4.5万亿元，较2019年增长6.1%。从险种来看，2020年中国的财产险和人身险业务发展总体较为稳健。具体来说，2020年，中国财产险保费收入为1.2万亿元，较2019年提高2.4%；人身险的保费收入达3.3万亿元，较2019年增长7.5%，自2018年负增长之后连续两年实现正增长。2020年，中国保险业在实现平稳增长的同时，转型升级也在不断提速，保险业追求目标从更大的保费规模向更高的保费质量转变，非车险业务逐步成为推动产险保费增速的主要动力，巩固个险渠道越发成为寿险公司的关注重点。

3. 证券公司总资产跨过8万亿元门槛

2020 年，面对严峻复杂的国内外形势，在党中央坚强领导下，资本市场持续推进疫情防控、深化改革、防范风险等各项工作，证券行业抓住机遇加快业务转型，加强能力建设，积极服务实体经济和居民财富管理，经营情况整体向好。2020 年，中国证券公司客户交易结算资金余额达 1.7 万亿元，受托管理资金本金达到 10.5 万亿元，净利润达到 1575 亿元，净资产达到 2.3 万亿元，总资产达到 8.9 万亿元，净资本达到 1.8 万亿元，其中核心净资本为 1.6 万亿元。2020 年，127 家中国证券公司实现了盈利，2020 年中国证券业营业收入为 4484.79 亿元，同比增长 24.41%，各主营业务收入分别为：代理买卖证券业务净收入（含交易单元席位租赁）1161.10 亿元，同比增长 47.42%；代理销售金融产品净收入 134.38 亿元，同比增长 148.76%；投资咨询业务净收入 48.03 亿元，同比增长 26.93%；资产管理业务净收入 299.60 亿元，同比增长 8.88%[①]。

4. 公募基金步入"7000＋"时代

2020 年，中国的三大股指深证成指、创业板与上证综指全年涨幅分别为 38%、65% 与 14%。良好的股市涨幅推动中国基金业蓬勃发展，在 2020 年，中国新成立了多只基金，公募基金规模也快速扩张。2020 年，中国公募基金管理机构数量达到 132 家。

2020 年，中国共有 7913 只公募基金。其中，封闭式基金与开放式基金的数量分别为 1143 只与 6770 只。在 6770 只开放式基金中，QDII 基金、货币型基金、股票型基金、债券型基金、混合型基金的数量分别为 168 只、332 只、1362 只、1713 只、3195 只（见表 1）。从基金净值规模来看，2020 年，我国公募基金净值为 19.89 万亿元，较 2019 年提高 34.66%。其中，封闭式基金和开放式基金净值分别超过 2.5 万亿元与 17 万亿元。开放式基金中，货币型基金、混合型基金、债券型基金、股票型基金与 QDII 基金的净

---

① 中国证券业协会网站，https：//www. sac. net. cn/hysj/zqgsjysj/202102/t20210223_ 145587. html。

值分别达到 80521 亿元、43601 亿元、27287 亿元、20608 亿元与 1289
亿元①。

表 1　2015～2020 年我国各类公募基金数量

单位：只

基金	2015 年	2016 年	2017 年	2018 年	2019 年	2020 年
公募基金	2722	3867	4841	5626	6544	7913
封闭式基金	164	303	480	669	861	1143
开放式基金	2558	3564	4361	4957	5683	6770
股票型基金	587	661	791	927	1135	1362
混合型基金	1184	1707	2096	2375	2593	3195
货币型基金	220	286	348	347	335	332
债券型基金	466	789	989	1172	1471	1713
QDII 基金	101	121	137	136	149	168

资料来源：中国证券投资基金业协会。

5. 信托行业受托资产超20万亿元

2020 年，中国信托业积极落实支持实体经济的要求，并开创了向高质
量发展转型的良好局面。从整体上看，全年信托行业经营稳健，发展质量
与效益不断提升；信托机构风险防控的自觉性、服务实体经济的主动性、
依法经营的自觉性大大提高。2020 年，中国所有信托公司（68 家）受托
资产合计达 20.5 万亿元，同比增速为 - 5.2%，降幅比上年增加约 0.4 个
百分点②。这也意味着，经过 2018 年大幅调整后，中国信托业开始步入
波动相对较小的平稳下行阶段。与此同时，尽管受到资管新规的影响，
信托业以单一信托为主的通道业务大大受限，但是信托业仍在 2020 年积
极利用自身优势加快转型升级步伐。具体来说，2020 年以来，中国信托
机构财产权信托业务，尤其是事务管理类信托业务（如资产证券化）发

---

① 中国证券投资基金业协会，http：//www. amac. org. cn/researchstatistics/datastatistics/mutualfu
ndindustrydata/。

② 中国信托业协会网，http：//www. xtxh. net/xtxh/statistics/46670. htm。

展较快，融资类信托占比明显降低；新增信托资产来源结构显著优化，财务主动管理能力大大提高，财富渠道建设大大增强，行业转型初见成效，发展质量明显提升。

在经济步入高质量发展阶段，回归支持实体经济发展的本源是信托业转型的主要方向，也是金融供给侧结构性改革的根本要求。在这一要求的指引下，中国信托业积极采取有关举措，不仅扩大支持实体经济的资金规模，持续引导资金加大对基础设施领域和工商企业的支持，还积极提高服务效率，以更好地支持国家重大战略实施与"六稳"工作。在资金的具体投向上，中国信托资金的投向结构不断优化。具体来说，工商企业仍是信托资金的首要投向领域，其次是基础产业。实际上，从 2019 年开始，基础产业信托规模就超越金融机构和证券市场成为信托资金投向的第二大领域（见图 1）。

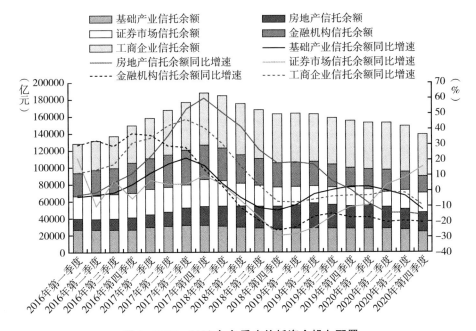

图 1　2016～2020 年各季度信托资金投向配置

资料来源：中国信托业协会。

6. 金融业对外开放按下"加速键"

从 2019 年开始，在金融业平稳发展的同时，中国还加快了金融业对外开放步伐。涵盖"引进来"和"走出去"的一系列开放举措陆续出台（见表 2），在向世界传达中国金融业将进一步开放信号的同时，还大大提高和增强了国外投资者进入中国市场的积极性与信心。实际上，随着越来越多的国外投资者进入中国市场配置人民币资产，这一现象反过来也会推动中国金融领域改革的深化。

表 2　2019 年以来中国发布的支持金融业开放的主要政策

发布时间	部门	文件名	主要内容
2019 年 6 月 30 日	国家发改委、商务部	《外商投资准入特别管理措施（负面清单）(2019 年版)》	外资对基金、期货、证券、寿险的投资比例限制放宽至 51%，且于 2021 年取消外资持股比例限制
2019 年 7 月 20 日	国务院金融稳定发展委员会	11 条金融业对外开放措施	允许外资在华开展信用评级，参股理财子公司，设立或参股养老金管理公司、货币经纪公司，放宽外资在证券和保险领域的准入条件
2019 年 10 月 11 日	证监会	《取消期货公司外资股比限制》《取消证券公司、基金管理公司外资股比限制》	2020 年 1 月放开期货公司限制，2020 年 4 月 1 日放开基金公司限制，2020 年 12 月 1 日放开证券公司限制
2019 年 10 月 15 日	国务院	《关于修改〈中华人民共和国外资保险公司管理条例〉和〈中华人民共和国外资银行公司管理条例〉的决定》	取消和放宽有关外资保险公司和外资银行准入及业务范围等方面的一些限制，为进一步扩大保险业、银行业对外开放提供更好法治保障
2019 年 10 月 16 日	中国人民银行、国家外汇管理局	《关于进一步便利境外机构投资者投资银行间债券市场有关事项的通知》	允许同一境外主体 QFII/RQFII 和直接入市渠道下的债券进行非交易过户，资金账户之间可以直接划转，同时，同一境外主体通过上述渠道入市只须备案一次
2019 年 11 月 7 日	国务院	《关于进一步做好利用外资工作的意见》	全面取消在华外资银行、证券公司、基金管理公司等金融机构业务范围限制。扩大投资入股外资银行和外资保险机构的股东范围，取消中外合资银行中方唯一或主要股东必须是金融机构的要求，允许 2020 年取消证券公司、证券投资基金管理公司、期货公司、寿险公司外资持股比例不超过 51% 的限制

发布时间	部门	文件名	主要内容
2020 年 5 月 14 日	中国人民银行、银保监会、证监会、国家外汇管理局	《关于金融支持粤港澳大湾区建设的意见》	从促进粤港澳大湾区跨境贸易和投融资便利化、扩大金融业对外开放、促进金融市场和金融基础设施互联互通、提升粤港澳大湾区金融服务创新水平、切实防范跨境金融风险五个方面提出 26 条具体措施
2020 年 12 月 28 日	中国银行间市场交易商协会	《外国政府类机构和国际开发机构债券业务指引（试行）》	明确了外国政府类机构、国际开发机构熊猫债的注册发行流程、信息披露要求、中介机构管理等

资料来源：中国政府网、各部委网站。

（二）自贸试验区金融业发展总体情况

从 2013 年我国在上海设立首个自贸试验区以来，截至 2020 年，中国一共在全国范围内设立了 21 个自贸试验区。自贸试验区是中国创新发展先行者与改革开放排头兵。事实上，我国自贸区建设多年来，金融创新不断涌现，这些改革成果不仅有效服务了实体经济，大幅提高了金融市场开放水平，加快了开放型经济新体制建设步伐，还对服务国家战略和推进政府治理能力现代化具有重要意义。目前，自贸区进行的金融创新主要有外汇管理改革、人民币跨境使用、利率市场化、扩大市场准入、推动离岸金融业务与交易平台建设、支持保险创新与融资租赁发展、大力发展航运金融与其他特色改革等。

1. 推动外汇管理改革与人民币跨境使用

自贸区自设立以来，就积极在外汇管理改革方面进行有益探索，具体包括以下几方面。

一是资本项目便利化与健全外债审慎管理；二是经常项目便利化；三是跨境资金池业务创新；四是大宗商品交易平台、商业保理等方面的外汇管理改革。同时，中国大部分自贸区提出允许区内跨国企业开展跨境双向人民币资金池业务；绝大多数自贸区明确提出要加大人民币跨境

使用度与加快人民币业务创新。不过，在具体的产品方面，各区侧重有所不同。

2. 推进利率市场化与扩大市场准入

上海、天津、福建等自贸区都明确提出要推行利率市场化试点，在区内试点发行大额可转让存单。此外，上海还明确提出对区内金融机构资产方价格实行市场化定价。

另外，大多数自贸区提出放宽金融市场准入，举措包括支持设立中外合资银行、鼓励社会资本筹建中小银行等。一些自贸区明确提出要加大对区内从事境外股权投资企业的支持力度，举措包括支持在区内设立创投基金与人民币海外投资基金。例如，福建自贸区明确提出鼓励在区内设立单独领取牌照的专业金融托管机构；上海自贸区提出在区内探索稳妥推进外商投资典当行试点；广东自贸区明确提出要在区内探索有限牌照银行设立试点，以大幅降低港澳资保险公司进入自贸区的门槛，从而实现对港澳资保险公司与内地保险公司一视同仁。另外，还有一些自贸区提出要在区内探索设立征信、货币兑换等专业服务机构。

3. 推动离岸金融业务与交易平台建设

天津、广东、福建自贸区提出，在大力增强有效监管、完善有关管理办法的基础上，鼓励满足条件的银行（中资）开展外币离岸业务。具体来说，江苏自贸区明确提出鼓励发展离岸保险业务；天津自贸区提出在合法合规与风险有效控制之下，鼓励银行探索离岸金融业务。另外，无论是辽宁、河南、广东、浙江自贸区，还是天津自贸区，都明确提出要大力发展和离岸金融有关的离岸贸易，海南则提出打造区域离岸贸易中心。同时，有不少自贸区在建立交易平台方面开展了一些有益探索。例如，福建自贸区已经提出要在21世纪海上丝绸之路沿线国家和地区建设交易分中心；上海自贸区提出筹建国际化的金融交易平台；广东自贸区提出筹建创新期货交易所。

4. 支持保险创新与融资租赁发展

目前，全国19个自贸区（不包括广西自贸区与黑龙江自贸区）都明确提出要创新保险业务。此外，多个自贸区均明确提出要大力支持融资租赁业务的发展，允许满足条件的企业在自贸区内建立融资租赁公司，鼓励融资租赁企业境内外租赁业务的开展，完善融资租赁企业监管标准与审批制度。天津自贸区就已经陆续发布了诸多政策鼓励区内融资租赁业务的发展。例如天津自贸区提出要鼓励租赁产业配套外汇制度创新，积极筹建中国金融租赁登记流转平台，研究融资租赁企业税前扣除政策；鼓励符合条件的融资租赁企业与金融租赁公司通过银行间市场发行资产证券化产品。陕西自贸区的一大发展重点就是融资租赁保险。浙江与湖北自贸区都将融资租赁作为重点创新业务，并给予了诸多政策支持。

5. 大力发展航运金融与推动其他特色改革

国内诸多自贸区均将航运金融作为重点发力方向。上海和广东自贸区都提出要大力支持区内企业开展航运运价指数衍生品交易业务。鼓励区内企业开展航运保险、航运融资、航运结算与航材租赁成为上海临港新片区的重要发展内容。设立专业化地方法人航运保险机构成为广东、天津、四川、海南、河北自贸区的重要发展内容。积极发展航运保险与航运金融，建设中国北方国际航运融资中心成为天津自贸区的重要发展内容，同时，天津自贸区还积极支持保险经纪、航运保险等航运服务企业到区内设机构拓业务。海南、浙江、福建自贸区鼓励开展船舶融资租赁、航运交易等航运服务。

另外，在账户体系方面，"研究开展自由贸易账户本外币一体化功能试点"是上海自贸区提出的重要发展内容；第二批、第三批自贸区则均明确提出要"建立与自贸区相适应的账户管理体系"。在绿色金融方面，支持环境污染责任保险等绿色金融业务发展是上海自贸区的重要发展内容；绿色金融第三方认证计划是河北自贸区的重要发展内容；天津自贸区明确鼓励区内企业发行绿色债券。在金融科技方面，河北自贸区积极鼓励企业开展数据交易、交付、结算等业务。在金融监管方面，广东与天津自贸区均提出探索金融综合监管试点。

（三）自贸试验区金融业创新成效

我国自贸区建设多年来，金融创新不断涌现，取得了相对丰硕的金融创

新成果，这些成果有力地推动了我国金融改革和开放。总的来说，目前，自贸区金融创新取得的成效涉及领域广泛，各区金融创新侧重点各有不同，跨境交易特征明显、跨领域金融创新成果含金量高。

1. 金融创新成果涉及领域广泛

目前，已经公布的金融创新业务涵盖证券业、保险业与银行业，业务既包括了面向客户的产品和服务，也包括了科技等中后台支持服务功能，还包括金融监管方面。但就业务数量来说，与融资、保险相关的业务相对较多。另外，金融跨境交易是自贸区的一大特点。融资租赁、外汇管理、航运金融、自由贸易账户、跨境融资等领域业务均涉及跨境交易。

2. 各自贸区金融创新的侧重点不尽相同

上海自贸区作为国际金融中心，其在金融领域的业务创新在 FT 账户、离岸金融等方面体现得比较明显。另外，上海在保险业务、交易平台建设等领域的业务创新也较多，且这些创新业务均打上了上海"烙印"，颇具特色。广东自贸区在金融领域的业务创新主要体现在金融科技与保险领域。天津自贸区在金融领域的业务创新主要体现为跨境融资和融资租赁。福建自贸区在金融领域的业务创新主要体现在融资领域。

3. 跨领域金融创新成果含金量高

现阶段，自贸区推出的金融创新成果有相当一部分是跨领域业务创新。例如跨境人民币双向资金池这一业务就涉及资金跨境使用与资金集中管理两大领域，与 FT 账户有关的诸多业务创新涉及人民币跨境结算。天津自贸区诸多与资产证券化有关的创新业务涉及融资租赁，例如以租赁公司为主的保理应收账款资产证券化业务。从重要性来看，FT 账户体系、跨境资金集中运营管理等领域创新的含金量比较高。

二 四大自贸试验区金融业发展情况

一直以来，自贸区以制度创新为核心、以可复制可推广为基本要求，在金融领域探索了一系列改革举措，特别是在过去的几年时间里，以福建、天津、上海、广东为代表的四大自贸区围绕完善金融监管、人民币跨境使用、国际金融市场建设、金融服务业对外开放等领域进行了卓有成效的探索，并取得了一系列丰硕的改革成果。

（一）上海自贸试验区：制度闯关助力国际金融中心建设

上海自贸试验区在 2013 年 9 月 29 日正式成立。一经成立，上海自贸区就联合金融机构以及相关监管部门开展和采取了一系列金融改革和创新举措，并在人民币国际化、自由贸易账户等方面取得了良好的改革成果，相关实践经验与制度成果还迅速在全国自贸区掀起了推广复制浪潮，为我国金融创新乃至制度创新做出了巨大贡献。受益于证监会、中国人民银行、银保监会等有关监管部门的支持，上海自贸区在金融改革领域取得了诸多成果。现阶段，国家有关部门已把在上海自贸区先行先试的 20 多项金融制度在全国范围内进行推广，制度内容涉及资本项目兑换、金融简政放权、支付结算、外汇管理、人民币国际化等有关领域。由上海取得的这一系列制度创新成果可见，作为中国首个设立的自贸区，上海自贸区正在积极扮演全国金融改革"先行者"的角色，进而推动国内营商环境优化、金融供给侧结构性改革顺利推进与经济高质量发展（见表3）。

表3　2020 年上海自贸区主要经济指标及同比增速

指　标	绝对值	同比增速（%）
一般公共预算收入（亿元）	608.25	-1.8
外商直接投资实际到位金额（亿美元）	84.38	10.5
全社会固定资产投资总额（亿元）	1524.88	44.8
工业总产值（亿元）	5446.56	13.9
社会消费品零售额（亿元）	2094.17	1.5
商品销售总额（亿元）	45810.17	-3.3
服务业营业收入（亿元）	5033.18	-0.4
期末监管类金融机构数（家）	997.00	2.8

资料来源：《2020 年上海市国民经济和社会发展统计公报》。

1. 率先开展自主跨境融资试点

为了更好地拓宽企业融资渠道，支持企业融资，上海自贸区在全国层面率先开展以资本约束机制为基础、本外币一体化的宏观审慎境外融资试点，并实现了在不用审批的情况下让区内企业与金融机构自主开展跨境融资业务。截至 2020 年底，上海自贸区前前后后一共发布了 4 份上海自贸区外汇管理改革试点实施细则。这 4 份实施细则的出台，大大地简化了业务流程与行政审批程序，最大限度地推动了贸易投资便利化。受益于此，上海自贸区能够率先开展外汇资本金、外债意愿结汇与外债比例自律管理等一系列试点，进行取消对外担保行政审批与向境外支付担保费等有关改革，并允许满足要求的租赁企业开展外币租金收取业务。在上述一系列新举措的支持下，企业利用国内国际两个市场、两种资源的便捷度大大提升，企业的汇兑与融资成本大大降低。从数据上看，截至 2020 年底，上海自贸区跨境人民币境外借款总额为 6.7 亿元，比上年下降 84.2%。另外，2020 年，上海首只自贸区人民币债券获批发行。

2. 金融市场体系日益完备

自成立以来，上海自贸区积极拓展 FT 账户功能，对本外币基本实现一体化管理，不仅为境外融资等金融改革的推进奠定了坚实基础，还大大提高了中国金融市场服务境外机构的能力。与此同时，上海自贸区还加大了改革力度，在服务境外金融机构与企业跨境投融资领域加快了改革步伐。具体来说，首先，在境内同业拆借交易方面引入国外清算行，在银行间外汇市场鼓励国外金融机构参与，适时适度对境外机构投资者（QFII）外汇管理制度进行改革，提升代理境外央行类机构投资业务水平；其次，积极稳妥推进人民币计价特别提款权债券等金融业务创新，为国外企业发行熊猫债提供便利；最后，对境外机构投资者投资银行间债券市场不再实行行政审批制，而是改为备案制，并持续简化有关备案手续。

3. 不断增强上海国际金融中心能级

为了更好、更快、更优地提高上海国际金融中心的国际化程度，上海自贸区紧紧围绕资本项目可兑换、人民币国际化、金融市场对外开放等领域加快金融改革步伐。与此同时，上海自贸区还建立了国际能源交易中心，并推出了人民币计价的原油期货，提升了中国在全球能源领域的议价定价能力；设立了国际化的金融资产交易平台，推出黄金"国际板"和"上海金"，大大提高了中国在世界黄金市场的议价定价能力；首先推出场外市场外汇期权交易中央对手清算服务，并建立上海保险交易所、全国性信托登记机构、票据交易所与中欧国际交易所；上线运行人民币跨境支付系统（CIPS）一期和二期，积极完善金融要素市场和金融基础设施。"沪港通""债券通""沪伦通"先后成功运行，金融市场开放度极大提高。根据"全球金融中心指数"（由 Z/Yen 集团发布）可知，2020 年上海的排名为全球第 3，较 2013年的第 16 名大幅上升。

4. 有效提升上海服务国家战略的水平

在自贸区金融改革的带动下，投资贸易便利化程度大大提高，金融市场改革开放力度进一步加大。同时，自贸区金融改革的推进，不仅极大地助力了上海国际金融中心的高质量建设，还有效地支持了长江经济带、"一带一路"倡议、上海科创中心等国家战略的推进。特别是，在助力"一带一路"倡议方面，上海为了更好地推动、优化、完善共建"一带一路"国家跨境结算、投融资等金融业务，及时出台了《上海服务国家"一带一路"建设发挥桥头堡作用行动方案》。截至目前，一共有 34 个共建"一带一路"国家的货币挂牌交易。同时，上海还利用熊猫债这一工具支持 7 家政府和企业融资 117 亿元人民币。为了进一步增强"上海金"在全球的影响力与竞争力，上海还同迪拜黄金与商品交易所合作，在该交易所上市了人民币黄金期货合约，该期货合约的一大特点就是使用"上海金"基准价作为结算价。为了更好地支持长江经济带的高质量发展，上海自贸区结合自身优势，通过加大金融服务助力长江经济带迈向高质量发展新时代。为了更高效地服务科技创新型企业，上海将自由贸易账户的开立主体范围从自贸区扩大到整个上海市的科技创新型企业，并采用投贷联动的方式，支持科技创新型企业更好、更快地获取贷款。

5. 探索建立满足现代金融发展需要的宏观金融管理体制

如何防范改革过程中产生的风险以及由此产生的风险外溢效应，一直以来都是金融改革无法回避的难题。为了合理平衡金融改革与风险防范之间的关系，在上海自贸区创立的同时，中国人民银行就同步建设了 FT 账户系统，从而建立起"一线审慎监管、二线有限渗透"的事中事后管理体制，进而在更好地隔离金融风险的前提下，对其进行更合理的监测。在自由贸易账户系统的基础之上，上海稳妥地推动了诸如自贸区地方债、跨境同业存单与融资等一系列创新业务。有关数据显示，截至 2020 年底，自由贸易账户在上海自贸区的数量达到 13.1 万个。这些自由贸易账户带来的便捷让企业受益匪浅，其具备的防风险能力也是其能如此快速地向部分地区复制推广的重要原因。

（二）天津自贸试验区：融资租赁领跑全国

在上海自贸区成立一年多后，中国第二个自贸区天津自贸区正式成立。实际上，在 2015 年 4 月 21 日成立的天津自贸区，是中国第一个在北方设立的自贸区，也是中国金融改革创新的重要抓手。自成立以来，天津自贸区就不断进行金融业务改革创新，按照国家对自贸区改革经验可复制可推广的要求，紧紧围绕制度创新这一关键领域，不断推进金融制度改革，并探索出了一条独具"津味"的金融改革之路。

1. FT 账户助力企业跨境经营

2019 年底，自上海和海南之后，自由贸易账户正式落户天津，这也是中国央行在全国第三个地区批准的自由贸易账户。天津自贸区内有诸多企业的主要业务为对外贸易与出口加工，这些外向型企业一直以来就与外资企业有频繁的交易往来。依托自由贸易账户，这些企业不仅可以快速实现本外币结售汇，还能够利用利率的调整来达到资金保值增值的目的。由此可见，自由贸易账户大大便利了天津自贸区内企业。例如，2019 年，在建立自由贸易账户后，便利蜂商贸有限公司通过该账户办理结汇，就大大地节约了企业的汇兑成本，实实在在地享受到了自由贸易账户的政策红利。实际上，自挂牌以来至 2020 年 5 月，企业在天津自贸区开立的本外币账户超过 8 万个，办理跨境收支达 2219 亿美元，跨境人民币结算达 4346 亿元。

2. 融资租赁创新示范效应显现

自成立以来，天津自贸区的融资租赁业务就在全国处于领跑水平。目前，天津自贸区已成为名副其实的全球知名融资租赁业务高地。实际上，自成立以来，天津自贸区就在融资租赁领域进行了一系列的政策创新。具体来说，天津自贸区是中国首个探索飞机离岸租赁对外债权登记的地区；是中国首个发布商业保理行业监管办法与保税租赁业务管理办法的地区；为了更加权威、全面地反映融资租赁行业发展动态，天津自贸区还积极与天津大学合作，发布了具有中国特色的"中国（东疆）融资租赁行业发展指数"。事实上，天津自贸区在融资租赁领域实施的这一系列政策创新，在大力推动天津国家租赁创新示范区建设的同时，也为市场主体提供了更加完善的金融环境。例如，通过开展融资租赁企业外债便利化，母公司的外债额度就可以让子公司享受，有效解决了融资租赁企业的融资难题，从而极大降低了融资租赁企业的生产经营成本。

3. 金融改革创新激发市场活力

自设立以来，天津自贸区就稳步推进金融改革创新。具体来说，天津自贸区是全国第一个完成知识产权供应链金融资产支持专项计划的自贸区，并成功落实了外资股权基金及管理公司注册经营模式；是全国首个试运行"全国电子仓单系统"的自贸区，也是全国第一个完成仓单质押融资的自贸区，从而在物流金融创新领域取得了新突破。为了合理平衡金融改革创新与风险防控，天津自贸区试点了金融综合监管模式，通过在区内建立非法集资监测预警系统，对企业进行 24 小时全天候监控。另外，为了更好地推进京津冀协同发展，天津自贸区通过大力打造创新型金融板块承载地的方式，积极承接北京非首都核心功能。通过上述这一系列金融改革创新举措，改革红利、政策红利不断显现，进而推动各类企业在天津自贸区内加速聚集，从而大力推动了天津开放型经济的发展。

（三）广东自贸试验区：推动金融科技创新服务粤港澳大湾区

广东自贸区成立之后，就一直牢牢把握服务实体经济的宗旨，利用制度创新紧紧把握粤港澳大湾区发展带来的新机遇。通过一系列改革创新，广东自贸区形成了一批制度改革成果。这些成果不仅大大提高了广东自贸试验区的建设水平，还为支持广东高质量发展与全国金融领域的改革开放积累了宝贵的经验。

1. 创新跨境人民币业务，大力推动贸易投资便利化

广东自贸区自成立以来，就在跨境人民币创新业务领域开展了一系列有益探索，特别是在境外人民币债券与贷款、个人直接投资与经常项目跨境人民币结算、贸易融资资产跨境转让、跨境人民币资金池等领域开展了诸多卓有成效的改革。自由贸易账户体系于2019年正式落户广东自贸区，政策落地后对推动粤港澳金融市场联动发展起到了立竿见影的作用。截至2020年末，试点银行累计为广东自贸区南沙、横琴片区及境外企业开立FT账户2006个，办理资金业务3396笔，涉及金额达2130亿元，具体业务包括为区内市场主体开立保函、提供信用证、发放贷款，为境外市场主体与横琴、南沙片区市场主体提供结售汇与资金划转业务。

与此同时，广东自贸区开展了以跨境贸易投资人民币结算为主要内容的旨在推动投资贸易便利化的一系列创新业务。这些创新业务在大大优化、简化有关手续的同时，还最大限度地提高了结算效率，为企业带来了更便利化的业务办理体验，进而为企业带来了切切实实的政策红利。

2. 加快推动外汇管理改革，优化自贸区营商环境

广东自贸区成立之后，就积极探索优化外汇管理服务的相关举措，以实现金融高质量服务实体经济的目标。为此，广东自贸区以深入推进"放管服"改革为抓手，通过为自贸区内企业提供更加简便的业务办理流程、更加快速的资金周转、更加高效的结算、更加便利的资金调配，大大优化了广东自贸区的营商环境。正是凭借优良的营商环境，吸引优秀的企业纷纷来广东自贸区落户扎根，进而有力推动了广东自贸区的高质

量发展。

具体来说,广东自贸区已经允许市场主体自行选择货物贸易外汇收入是否进入待核查账户。目前,广东自贸区已能远程办理"贸易外汇收支企业名录"登记、变更业务及辅导期报告业务。同时,广东自贸区还在积极稳步推进资本项目收入支付便利化业务,鼓励企业外债注销登记选择就近银行办理,试点银行债务人外债注销登记改革,为区内企业的跨境融资提供便利,支持在特定条件下融资租赁公司收取外币租金,允许外商投资企业(非投资性)把资本项下的外汇收入用作境内股权投资。

3. 提高资金跨境流动便利化程度,增强资本市场联通效应

增强粤港澳地区资本市场联通效应是广东自贸区的重要发力点,为此,截至目前,广东自贸区已经实施了一系列增强粤港澳地区资本市场联通效应的政策措施。

广东自贸区利用与港澳金融机构开展信贷资产跨境转让业务,探索贸易融资资产跨境转让人民币结算与不良资产跨境转让业务试点。这是广东自贸区为更好配置粤港澳地区金融资源的积极尝试。此举利用港澳地区金融开放的优势,极大地盘活了广东信贷资产存量,进而大大提高了粤港澳地区金融服务实体经济的水平。除此之外,广东为了进一步推动自身重点项目与基础设施建设,还与澳门一起成立了粤澳合作发展基金。中国人民银行为了增强资本市场联通效应,还大力支持珠海、广州进行外商投资股权投资企业管理业务的改革创新。在上述这一系列政策"组合拳"的推动下,粤港澳地区资本市场联通效应大幅增强。

另外,横琴依托自身与澳门隔海相望的地理优势,积极加强与澳门在金融领域的合作,进而探索出许多领先全国的改革成果。例如,全国第一个成功开展贸易融资资产跨境转让业务的地区就是横琴;全国第一个发行多币种银联卡的地区也是横琴。早在2017年底,横琴就发布《横琴新区关于支持和服务澳门发展特色金融业的若干措施》,通过提供技术、人才、厂地等有关支持,加快推动建设独具澳门特色的金融产业园,以更好地助力澳门发展特色金融。另外,横琴在粤澳合作发展基金设立后,积极推动基金投资项目

尽快落地。

4. 优化跨境金融服务，助力粤港澳优质生活圈打造

现阶段，中国金融监管部门正在广东、香港、澳门这三个地区重点推动跨境移动支付业务，以加强广东、香港、澳门三地支付的互联互通为抓手，为三地人民提供现代化、高效便捷的支付服务。特别是随着广东自贸区、粤港澳大湾区的居民与市场主体广泛使用微信钱包、支付宝、澳门通电子钱包，以及移动支付在港珠澳大桥、广深城际铁路、入境签证费用支付等领域加速应用，广东、香港、澳门这三个地区各类要素流动效率显著提高，三地居民的满足感、获得感大大增强。与此同时，为了让香港和澳门居民更加便捷地开通、使用内地移动支付系统，中国央行还在广东自贸区内陆续推出了允许澳门与香港居民异地代理开设内地银行个人结算账户（Ⅱ类、Ⅲ类）业务。

眼下，前海片区已经成为中国进行跨境金融改革的"排头兵"。凭借邻近香港这一国际金融中心的独特地理优势，前海片区紧紧抓住深港地区跨境金融改革这一抓手，加速深港地区的协同协作，并在跨境金融领域进行诸多业务创新，一些创新业务甚至已经成为全国金融改革的试点。具体来说，人民币跨境贷款的第一笔业务就诞生在前海，该创新业务进一步成熟之后在全国其他地区得到复制推广，充分彰显出前海金融改革"排头兵"的作用。全国第一笔不良资产跨境转让业务同样诞生于前海，前海再次成为全国第一个通过金融资产交易平台实现债权转让的地区。2017年6月，深圳金融改革再进一步，在获得不良资产跨境转让审批权之后，深圳成为全国唯一一个可开展银行不良资产跨境转让业务的城市。此外，2018年以来，深圳前海金融资产交易所持续推进跨境金融改革的业务创新，开展了全国首笔租赁资产与商业保理资产对外转让业务。

5. 积极依托产业金融手段，推动实体经济发展

2012年9月6日，国务院批复《广州南沙新区发展规划》时明确提出，先进制造业、商业服务、教育培训与科技创新是广州南沙新区的四大发展方向，新一代信息技术产业、高端装备制造业、船舶与海工行业、汽车业是广

州南沙新区的重点发展产业。为了更好地服务《广州南沙新区发展规划》，目前广州南沙新区金融业紧紧围绕服务实体经济高质量发展的目标，完善相关金融服务体系，大力推动金融业对外开放，着力构建以金融科技、飞机租赁、航运金融等为特色的产业金融体系。现阶段，已经有一大批金融企业总部落户广州南沙，南沙还将与国际金融论坛一起打造永久会址——南沙国际金融岛。实际上，目前南沙正成为特色金融业的发展高地与金融商务的集聚区。另外，广州南沙还是全国第一个运用云计算、大数据、区块链等新一代信息技术对金融风险进行全天候 24 小时监测防控的地区。目前，广州南沙片区已经陆续推出 42 个金融创新案例或试点，其中 6 个还成功进入广东自贸区与商务部的金融开放创新最佳案例。截至 2020 年底，广州南沙片区累计有超 6500 家（类）金融企业，较自贸区成立之前多了 52 倍；广州南沙片区拥有 11 家持牌法人金融机构，占广州市的 20%。

（四）福建自贸试验区：助力闽台金融合作取得新突破

福建自贸区成立于 2014 年 12 月 12 日，其成立对于推动闽台在金融领域的协同合作、加深闽台在经济领域的紧密联系，具有极其重大的现实意义。因此，自 2014 年设立以来，福建自贸区紧紧抓住助力闽台金融合作的"牛鼻子"，在有关领域进行了一系列金融改革，且成效颇丰。

1. 深化两岸金融合作

探索福建与台湾之间的金融政策协同是助力闽台金融合作的重要内容，为此，福建自贸区在上述领域进行了诸多有益探索。具体来说，福建自贸区是全国第一个围绕台资企业开展资本项目便利化管理的地区，且该业务办理金额在福建自贸区试点的短短一年多时间里就超过了 4 亿美元；福建自贸区积极开展合格境外有限合伙人制度（QFLP）试点，平潭启惠益通股权投资合伙企业（港资企业）作为福建第一家 QFLP 试点企业落户福建自贸区；发布涵盖四大方面 18 条重大举措的《关于深化闽台金融交流合作的若干意见》，为助力闽台金融合作提供制度层面的支持。此外，福建还积极开展针对台胞台企的金融服务同等化实践，是全国第一个对台胞台企开通征信

查询业务的地区，是全国第一个向台胞台企发放金融信用证书的地区。截至 2020 年底，福建发行了超过 1600 张旨在为台湾同胞提供专属金融服务的"麒麟卡"；累计办理台胞台企征信查询 250 多笔，发放贷款 5700 多万元；首创的"台胞信用证担保"服务（免收担保费），融资担保余额达 9.5 亿元。福建还通过在海交中心设立"台资板块"，加快高质量建设对台区域性股权市场的步伐。截至 2020 年底，一共有 1700 多家台企在该板块展示。

2. 加快跨境金融发展

自 2014 年 12 月挂牌成立以来，福建自贸区就一直积极支持区内银行开展跨境融资业务。到 2019 年 12 月底，福建自贸区内银行累计办理的人民币跨境业务、企业跨境融资与货物贸易金额分别为 4942 亿元、1494 亿元与 781 亿元。在招商引资上，为吸引跨国企业来区内设立子公司，福建自贸区从提高跨国企业境内外资金余缺调剂便利化入手，探索跨境双向人民币资金池业务试点，极大地减少了跨国企业的财务成本。到 2019 年 12 月底，该业务累计流出资金规模与流入资金规模分别达到 169 亿元与 117 亿元。同时，为了进一步提高跨国企业资金融通的便利度，福建自贸区还围绕跨国企业积极开展了外币资金集中运营管理业务试点。到 2019 年 12 月底，该业务集中对外放款和外债额度分别达到 6.8 亿美元与 14.1 亿美元，跨境资金流出与流入金额分别达到 6.4 亿美元与 4.6 亿美元。另外，福建福州作为全国第一批率先开展跨境业务区块链服务平台的试点城市，到 2019 年 12 月底，福州跨境业务区块链服务平台累计为企业提供了近 7000 万美元的融资。在推动针对个人的跨境人民币结算业务方面，福建自贸区允许区内银行利用收付指令为区内个人办理跨境人民币结算业务（直接投资项与经常项均可），到 2019 年末，该业务累计办理金额超过 1600 万元。

3. 加快外汇管理改革步伐

自 2014 年成立以来，福建自贸区还积极开展资本项目管理便利化业务试点。到 2019 年 12 月底，不算厦门的情况下，福建自贸区开展的资本项目外汇收入支付便利化业务涉及资金规模达到 1.1 亿美元，累计为 6 家企业办理了 21 笔业务。为了给金融机构与企业提供更广阔的融资空间，福建自贸区果断采取了更加适合跨境融资监管的全口径跨境融资宏观审慎管理模式。到 2019 年 12 月底，区内企业利用上述管理模式累计借入的人民币外债、外币外债与总外债分别达到 12 笔、56 笔与 68 笔。为了降低区内企业面临的汇兑风险，福建自贸区允许区内企业自主选择结汇试点，并允许对外债资金和外汇资本金实行意愿结汇制。到 2019 年 12 月底，区内企业办理的外债资金意愿结汇与外商直接投资项下资本金意愿结汇分别为 8 笔与 104 笔，涉及金额分别为 200 万美元和 8.2 亿美元。同时，福建自贸区在直投外汇登记领域进行了一系列卓有成效的改革，通过简化、取消非必要的行政审批环节，大幅简化业务办理流程，进而大大降低了企业的有关成本。到 2019 年 12 月底，区内企业办理的直投外汇登记业务涉及金额达 188 亿美元，数量达 1290 笔。此外，福建自贸区还积极支持融资租赁企业收取外币租金。到 2019 年 12 月底，福建自贸区办理上述业务规模资金达到 11469 万美元，一共有 3 家企业办理了收取外币租金业务。

4. 推进资本市场建设

支持私募基金健康发展是福建自贸区推进资本市场建设的重要内容。福建自贸区为了更好地为市场主体提供更加优质、更高质量的金融服务，在加强风控合规的情况下，积极鼓励期货、证券等金融机构在区内设点经营。为了更好地推进多层次资本市场建设，福建自贸区通过可转债、定向增发、股票配股等多种多样的方式为企业提供再融资支持，在降低企业融资成本的同时，助力企业竞争力的提升。

三 现阶段自贸试验区金融创新发展存在的问题

进一步深化金融领域的开放创新是现阶段我国自贸试验区改革的重要任务，自贸区金融改革不仅在很大程度上影响着未来自贸区的发展方向和趋势，还在全国范围内具有示范效应，并对金融制度的完善起着导向作用。经过这些年的努力，自贸区在金融和资本账户的可兑换和与其相关的外汇管

理、汇率改革、外债管理改革等领域取得了一系列显著成绩，在看到这些成绩的同时，也应该看到我国自贸区金融改革还存在一些问题与不足。

（一）金融创新相关立法碎片化，系统性、协调性、统一性不足

自贸区作为一个特殊形式的经济组织，构造上具有特殊性，其立法也应具有更强的针对性和创新性。现阶段就自贸区建设来说，尚未有专门性立法，国务院文件、部门规章制度与地方性法规共同决定自贸区监管规则。具体来看，在外汇管理与资金跨境流动相关法律法规方面，上海发布了《进一步推进中国（上海）自由贸易试验区外汇管理改革试点实施细则》和《中国（上海）自由贸易试验区分账核算业务境外融资与跨境资金流动宏观审慎管理实施细则》。在推动融资租赁改革创新方面，广东发布了《关于中国（广东）自由贸易试验区广州南沙、珠海横琴片区内资融资租赁试点企业确认工作有关问题的通知》；天津发布了《关于加快我市融资租赁业发展的实施意见》；上海发布了《关于中国（上海）自由贸易试验区内资租赁企业从事融资租赁业务有关事项的通知》。在加强闽台地区金融合作方面，福建发布了《厦门经济特区促进中国（福建）自由贸易试验区厦门片区建设若干规定》和《中国（福建）自由贸易试验区条例》；《中国（广东）自由贸易试验区条例》和《中国（广东）自由贸易试验区广州南沙新区片区建设实施方案》从自身发展现状出发，将推动粤港澳三地的服务贸易自由化作为主要内容。

总的来看，就现阶段中国已经发布的有关自贸区的金融立法来说，这些立法均在不同程度上体现出各个自贸区的地区特色，立法方案的具体内容和国家自贸区发展的总体指引之间的匹配性亟待增强。另外，目前中国还缺乏从国家整体层面对自贸区的金融改革创新进行宏观审慎监管的顶层设计，特别是从实践层面还难以开展有效的宏观审慎监管，这就导致现阶段对自贸区金融领域的改革创新进行宏观审慎监管的初衷迟迟未能实现。与此同时，考虑到金融的特殊性，如果不及时对现阶段全国各自贸区金融立法中分头研究、多头出台政策的趋势加以制止，将可能导致今后自贸区金融立法越发碎

片化，且系统性、协调性、统一性不足，最终将大大增加今后整合相关立法的难度。

（二）金融监管体制相对滞后，未能完全跟上金融改革创新步伐

现阶段，自贸区金融监管未能完全跟上人民币国际化等金融改革创新步伐。就目前看来，自贸区金融监管仍然存在一些不足。

首先，监管不够灵活与动态。设立自贸区的一个出发点就是探索金融制度改革，这决定了自贸区不断发展变化的特征，其中金融业务持续创新与快速发展是自贸区的主要特点。不过，现阶段与自贸区发展相对的金融监管政策发展速度较迟缓且缺乏动态调整，仍是静态式监管模式，因此其难以有效处理外资投资者、民间资本等带来的诸多现实问题，并易导致福利损失。

其次，专业金融监管人才不足。自贸区金融监管涉及主体包括区内各国企业及民营资本，涉及外汇、贸易、金融等多方面，金融监管人才需要具备相关知识，同时还需及时把握政策制度的变化。这毫无疑问对自贸区金融监管人才提出了高要求，不过，目前符合要求的复合型人才还较为欠缺。

再次，对系统性金融风险防范不足。金融创新业务快速发展的同时，也可能蕴藏着诸多风险。因此，自贸区作为金融改革"先行者"应该高度重视金融风险的防范。但是，现阶段，自贸区建设中还存在上述诸多不足，自贸区在金融监管方面存在一些空白，这在造成资源浪费的同时，也难以有效形成金融创新与监管的良性互动，并给金融投机带来可乘之机。

最后，现阶段金融业分业监管的模式越发难以满足现实监管需求。目前，我国对金融行业的监管实行的是分业监管，但金融业发展的现状却是越来越多的金融机构实行混业经营，特别是自贸区内的金融机构，这就使得现阶段金融业分业监管的模式越发难以满足现实中对自贸区金融改革创新的监管需求。例如，在自贸区金融改革创新的实践过程中，随着能够实现资本项目可兑换和本外币一体化的自由贸易账户的广泛应用，金融业综合经营的态势越发明显。如果此时还一味地固守传统的金融业分业监管模式，那么就可能存在监管"盲区"，导致监管部门无法及时有效发现金融风险、防范金融

风险。再加上依托互联网、区块链等新技术产生的金融新模式、新业态快速发展，也将给自贸区的金融监管带来更大的难度和挑战。所以，今后应尽快构建既符合国际惯例又能够实现对跨境金融进行高效监管的新型监管模式。

（三）金融市场不够先进，可复制可推广的金融创新有限

总的来说，我国自贸区设立的一大初衷就是为推动金融改革进而实现高质量发展提供经验借鉴。就自贸区的具体实践来看，探索金融业改革、探索金融产品与服务的创新一直以来都是国内各自贸区的主要任务。经过国内各自贸区的一系列有益探索，目前国内已经涌现出一批创新金融产品与服务。不过总的来看，创新金融产品与服务的种类还不算丰富，特别是利用金融衍生工具的金融产品与服务还较少，利用区块链、人工智能等新一代信息技术推动金融市场建设的尝试不多，金融业主体多元化程度依旧不高。这也直接导致了目前自贸区真正可以向全国其他地区推广的制度创新、金融业务创新等成果非常有限。

截至 2020 年底，国内累计推广了 6 批自贸区改革试点经验。具体来说，6 批自贸区改革试点经验分别涉及 34 项经验（第 1 批）、8 个最佳实践案例（第 2 批）、19 项经验（第 3 批）、30 项经验（第 4 批）、18 项经验（第 5 批）与 37 个改革事项（第 6 批）。从分布领域来看，已经发布的这 6 批自贸区改革试点经验主要涉及金融监管、服务业开放、贸易便利化等领域。另外，与金融业相关的可复制可推广的经验只在第 1 批有涉及，且内容主要是个人其他经常项下人民币结算业务、银行办理大宗商品衍生品柜台交易涉及的结售汇业务等。这充分说明自贸区金融创新领域可在全国复制推广的经验无论从数量上还是从范围上看都非常有限。

（四）金融改革制度协同度不高，部分金融创新政策落实不到位

在推动金融改革的过程中，国内自贸区为了规范区内金融业的发展，多依托国家外汇管理局与央行等监管部门研究制定具体的制度。不过从实际情况来看，国内各自贸区内的金融监管机构存在更新相关制度内容不及时的情

况，而且个别自贸区内的金融监管机构对有关规定的落实也存在不到位的情况。比如，就中国央行 2013 年发布的《关于金融支持上海自贸区建设的意见》这一具体文件来看，设立自由贸易账户是其最重要、最核心的创新点，因为其不仅对推动资本项目可兑换具有重要作用，还是自贸区金融改革创新的重要体现。但是，现阶段自贸区内依旧有个别金融机构未能完全落实上述创新举措，这不仅大大限制了自由贸易账户资金的流动，还进一步阻碍了离岸金融的发展，从而不利于自贸区充分发挥金融改革"试验田"的作用。

四 推动自贸试验区进一步加快金融创新的政策建议

国内自贸区在金融领域进行的一系列改革探索，不仅为将相关改革举措推广到全国积累了宝贵的经验，还为自贸区所在地区的经济社会发展注入了新动能。不过，从实践来看，现阶段一些金融创新举措由于受到改革力度不大、出台时间不长等因素限制，要想尽快在实践中获得实效，尚需各方付出更多努力。

（一）妥善处理三组重要关系，推动自贸区金融改革

唯有妥善地处理好中央顶层设计与地方区域试点、宏观政策大局与区域金融改革、事件驱动与顶层设计这三组关系，才能做好自贸区金融改革这篇文章。

首先，要处理好中央顶层设计和地方区域试点的关系。中央顶层设计在把握改革协同性、整体性、系统性上具有先天优势。因此，在自贸区金融改革中，中央要及时总结自贸区金融改革的先进经验，并在适当范围内适时推广试验效果较好的改革经验。此外，各自贸区也承担了相应的改革试点任务，因此，也要主动吸收其他地区的先进改革经验。

其次，要处理好宏观政策大局与区域金融改革的关系。更好地为国家宏观政策服务是区域金融改革的根本出发点和重要着力点。2015 年 10 月，中国人民银行等 7 部门发布"金改 40 条"，不过当时因为受到市场对人民币

汇率贬值预期加强以及国内外金融市场波动加剧等不利因素的影响，部分措施尚未落地实施。因此，自贸区金融改革要密切关注国内外宏观经济条件变化，并据此适时调整改革内容。

最后，要处理好事件驱动与顶层设计的关系。目前，自贸区金融改革是在央行与有关部委发布的总体方案框架下进行的，根据条件成熟情况，各改革举措有一个大致优先次序的安排，但这并不是一成不变的。改革实际上是由问题倒逼的，通过事件驱动解决问题，也是一种改革。因而，要加强事件驱动与顶层设计的联动性，通过一个个问题的解决，深化自贸区金融改革。

（二）创新金融监管模式，完善金融综合监管

现阶段，我国对金融业采取分业监管模式。不过，随着我国金融机构多元化经营的特征越发明显，分业监管的传统模式已经难以适应新的监管要求。考虑到在全国范围内推行彻底的金融监管模式改革存在较大风险，再加上现阶段自贸区内的金融改革实践领先于金融监管能力的提升，因此，有必要充分发挥自贸区的"试验田"作用，对金融业开展混业监管的尝试。特别是要形成接轨国际标准、适应新时代金融业发展的金融综合监管新模式，在推动金融产业向自贸区聚集的同时，为自贸区金融业发展注入新活力。

首先，要尽快提升金融监管效能。以重构央地金融监管关系为切入点，划定权责明晰的中央和地方金融监管部门的职责。具体来说，要有明确的监管部门对各细分行业进行日常监管；对那些业务范围一时无法清晰界定或监管易出现真空的领域，可利用多方协商的方式加强监管。相关主管部门要发挥牵头作用，努力提高监管效率。同时，进一步健全涉及金融监管的法律法规，这也是减少金融监管"盲区"，提升金融监管效能的重要举措。

其次，要健全信息披露与信息共享机制。为此，要以加快构建金融综合监控系统为抓手，尽快建立更加完善的信息披露机制，通过共享金融信息，进一步提升信息披露的透明度，消除权力腐败滥用的土壤。在技术上可以通过建立平台数据库对有关信息进行追溯与整合，并充分利用新一代信息技术维护更新相关信息。

再次，要充分发挥社会各界的监督作用。虽然有关部门已对金融监管体系做了相当详尽的规定，但在实际监管过程中仍然产生了一些问题与纠纷。由此可见，金融市场的稳定和监管需要社会各界的共同参与。所以，有必要在官方监管外，充分发挥行业自律、市场自我管理与社会舆论的监督作用，以形成内外有效联动、多层次、全方位的监管体系。

最后，要合理运用新技术提高监管能力。现阶段，监管技术发展日新月异，监管机构有必要努力跟上金融市场技术快速变化的步伐。实际上，金融监管与技术保持密切关系可以让整个行业更加细化、透明化，并能为金融市场参与者提供更多保护，这也是监管机构的终极目标。在自贸区金融监管改革中，要合理运用区块链、移动互联网、大数据、物联网、云计算等新一代信息技术，进一步增强金融监管的能力建设，加大金融监管力度。

（三）进一步丰富特色金融产品与服务，加强金融服务体系建设

为实体经济服务是金融业的本质特征，也是现阶段在自贸区内进行的一系列金融改革的根本出发点和落脚点。因此，有必要鼓励各种类型金融机构继续发挥自身优势，进一步加大在自贸区的金融资源配置，积极推进金融服务及产品创新，通过全流程综合金融解决方案为区内市场主体提供更加优质、更高质量、更符合要求的金融服务，从而助力新时代自贸区的高质量发展。

首先，要不断推进特色金融产品与服务的创新，切实增强金融服务实体经济的能力与质量。在进一步提高自贸区金融产品与服务的创新效率方面，要通过下放更多业务的决策权给区内金融机构的方式，推动区内金融机构加快组织创新步伐，以更好地提升创新效能；要积极鼓励金融机构总部对区内分支机构采取直管的方式，进一步压缩管理层级，助力创新效率的提高。另外，可以以境外机构业务管理模式为标准，进行适应性协调，充分体现负面清单原则，依托负面清单管理模式，加快金融创新发展步伐。鼓励金融机构总部对自贸区内分支机构的业绩考核办法进行创新，通过提高对创新类业务及其占比的考核，增强自贸区内金融机构金融业务创新的主动性和积极性，

并借此推动自贸区内金融业创新发展。与此同时，要积极鼓励绿色金融的发展，通过打造绿色金融体系，将自贸区金融业打造成绿色金融创新中心。

其次，进一步加强金融与科技深度融合，完善金融服务体系。积极培育科技中介服务企业，打造创新企业服务金融体系。鼓励银行、非银金融机构、私人投资者、股权投资基金等主体支持创业投资。要更好地与国家级技术转移交易平台进行对接合作，支持科技创新企业特别是创业型创新企业去股权交易中心挂牌。要加快知识产权资产证券化步伐，运用互联网、大数据等新技术加快构建有助于知识产权融资的公共服务平台。要鼓励更多的金融机构在自贸区通过建立科技金融分支，为科技型创新企业提供高质量的金融服务，支持其更好地发展。

最后，要以进一步完善金融创新的相关保障为抓手，持续优化金融业创新发展的环境。具体来说，要不断优化自贸区信用环境，通过加强与具有全球竞争力的金融科技企业、评级公司、征信企业的合作，并利用大数据、云计算、人工智能等先进技术优化征信系统，助力自贸区信用环境的优化；要以加快构建完善的中介服务体系为切入点，通过引进、培育、新设涵盖法律咨询、征信服务、安全认证、资产评估等业务领域的金融中介机构，为自贸区企业提供更高质量的金融服务，并为自贸区金融创新发展提供支撑；要探索政府投资基金退出机制和方式创新，充分发挥产业基金引导作用。支持自贸区通过打造股权交易平台，试点区内企业股权转让、股权质押等创新业务，以进一步优化自贸区内的资源配置。

（四）完善自贸区风险管理体系，防范金融系统性风险

风险可控是自贸区进行金融领域改革的根本前提。但是，目前我国自贸区还没有形成一套完整的既能保障金融创新又能防范金融风险的管理体系。今后，在支持自贸区金融改革的实践中，要坚决避免区域性、系统性风险的发生。因此，既要加强防范因金融创新业务的开展而可能出现的资金异常流动风险，也要大力防范反洗钱、反逃税等传统风险。另外，要鼓励自贸区金融监管机构进行监管模式的创新，以更好地管理风险、防范风险。为了在推

动金融创新的同时，也能防止金融系统性风险的发生，有必要进一步完善自贸区风险管理体系。

具体来说，围绕自贸区风险管理体系的完善应重点做好以下六项工作。第一，要提高金融基础设施特别是监管类基础设施的互联互通程度，通过建立综合信息监管平台等方式形成集中、高效、统一的金融信息系统，推进跨平台、跨区域、跨市场的金融数据、金融信息的共享。第二，要继续对逃税、洗钱等违法犯罪行为实行零容忍，并要重点加强对系统性重大金融风险的识别和防范，让自贸区在风险安全可控的前提下进行金融改革创新。第三，要探索建立纳入全球风控管理的监管矩阵，且可以适当在风险分散、风险资本计算等方面为今后的监管预留空间。第四，探索针对自贸区内金融机构的分类精准监管模式，评估各自贸区内金融机构的风险状况，并据此探索分类监管模式。第五，要加快自贸区内各项政策实现有机统一的步伐，既要在最新的政策发布后，做好政策及时更新工作，也要加快自贸区内有关部门间的信息共享步伐，避免信息不对称导致的非必要冲突。第六，对资金跨境流动异常的行为要加强监控，尤其要重点加强对自贸区内可能存在的投机性资金异常流动的监管，对此，各自贸区可以根据自身金融业实际创新情况，制定有关应急管理办法，以对区内可能存在的会引发系统性风险的资金异常流动实行高效监管。

B.5
自贸试验区服务业创新发展报告
——以海南自贸港建设为案例

廖 斌[*]

摘 要： 服务业对外开放是自贸试验区改革需要突破的重点领域。旅
游业是自贸区服务业改革创新发展的重要领域，旅游业的发
展与自贸区的改革创新息息相关。旅游领域的政策创新和改
革试点，能引领自贸区的创新发展，推动新一轮的改革开
放。旅游业的改革创新是中央对海南自贸区发展提出的任务
和要求，是海南自贸区和自贸港建设的重要组成部分。海南
自贸区建立以来，探索了一系列旅游改革创新实践，在税
收、签证、投融资、土地、航空、人才、邮轮游艇、文化等政
策领域取得了一批创新示范，极大地促进了海南国际旅游消
费中心建设，也为自贸区的改革创新发展提供了新动力。未
来，海南要围绕国际旅游消费中心建设的目标和要求，完善
公共服务、丰富旅游供给，充分释放旅游消费潜力。

关键词： 自贸区 旅游业 改革开放 海南

一 服务业是自贸区改革创新的重点突破领域

随着中国经济进入新常态，服务业占我国经济的比重也日益提高。根据

---

* 廖斌，博士，就职于北京联合大学旅游学院，研究方向为旅游经济、旅游政策。

测算，2013年开始，我国服务业增加值占GDP的比重超过第二产业，成为驱动经济发展的新动力。2015年开始，服务业增加值占我国GDP的比重已经超过一半，达52.36%，我国开始迈入服务经济时代。服务业日益成为我国经济发展的新动力。

从全球发展趋势看，服务业已成为各国经济发展的主要产业，服务贸易在世界贸易中的比重日渐提升。据世界贸易组织统计，2019年全球主要发达国家的服务业增加值占国内生产总值的比重平均为75%左右，服务贸易总额占国际贸易总额的比重平均为21%左右，2030年预计达到25%。相比之下，2019年我国服务业增加值占GDP的比重为53.92%，服务贸易总额占国际贸易总额的比重为15%，与发达国家相比仍有很大的差距和发展空间。而且，我国服务贸易出口总额占全球服务贸易总额的比例还不足5%，相比之下美国这一比重为14%，英国大约为7%。随着全球国际贸易服务化趋势的加剧，世界贸易的重心正逐渐从货物贸易向服务贸易转变。服务经济时代下，我国服务贸易发展相对滞后，有待进一步发展。

因此，无论是从我国经济转型发展的新要求、新趋势，还是从世界贸易发展新格局来看，大力发展现代服务业，加快发展服务贸易，都是未来发展的客观要求。新的对外开放需要着重解决服务业的对外开放问题。

国家设立自贸区意在打造更加开放的经济格局，其中大力发展服务贸易更是题中之义，也是国家经济发展的新要求。新时代下，自贸区建设的重要内容是推进服务业的进一步对外开放，关键任务是要推进自贸区服务业的全面深化改革。服务贸易之下，对市场开放度、投资便利度、要素流动性、监管便利化有更高要求。自贸区的设立就是要通过先行先试，推动服务业的改革创新。当前我国服务业发展相对滞后，开放进程较慢，开放程度相对不高，开放领域还不多，要素流动限制很多，我国服务业对外开放面临很多的难题和压力。从已有自贸区的改革来看，很多措施也是针对服务贸易的，服务业改革创新有很大的潜力和空间。这就更加需要自贸区的探索和创新。

国家在2018年设立海南自由贸易区，意在推动形成以服务业为核心的对外开放新格局。自2013年国家设立自贸区以来，大部分的自贸区仍然以制造和加工贸易为主，相比之下，国家对于海南自贸区的发展则提出了新的要求，要求海南"大力发展旅游业、现代服务业和高新技术产业"，形成服务型经济占主导的产业结构，这对于海南进一步扩大服务业的对外开放提出了新要求。海南也被赋予了推进服务业对外开放的新任务，国家希望海南能够在现代服务业的发展方面进行改革创新，先行先试，探索可推广、可复制的经验，为我国服务业提供新的发展空间，促进我国服务业的创新发展。

如何进一步加快服务业的对外开放步伐是党中央、国务院交给海南自贸区的重要任务。在发展高水平开放型经济中，海南需要在服务业对外开放方面进行改革创新，开展先行先试。建设海南自由贸易区和自由贸易港就是要以旅游业为核心，探索现代服务业如何对外开放、如何改革创新、如何满足全球服务业发展的新需求。重点难点都在服务业对外开放的深度和广度上。就是要实现人员、资本、信息、技术、货物等要素的自由流动，为服务业创新发展创造条件。就是要完善现代管理体系，不断培育市场主体，创新服务业发展模式，进一步提升服务贸易发展的便利化程度。就是要建立商业服务主体和自然人公平的服务贸易市场准入体系，进一步降低市场准入门槛，建立最高开放水平的外商服务业投资准入和准入后管理体系，建立和服务业发展有关的设备物品进口零关税、零壁垒体系，建立账户资本项目可兑换和资本跨境流动的新制度，为服务贸易发展提供宽松的金融环境。就是要创新自然人跨境自由流动以及自由执业管理体系，提高要素自由流动的便利化程度。

海南具备发展现代服务业的优势和基础。近年来，海南自贸区以制度创新为核心，加快现代服务业的改革创新步伐，推进现代服务业在新时代的对外开放，取得了很好的成效，成为服务业发展的新标杆。

一是贸易投资自由化和便利化程度日渐提高。近年来，海南高水平推进了国际贸易"单一窗口"体系改革，当前海南国际贸易中主要的申报业务实行了"单一窗口"改革，贸易效率大幅提升，进口通关时间压缩 69%，出口通关时间压缩 97%；在外商投资方面，逐渐建立了外商投资负面清单制度，准入门槛不断降低。此外，海南还探索实行了国际投资"单一窗口"制度，将招商、项目审批等 13 个部门以及相关的 20 多个政务系统都纳入统一系统，将企业设立登记、签证证件办理等 179 项投资服务全部整合到统一窗口，形成了"一个账户、一次注册、一套密码、一组资料"的新型服务模式。"单一窗口"改革之后，需要企业提交的相关表单材料减少了大约 55%，审批环节缩减了大约 70%，整体的行政效率显著提升，投资便利化情况显著改善。

二是服务业发展水平不断提升。从发展数据来看，2018 年海南服务业（包含建筑业）的增加值达 3261.52 亿元，占全省国民生产总值的比重为 67.50%，服务业对海南经济增长的贡献率达 82.66%，比全国平均水平高 20 个百分点。税收方面，服务业也成为重要的税收来源，是创造税收的重要产业，税收贡献不断增加。2018 年海南服务业创造的税收收入总额达 929.9 亿元，占海南省税收总收入近 80%。而且，服务业也成为海南创造就业岗位的重要产业，2018 年海南服务业就业人数达 295.27 万人，占海南全省总就业人数的一半，全省 1/3 左右总人口均从事服务业相关的工作。海南服务业市场主体数量也不断增加，2018 年海南服务业企业大约有 69.32 万家，占全省企业总数的 93.97%；2019 年，海南新增服务业市场主体 22 万家，其中有 28 家世界 500 强企业，海南的总部企业数量达 33 家。吸引外资方面，2019 年海南服务业新设企业中，外商投资企业有 132 家，服务业领域内企业实际利用外资 6.46 亿美元，占全省实际利用外资的 86.78%，海南新增外资企业数量和实际利用外资增速均超过 100%。

三是制度创新取得了明显成效。近年来，海南自贸试验区先行先试，推进各项制度创新，各地先后探索了一批制度创新，共分 8 批总结形成了 87 项制度创新案例，覆盖了服务业发展的各个领域。

二 旅游业是自贸区服务业改革创新发展的重要领域

自贸区的核心特征是贸易自由化、便利化，这是服务业发展的特区，是深层次改革开放地区，是新时代中国改革开放的排头兵。通过赋予自贸区因地制宜大胆试、大胆创的自主权，自贸区先行先试，探索出适应新发展格局的新模式、新路径，带动中国的新发展。自 2013 年上海自由贸易区设立以来，自贸区不断扩展，从无到有，国务院先后批准设立了广东、天津等 21 个自贸区。

随着这些自贸区的改革创新实践，旅游业作为新兴产业、朝阳产业，也是各地自贸区建设和发展的重点领域和关键内容。从全国 21 个自贸区发布的总体方案来看，旅游业被多次提及，是各地自贸区重点建设发展的内容和关键环节，被当作改革创新发展的重要领域。比如，山东自贸区提出外资旅行社能够办理出境旅游业务，扩大对外开放。广西、云南、黑龙江自贸区则以自贸区发展为契机，改革创新，着力发展跨境旅游、边境旅游。

自贸区作为中国新一轮改革开放排头兵，就是要先行先试，探索形成一批制度创新、政策创新的新成果，助力全面深化改革。旅游业是一个典型的改革开放产业和领域，旅游业的发展与新一轮改革开放紧密相连，与自贸区的改革创新息息相关。旅游领域的改革试点，能引领自贸区的创新发展，推动新一轮的改革开放。

旅游业是综合性产业，具有综合性作用。旅游业是一个牵一发而动全身的产业，抓旅游业可以帮助我们解决发展中遇到的一系列问题。而且，任何行业都会被打上所在时代的烙印，在全面深化改革的大背景下，旅游业发展也面临如何进一步深化的问题，面临一系列的掣肘问题，而这些问题都是推进全面深化改革过程中的关键问题和深层次问题在旅游发展过程中的具体体现。无论是"放管服"改革、财税制度改革、金融体制改革，还是国企国资改革、农村土地制度改革、生态文明体制改革、自然资源产权管理制度改革等都取得了突破性进展，这些改革对于消除旅游业发展所面临的要素资源制约、保障政策制约、管理体制制约等都创造了良好的条件。

第一，旅游业是轻小灵的产业，旅游业具有极强的窗口效应，还具备船小好调头的特点。旅游业与传统产业不同，比如传统产业中的工业，其产业格局一旦形成，很长时间内都难以改变，比如东北是我国的重工业基地，这个格局形成后几十年都难以改变。无数的案例说明，旅游业可以在相对较短的时间内占有较高的产业比重，成为一个地区经济社会发展的动力产业。

第二，旅游业已经成为国民经济和社会发展的战略性支柱产业。我国旅游业增加值占 GDP 的比重已经达 5% 以上，是国民经济的战略性支柱产业。旅游业的发展对于促进经济发展具有十分重要的作用。大力发展旅游业对于促进经济增长、促进消费、扩大内需、助力国内国际双循环格局的构建、优化产业结构、建设生态文明等作用凸出。旅游业作为国民经济的战略性支柱产业，其本身的关联带动作用在调整产业结构、缓解生态环境压力、破解区域发展不平衡难题等方面越发凸显。

第三，与其他产业相比，旅游业市场化程度较高，内部制约相对较少，在对外开放中，较容易推进，遇到的阻力小。当前，经过改革开放几十年，我国很多行业内部仍然存在明显政府干预的"准入机制"，形成了事实上的行业壁垒。旅游业内部行业壁垒几乎为零，国家旅游行政管理部门无权审批景区宾馆等旅游企业的设立，旅游业是完全对社会资本开放的行业，1998年旅游行业率先实行了"政企分开"，并且旅游行政管理部门开始用市场化的手段进行行业管理。但任何行业无不受到"外部制约"的影响，旅游业的投资依然受到规划、土地等部门的制约。旅游业的制约突破主要是对外部制约的突破。

第四，旅游业是综合性产业，牵一发而动全身。旅游业是一个牵一发而动全身的产业，同样，抓旅游业可以帮助我们解决发展中遇到的一系列问题。很多改革都是关联全局的，是所有改革过程中根本性的改革，是全局性的改革。这样的改革往往不是旅游部门所能操控的，而是和国家层面的顶层设计紧密相关。旅游业发展涉及改革和开放两个大的方面，不仅是改革问题，也是开放问题，抓旅游业在一定意义上会形成一种牵一发而动全身的效

应。旅游业是一个关联全局的重要产业，旅游业与相关产业的融合度、关联度越来越高，旅游业对经济、社会、生态、文化各个领域的辐射性、渗透性越来越强，其对整个经济社会产生了越来越大的影响。旅游治理能力和治理体系是国家治理能力和治理体系的综合折射，最能体现一个国家或者地区的综合治理水平。

自贸区的建设，贸易、投资等各项政策的推出，为旅游业的发展提供了新的空间和契机。自贸区中，许多有利于旅游业发展的政策为旅游业改革开放提供了新动力，助力旅游领域内建立与全球贸易投资相协调的新体制新机制，推动营造有利于旅游业发展的法治化、便利化环境，促进旅游投资、游客出入境便利化、旅游金融、旅游服务业全面开放等领域的创新发展。例如，自贸区推动的投资自由化和便利化、出入境人员管理的便利化、边境合作新模式等，极大地促进了入境旅游、边境旅游、邮轮游艇旅游、医疗旅游、会议会展旅游等新业态发展，提升了旅游产业的发展水平。

三 旅游业是海南自贸区建设的重要组成部分

2018 年，党中央、国务院决定设立中国（海南）自由贸易试验区。这是党中央、国务院着眼于新一轮改革开放的需要做出的重要布局，2018 年下发《关于支持海南全面深化改革开放的指导意见》，提出将"海南全岛作为自由贸易试验区，大力支持海南逐步探索、稳步推进中国特色自由贸易港建设"。2020 年 6 月，中共中央、国务院发布《海南自由贸易港建设总体方案》，更加明确提出了打造海南自由贸易港的新目标。

海南是全国最大的经济特区，也是全国唯一一个省级经济特区。党中央、国务院对于海南给予了很高定位和期望。《中国（海南）自由贸易试验区总体方案》对于海南的发展定位提出了具体要求，海南要"紧紧围绕建设全面深化改革开放试验区、国家生态文明试验区、国际旅游消费中心和国家重大战略服务保障区，实行更加积极主动的开放战略，加快构建开放型经济新体制，推动形成全面开放新格局，把海南打造成为我国面向太平洋和印度洋的重要对外开放门户"。"三区一中心"的发展定位，对海南自由贸易区的发展提出了新目标和新要求。

党中央赋予海南自由贸易试验区改革建设的战略定位，意味着未来一段时间内海南的改革创新带有很强的综合性，既有投资、贸易和金融领域的改革创新试点，也包括在全岛社会治理体系方面的创新。这要求海南以全方位对外开放为核心，先行先试，以创新为灵魂，全域突破。加快建设海南自由贸易港，就是要在新阶段下，充分利用海南在自由贸易港建设方面的特殊制度安排，不断探索，不断创新，逐渐成为全国全面深化改革开放的新标杆，构建出更高层次、更高水平改革开放新格局，助推国家对外开放新战略实施。

旅游业一直是海南发展的一张亮丽的名片，也是海南经济社会发展的优势产业。海南生态环境优良，自然资源丰富，气候资源独特，休闲度假资源齐备，具有海岸风光带和热带原始森林景观，拥有沙滩、潜水、山岳、河流、水库、瀑布、火山、溶洞、温泉、原始植被等丰富多样的自然旅游资源，特别是随着中国旅游业从以观光旅游为主向以休闲度假为主转变，海南的资源优势变得非常突出，这为海南旅游业的发展奠定了根本性的资源基础。

新一轮自贸区和自贸港的发展战略中，旅游业被放在了重要的战略位置。国家赋予海南建设"全面深化改革开放试验区、国家生态文明试验区、国际旅游消费中心和国家重大战略服务保障区"的战略定位，其中国际旅游消费中心是四个战略定位之一，也是最为重要的一个定位。海南自贸港建设方案也强调海南未来的发展要以旅游业、现代服务业、高新技术产业为主导，构建现代产业结构。因此，旅游业是海南国民经济发展的战略性支柱产业，是海南自贸港建设中不可或缺的组成部分。建设国际旅游消费中心是海南建设自由贸易试验区、探索建设中国特色自由贸易港的一项重要任务内容。

把旅游业作为支柱产业，建设国际旅游消费中心是海南的战略定位，这是基于海南的发展优势、发展格局和发展前景，也是基于旅游的综合产业性

质和全面拉动作用的必然选择。海南国际旅游消费中心的建设具有重要的全局性、示范性意义和引领作用，虽然主要表现在旅游领域，但是又超越旅游本身，是一个事关全局的重要任务，能够引领海南自贸区的改革开放，也能开辟国民消费的新领域，提升中国旅游业发展的总体水平，展示中国改革开放的新形象，形成生态文明新形象，提高生活品质。

事实上，从海南旅游发展现有格局来看，海南旅游市场中的国际客源所占的比重并不高，国际旅游消费所占的比重相对还是比较低。因此，海南国际旅游消费中心的建设，要求海南转变以往的单纯追求国际客源的导向，推动旅游发展的国际化和制度创新，即按照国际化的规则、管理、服务等来推进海南旅游业的发展。未来，衡量海南旅游业发展水平的高低，要看其是否形成了国际化的旅游发展环境和制度体系。因此，如何推动旅游业的改革创新以及如何建设国际化的旅游发展环境和制度体系，是海南自贸区发展的重要内容。海南自贸区进一步扩大开放措施中，有1/3是直接涉及旅游的。

推动旅游业的改革创新，也是中央对海南自贸区发展提出的任务和要求。《中国（海南）自由贸易试验区总体方案》提出要"坚持开放为先，以制度创新为核心，赋予更大改革自主权，大胆试、大胆闯、自主改，深化简政放权、放管结合、优化服务改革，加快形成法治化、国际化、便利化的营商环境和公平开放统一高效的市场环境"，要建立更加灵活高效的法律法规、监管模式和管理体制，破除生产要素流动的体制机制障碍。要深入推进商品和要素流动型开放，加快推动规则等制度型开放，以高水平开放带动改革全面深化。此外，《关于支持海南全面深化改革开放的指导意见》和《中国（海南）自由贸易试验区总体方案》明确了海南国际旅游消费中心建设路径，提出要构建以观光旅游为基础、休闲度假为重点、文体旅游和健康旅游为特色的旅游产业体系，推进全域旅游发展，推进旅游消费领域对外开放，积极培育旅游消费新热点，下大气力提升服务质量和国际化水平，打造业态丰富、品牌集聚、环境舒适、特色鲜明的国际旅游消费胜地。此外，两文件提出实行更加开放便利的离岛免税购物政策，放宽游艇旅游管制，稳步开放海岛游，完善博鳌乐城国际医疗旅游先行区政策，大力发展动漫游戏、网络文化、数字内容等新兴文化消费，允许外资在海南试点设立在本省经营的演出经纪机构，允许外资在海南省内经批准的文化旅游产业集聚区设立演出场所经营单位，探索发展竞猜型体育彩票和大型国际赛事即开彩票，允许在海南注册的符合条件的中外合资旅行社从事除台湾地区以外的出境旅游业务，建立与国际通行规则相衔接的旅游管理体制，系统提升旅游设施和旅游要素的国际化、标准化、信息化水平，等等。

从近年发展看，海南旅游收入持续增加，这也印证了海南过去以旅游为主导产业的发展思路取得了一定成效。2019 年，海南共接待国内外游客8314 万人次，其中境外游客 143.59 万人次，旅游总收入达 1050 亿元，同比增长 11.3%。受新冠肺炎疫情影响，2020 年海南共接待国内外游客6455.09 万人次，同比下降 22.4%，旅游总收入达 872.86 亿元，同比下降16.9%。疫情防控常态化后，海南旅游收入逐步恢复。2021 年第一季度海南接待游客 2291.31 万人次，同比增长 168.1%，旅游收入为 421.65 亿元，同比增长 293.5%，旅游经济发展迅速恢复。

四 海南旅游业改革创新的实践

近年来，海南按照党中央和国务院对海南国际旅游消费中心建设的战略定位和目标设定，将旅游业发展与自贸区、自贸港建设紧密结合起来，加快构建贸易投资自由化、便利化的制度体系，落实国家对于海南自贸区的系列政策，探索了一系列改革创新实践，在税收、签证、投融资、土地、航空、人才、邮轮游艇、文化等政策领域取得了一批创新示范，极大地促进了海南国际旅游消费中心建设，也为自贸区的改革创新发展提供了助力。

（一）税收政策

以自贸区建设为契机，海南创新税收政策，在税收领域先行先试，推进

以"零关税"为基本特征的自由化便利化进程，为旅游业的发展争取更多的发展空间。

1. 离岛旅客免税购物政策

2010 年，海南开始试点离岛免税政策，开展境外旅客购物离境退税政策，探索离岛免税制度。2011 年 4 月，离岛旅客免税购物政策试行，适用消费主体从境外旅客转为国内外旅客（包括海南省居民），免税税种为关税、进口环节增值税和消费税，免税购物额度为 5000 元。之后历经 4 次政策调整（2012 年、2016 年、2018 年、2020 年），不断增加免税品种，扩大免税品经营范围，增加免税店，提高免税购物额度，扩大惠及对象范围，改变购物次数限制和购物模式，推动政策更加便利化、人性化、科学化。2020年 6 月，财政部等发布《关于海南离岛旅客免税购物政策的公告》，提出离岛旅客每年每人免税购物额度从 3 万元提高至 10 万元；免税商品种类由 38种增至 45 种。此外，具有免税品经销资格的经营主体均可平等参与海南离岛免税经营，2020 年海南省人民政府正式批准海南旅投免税品有限公司以及全球消费精品（海南）贸易有限公司享有离岛免税品经营资质。

离岛免税制度是海南旅游制度的重大创新，已经形成了比较完整的规则体系，为促进海南迈向"免税岛"提供了基础。这一政策创新极大释放了消费潜力，促进了境外消费回流，助力了海南国际旅游消费中心建设。截至2019 年底，海南全省已经累计接待购物人数 1631 万人次，实现免税收入538 亿元。

2. 所得税优惠政策

海南省实施所得税政策改革，为岛内旅游企业和个人减税让利，促进旅游业发展。

第一，对在海南自由贸易港的旅游企业，实行企业所得税优惠税率。2020 年 6 月，财政部、税务总局下发《关于海南自由贸易港企业所得税优惠政策的通知》（财税〔2020〕31 号），提出在海南自由贸易港注册并实质性运营的鼓励类产业企业，将按 15% 的税率征收企业所得税。当前，我国企业所得税标准税率为 25%，海南自贸港所定的 15% 的优惠税率不但低于标准税率,与西部大开发鼓励类企业的税率相同,并且远低于 G20 国家的标准税率,有利于鼓励、吸引投资。

第二,对符合条件的个人,实行个人所得税优惠税率。2020 年,财政部、税务总局下发《关于海南自由贸易港高端紧缺人才个人所得税政策的通知》(财税〔2020〕32 号),对在海南自由贸易港工作的高端人才和紧缺人才,其个人所得税实际税负超过 15% 的部分,予以免征。享受优惠政策的个人所得包括来源于海南自由贸易港的综合所得(包括工资薪金、劳务报酬、稿酬、特许权使用费四项所得)、经营所得以及经海南省认定的人才补贴性所得。

3. 企业进口减税政策

根据《中国(海南)自由贸易试验区总体方案》,旅游企业进口自用的生产设备实行"零关税"负面清单管理。经企业申请,允许办理进口设备免征进口关税、进口环节增值税和消费税等相关手续,优化进口成套设备检验检疫工作流程,提高通关效率。这为海南旅游饭店、旅游景区(包括主题公园)、旅游运输企业、旅行社、旅游康养机构、旅游餐馆等旅游企业提供了政策优惠,极大降低了企业的经营成本。

(二)签证政策

推动人员自由往来是自贸区建设的重要内容,也是促进入境旅游发展的重要支撑。近年来,海南省积极争取,不断扩大入境免签政策的范围,延长免签停留时间,为境外人员到达海南提供便利,探索出适应对外开放新格局的签证便利政策,极大促进了入境旅游发展。

2018 年 5 月 1 日起,公安部和国家移民管理局在海南实施 59 国人员入境旅游免签政策,免签入境后停留时间从 15 天或 21 天统一延长至 30 天。2019 年 7 月,进一步优化 59 国人员入境旅游免签政策,符合免签条件的外国人可自行申报或通过单位邀请接待免签入境,扩大外国人免签入境事由范围,逐步实现给予免签入境人员 30 日以上的停留期限,同时实施外国旅游团乘坐邮轮入境 15 天免签政策。

（三）投融资政策

资本是旅游发展核心要素。旅游业前期投入大、回报周期长，资金资源是全域旅游发展的要素，也是限制旅游业发展的重要内容。自贸区建设过程中，海南降低市场准入门槛，创新旅游投融资体系和相关政策，完善旅游资本要素市场，打破旅游投资障碍，为旅游业发展提供良好的资金保障。

第一，大幅放宽外资市场准入，允许外资旅行社从事出境旅游业务。海南省发布《自由贸易试验区外商投资准入特别管理措施（负面清单）（2018年版)》，对外资全面实行准入前国民待遇加负面清单管理制度。建立健全旅游投资备案制度。2018年10月，上海复星集团与英国托马斯库克集团联合注册的中外合资旅行社正式落户三亚。

第二，提高投资自由便利度。大幅放宽海南自由贸易港市场准入。实行以过程监管为重点的投资便利制度和经营便利制度等。

第三，创新旅游金融产品。海南自贸区积极开展金融创新，在旅游领域推出CMBS（商业地产抵押贷款支持证券），为旅游产业发展提供金融支持。2020年成功发行旅游度假目的地CMBS"德邦海通—复星旅文—三亚亚特兰蒂斯资产支持专项计划"，推进旅游目的地运营模式创新，助力国际旅游消费中心建设。

第四，实施自由贸易账户下外资股权投资便利化监管。海南三亚市依托新设外资股权投资公司，突破现行外汇额度限制，灵活扩大外资股权投资规模，利用多功能自由贸易账户投融资汇兑便利，改善外商投资的营商环境。

（四）土地政策

土地，是全域旅游发展的核心要素，也是制约旅游发展的关键因素。在自贸区建设过程中，海南贯彻国家相关土地政策，创新旅游用地政策，在土地政策方面先行先试。

第一，探索点状供地。2018 年 1 月，海南省印发《海南省人民政府关于进一步加强土地宏观调控提升土地利用效益的意见》，提出在百镇千村、共享农庄及其他旅游项目设施建设中，采取分散化块、点状分布的方式"点状供地"。2020 年海南省自然资源和规划厅印发《关于实施点状用地制度的意见》，明确了乡村基础设施和公共服务设施用地、乡村休闲农业和旅游项目用地、南繁科研育种基地生产设施用地、旅游公路驿站用地等 7 类点状用地实施范围，为旅游业发展提供了用地保障。

第二，创新"不征不转"土地利用制度。2019 年 3 月海南省出台《关于支持产业项目发展规划和用地保障的意见（试行）》（琼府〔2019〕13号），明确休闲农业和农村旅游项目中的观光台、栈道等非永久性附属设施用地，零星公共服务设施用地，路面宽度不超过 8 米的农村道路（含乡村旅游道路）用地等 6 类项目用地，可以采取"只征不转"或"不征不转"方式，按照土地现状用途进行管理，无须再办理农用地转用手续，减少占用规划建设用地规模、新增建设用地指标、耕地占补指标，大大提高了项目落地效率，缓解了土地供需矛盾，为旅游项目提供了用地保障。

第三，国土空间用途审批"多审合一"。通过整合用地、用林、用海等审批事项，对国土空间用途管制行政审批制度优化再造，创新用途管制统一审批体系，构建"多审合一"审查机制。

第四，开展农村集体经营性建设用地入市和农村宅基地制度改革试点。文昌市探索"土地整治＋"宅基地改革和集体土地入市、"土地征收＋"集体土地入市、集体土地入市助力脱贫攻坚等改革新模式。突破农村集体建设用地须收储为国有土地后才可流转上市的限制，允许符合条件的农村集体经营性建设用地，通过出让、出租、作价出资（入股）方式，与国有土地同权同价进行入市。制定出台异地调整入市制度，指导按照复垦地块所在区域征地补偿费用的 1.5～2 倍补偿复垦地块所在村集体。在全国试点范围内率先建立"货币＋留用地＋入市"的多元补偿机制。允许农户通过出租等方式将闲置农房租赁给企业或个人改造民宿等发挥土地经营性用途并鼓励农户自愿有偿退出闲置的宅基地。已入市的 21 宗集体经营

性建设用地为农民带来直接收益达 1.015 亿元, 推动旅游收入实现连年 20% 以上的增长。

(五) 航空政策

进一步扩大对外开放, 建设国际旅游消费中心, 要求为境外人员提供便捷的交通。受制于航线的问题, 海南与享受人员入境旅游免签政策的 59 个国家没有太多的直达航班, 很多国际旅客需要中转。为此, 海南省积极争取国家民航局和有关单位支持, 争取航权试点和改革, 鼓励中外航空公司充分利用好第三、四、五航权开放政策和民航财政补贴政策, 加密海南直达全球主要客源地的国际航线。目前, 海南获得中国民航局第七航权改革试点, 中国民用航空局开放海南自由贸易港第七航权将促使海南享有世界上最为开放的航权等, 提高海南交通便利化水平。当前, 海南开通的境外航线达 103 条, 覆盖 20 个国家。

(六) 人才政策

人才是海南最大的短板。自贸区建设过程中, 海南围绕旅游发展的现实需求, 创新旅游人才政策, 为旅游发展提供人才保障。

1. 创新导游管理机制

海南利用特区立法权, 修订《海南经济特区导游人员管理规定》。以导游员工化规范劳动关系, 规定导游执业必须与旅行社、导游服务公司或者涉旅企业签订劳动合同, 由导游所在企业为其缴纳社会保险费, 支付劳动报酬, 保障导游劳动权益; 推进导游服务公司实体化改革, 按照公司法人和公司管理模式进行管理, 禁止向导游收取任何费用, 推动部分导游服务公司从虚设组织向实体公司转型。自开展导游员工化改革以来, 在旅行社或导游服务公司签订劳动合同并办理社保的导游累计 8443 人, 进一步提升了导游服务水平, 导游投诉比例进一步降低, 有效解决了不合理低价旅游问题。

2. 创新"旺工淡学"制度

海南旅游季节性明显，针对"旺季缺人、淡季留不住人"的人才"潮汐"现象，2019 年海南省旅游和文化广电体育厅、海南省教育厅等四部门联合印发《海南省酒店业人才培养实施方案》，全力推行旺季工作、淡季学习的旅游人才培养模式，推出"旺工淡学"制度，免费为旅游从业人员提供学历教育及职业技能培训，鼓励企业员工"旺季上班、淡季进修、工学交替"，让旅游业工作者顺着行业"潮汐"在员工和学生之间定期切换身份。政府为旅游从业者提供费用全额补贴。2019 年已有 3000 多名旅游业工作者切实享受到该优惠政策，2020 年培训名额扩至 5000 人。2020 年海南批准"旺工淡学"，涉及专业包括酒店管理、会计学、人力资源管理、旅游管理、财务管理等 14 个专业。"旺工淡学"制度能有效地解决旅游企业用工季节性问题，提升旅游从业人员的知识水平和技能水平，提高旅游服务质量。

第一，建立产教融合、工学交替培养专业人才的模式。把学校和教育机构作为旅游人才储备基地，使旅游人才在企业员工和学校学生之间定期身份切换。

第二，回炉深造、单列计划招录、保送。探索成人高等教育的"自主招生"，推动旅游从业人员积极回炉重返学校学习深造。

第三，政府补贴鼓励从业者。将旅游业从业人员纳入在职学历教育和技能提升培训计划，参加学历教育和职业技能培训的费用由财政全额补贴，每学年每生学费 2770 元，每生补助共 10125 元。

第四，保障旅游人才有效供给。2019 年底，海南省已有 3153 名酒店业员工报名参加在职学历教育，超额完成 3000 名的招收计划。2020 年 2 月起连续推送了 35 门旅游专业技能提升系列课程，酒店、景区、旅行社等涉旅企业参加线上学习人员逾 1.2 万人次。

第五，创新旅游人才培养机制。构建政府、企业、高校三位一体的人才培养联动机制，切实提升旅游业人才培养的专业性、系统性、协同性，推动形成满足当地发展需要的人才培养机制。

3. 设立"候鸟"人才工作站

因其良好的气候等自然生态资源，海南有丰富的"候鸟"人才资源，每年前往海南休闲度假的"候鸟"有 100 多万人。为弥补海南本地人才的不足，海南创新设立"候鸟"人才工作站，发挥其人才资源优势，以科技咨询、项目合作、文化下乡、人才培养等形式为海南旅游发展助力。2019年海南制定出台《海南省"候鸟"人才工作站管理实施办法（试行）》，在海口、三亚、儋州、陵水等市县试点设立 40 多个"候鸟"人才工作站，为"候鸟"人才和用人单位搭建供需对接平台，创新建设"候鸟人才服务网"线上服务平台。根据统计，海南省省级层面，教育领域已使用高层次"候鸟"人才达 313 人，医疗卫生领域达 202 人，科技领域达 297 人，文化社科领域达 80 人，其中联系掌握的"候鸟"院士就达 171 位，有效增强了海南人才队伍实力。

（七）邮轮游艇政策

1. 境外游艇入境关税保证保险制度

为促进海南游艇旅游发展，海南省在全国范围内，率先实施境外游艇入境关税保证保险制度。近年来，海南省海口海关探索将关税保证保险制度应用于境外游艇入境关税担保领域。以一艘价值 2000 万元的外籍游艇为例，未实施关税保证保险制度前，该游艇入境需向海关先缴纳 760 万元的税款担保，实施关税保证保险制度后，该游艇入境 30 天，只需向保险公司支付 1 万元保费，由保险公司承担税款担保责任。2019 年 1 月政策实施以来，已有 7 艘境外游艇通过关税保证保险的方式入境。

2. 琼港澳游艇自由行政策

为促进游艇旅游发展，海南省积极创新，放宽游艇旅游管制，探索实施琼港澳游艇自由行政策。长期以来，港澳游艇存在"进来难""手续繁""不便利""游不动"等痛点和难点，针对这些问题，海南省对港澳游艇在出入境管理、监管查验等方面推行一系列便利化政策措施，实现游艇在两岸三地间自由进出和航行，促进境外游艇旅游消费、培育游艇旅游新业态。

2019 年 6 月海南省出台《中国（海南）自由贸易试验区琼港澳游艇自由行实施方案》，对港澳游艇在自贸试验区进出、航行、停泊、旅游等方面推行便利化监管措施，真正实现港澳游艇"进得来""手续简""管得住""游得动"。

琼港澳游艇自由行政策，取消开行前向海事管理机构报告的规定，港澳游艇入境时无须提交单航次适航检验证明材料，游艇入境只需提前一天从网上申报一次。实行琼港澳游艇证照互认，实现持有港澳海事管理机构颁发相关游艇驾驶证书的港澳居民不再换领游艇驾驶证书，直接驾驶经港澳海事管理机构登记（注册）的游艇在规定水域行驶。建立跨部门一次性联合查验机制，各口岸部门实行联合查验，查验时间压缩至一小时以内。游艇进出海南水域只办理一次进、出口岸手续，在海南航行期间不再办理进、出口岸手续。实行"定点停靠，就近联检"口岸管理模式，港澳游艇办理入境手续后，允许其就近停靠游艇开放码头或沿规定航行路线到指定的未开放游艇码头停泊，港澳游艇进出更加便利。交通运输部授权放权，将境外游艇临时开放水域审批权限下放至海南省，允许划定和调整港澳游艇活动水域范围。对境外游艇开放水域实行正面清单管理，划定并公布 8 个临时开放水域清单和海上观光游览景区，为港澳游艇观光游览线路组织和安排提供便利。

琼港澳游艇自由行政策实施以来，游艇旅游监管制度更加开放，港澳游艇进出海南更加便利，为海南国际旅游消费中心建设提供了新动能，不仅直接拉动了航空、酒店、餐饮等传统产业发展，更有效带动了游艇交易、研发、营销、会展、维修、培训等游艇旅游全产业链发展。游艇俱乐部、游艇服务企业、游艇从业人员、新增注册登记游艇增长迅速，极大促进了海南游艇旅游产业发展。截至 2019 年，海南省已建成运营游艇码头 14 个、泊位 2312 个，设立游艇产业链相关企业 150 余家，已登记游艇 747 艘。

（八）文化政策

《关于支持海南全面深化改革开放的指导意见》提出"允许外资在海南

试点设立在本省经营的演出经纪机构，允许外资在海南省内经批准的文化旅游产业集聚区设立演出场所经营单位，演出节目需符合国家法律和政策规定。"近年来，文化和旅游部积极落实这一政策，将审批权下放海南，允许外资在海南试点设立在本省经营的演出经纪机构，允许外资在海南省内经批准的文化旅游产业集聚区设立演出场所经营单位，允许旅游酒店经许可接收国家批准落地的境外电视频道，为外资在海南设立演出经纪机构，从事具有国际化水准的演出创造良好的发展机遇。

五　结论

经过几年的探索与实践，海南自贸区不断创新实践，结合自身的优势和特色，先行先试，在旅游发展政策方面取得了一批创新示范，形成了一批可复制、可推广的经验，极大地促进了海南国际旅游消费中心建设，为自贸区的改革创新发展提供了重要的示范，也为全国旅游业的改革开放提供了示范。未来，海南要围绕国际旅游消费中心建设的目标和要求，面向国内国际两个大循环，推进改革创新，发挥市场配置资源的决定性作用，打通堵点、畅通循环，协同更多部门支持、完善公共服务、丰富旅游供给，充分释放旅游消费潜力，促进居民消费回补和实现消费升级，增强旅游业对经济的引领和带动作用，助力打造"双循环"新发展格局。

参考文献

[1] 陈扬乐、赵臣、张凯：《海南国际旅游消费中心的概念、目标体系与建设路径》，《南海学刊》2018 年第 4 期。

[2] 迟福林：《积极推动海南建设国际旅游消费中心》，《经济参考报》2020 年 1 月 7 日。

[3] 戴学锋：《旅游业应定位为引领社会经济全面深化改革的破冰行业》，《旅游学刊》2015 年第 3 期。

［4］戴学锋：《全域旅游：实现旅游引领全面深化改革的重要手段》，《旅游学刊》2016年第9期。

［5］戴学锋：《助力全面深化改革——新时代旅游业的核心战略》，《旅游学刊》2018年第10期。

［6］戴学锋：《改革开放40年：旅游业的市场化探索》，《旅游学刊》2019年第2期。

［7］戴学锋、廖斌：《全域旅游：全面深化改革的突破口》，中国旅游出版社，2019。

［8］马振涛：《自贸港建设将加快海南旅游国际化进程》，《中国旅游报》2020年6月18日。

［9］谢彦君：《海南国际旅游消费中心建设中的供给侧结构性突破战略》，《旅游学刊》2020年第3期。

B.6
自贸试验区制造业创新发展报告

王师　胡啸兵*

摘　要：　制造业及配套产业是各大自贸试验区及片区广泛存在并占据
核心地位的产业部门。各大自贸试验区利用自身特有的区位
政策优势资源，在承接国际制造业产业转移、产业结构优化
和自主创新方面取得突出成就。制造业成为拉动自贸试验区
及周边区域外贸进出口和经济增长的重要引擎，这一情况在
中西部地区表现尤为突出。同时制造业也成为自贸试验区体
制机制创新的重要突破领域，为全国其他区域充分利用政策
优势扩大开放，促进制造业产业升级提供实用经验和借鉴。

关键词：　自贸试验区　制造业　产业升级　自主创新

根据官方定义，加工制造业主要是对采掘业产品和农产品等原材料进行
加工，或对加工工业的产品进行再加工和修理，或对零部件进行装配的第二
产业部门的总称。通常意义上说，制造业就是改变物质外部形态形成新的实
物产品的行业部门，针对自贸试验区产业发展现状，本报告研究中涉及的制
造业不仅涵盖传统定义范畴，还包括制造业产业集群产业链各环节的设计研
发、技术服务等内容。

---

* 王师，北京特华财经研究所研究员，研究方向为资本市场、区域产业规划；胡啸兵，特华博
士后科研工作站博士后，西安交通大学经济学博士，研究方向为自贸区政策实践。

一 各大自贸试验区及片区内制造业现状

从 2013 年全国范围自贸试验区改革推行至今，已有的研究主要关注自贸试验区内外商投资负面清单、服务业扩大开放、贸易便利化措施和金融创新等，对制造业部门关注较少。但回溯历史，各大自贸试验区及片区前身很多是保税出口加工区等产业园区，改革开放之初设立这类功能园区的目的就是通过引入外商发展出口加工业为国家赚取外汇，进而通过外向型制造业发展衍生出更多外贸及相关服务业业态。从这层意义上讲，发展以制造业为核心的实体产业才是自贸试验区改革的初衷。从统计数字来看，自贸试验区并不是独立的统计单元，此处以所在行政区域为例，现代服务业高度发达的上海浦东新区、天津滨海新区和广州南沙新区，2019 年三地的第二产业占地区生产总值的比重分别为 21.2%、35.2% 和 42.1%，可见即使在由现代服务业主导的自贸试验区所在行政区域，制造业依然占据相当的产出比重，维持着重要的产业地位。

（一）18 个自贸区国家层面规划文件中制造业相关表述

从 2013 年 9 月上海自贸试验区最初 4 个片区批准正式封关运营到 2019 年 8 月国务院新批准设立 6 个省份的自贸试验区，在各个自贸试验区正式运作或者范围扩大之前，都会出台国务院批复的相应文件，即《中国（＊＊）自由贸易试验区总体方案》①，文件对各个自贸试验区及具体片区在产业布局和功能定位方面进行了具体设置和限定。本报告将对全部 18 个自贸试验区及片的官方规划文件中有关制造业部分内容进行摘录梳理。

从最早 4 个自贸试验区改革重点内容和方向来看（见表 1），重点还是

① 其中上海自贸试验部分主要来自 2015 年和 2017 年扩的两个文件，即《国务院关于印发进一步深化中国（上海）自由贸易试验区改革开放方案的通知》（国发〔2015〕21 号）和《国务院关于印发全面深化中国（上海）自由贸易试验区改革开放方案的通知》（国发〔2017〕23 号）。

在金融、现代服务业外商投资开放领域，有关制造业部分比重并不突出。但2016年以后7个自贸试验区（见表2）加上海南自贸港，改革覆盖的物理空间范围扩大，制造业等实体产业的相对重要性不断提升。

表1　2016年以前4个自贸试验区及片区官方规划文件中有关制造业部分内容表述

序号	自贸试验区	片区	有关内容表述
1	上海	全体（除临港）	在服务业和先进制造业等领域进一步扩大开放
		临港	建立以关键核心技术为突破口的前沿产业集群……提升高端智能再制造产业国际竞争力
2	广东	南沙	重点发展航运物流、特色金融、国际商贸、高端制造等产业，建设以生产性服务业为主导的现代产业新高地……引领珠三角地区加工贸易转型升级
3	天津	机场	重点发展航空航天、装备制造、新一代信息技术等高端制造业
4	福建	福州	重点建设先进制造业基地……推动台湾先进制造业、战略性新兴产业等产业在自贸试验区内集聚发展，重点承接台湾地区产业转移

表2　2016年后新增7个自贸试验区及海南自贸港官方规划文件中
有关制造业部分内容表述

序号	自贸试验区（港）	片区	有关内容表述
1	辽宁	沈阳	重点发展装备制造、汽车及零部件、航空装备等先进制造业……提高国家新型工业化示范城市、东北地区科技创新中心发展水平，建设具有国际竞争力的先进装备制造业基地
		大连	重点发展先进装备制造、高新技术、循环经济、航运服务等产业
		营口	重点发展新一代信息技术、高端装备制造等战略性新兴产业，建设高端装备制造、高新技术产业基地
2	浙江	全部	建设国际一流的石化基地……以高端产品为特色，完善上下游一体化产业链，加快形成国际一流的石化产业集群……建设舟山航空产业园，对接国际航空产业转移，形成航空产业集群

续表

序号	自贸试验区（港）	片区	有关内容表述
3	河南	郑州	重点发展智能终端*、高端装备及汽车制造、生物医药等先进制造业……打造高质量高端高附加值产业集群，建设中西部制造业总部基地
		洛阳	提升装备制造、农副产品加工国际合作及贸易能力
		开封	重点发展装备制造、机器人、新材料等高端制造业以及研发设计……等现代服务业，提升装备制造业转型升级能力和国际产能合作能力，打造国际智能制造合作示范区
4	湖北	全部	努力成为中部有序承接产业转移示范区、战略性新兴产业和高技术产业集聚区
		武汉	重点发展新一代信息技术、生命健康、智能制造等战略性新兴产业……鼓励信息技术、智能制造、新能源汽车、生物医药、海工装备、航空航天、北斗、轨道交通装备等高端产业向自贸试验区集聚
		宜昌	重点发展高端装备制造、新能源汽车、大数据、云计算、商贸物流、检验检测等产业
5	重庆	全部	充分发挥重庆作为加工贸易承接转移示范地的优势和作用……推动加工贸易由水平分工变为垂直整合，鼓励向产业链、价值链高端拓展，提高附加值。探索"产业链＋价值链＋物流链"的内陆加工贸易发展新模式
		两江	着力打造高端产业与高端要素集聚区，重点发展高端装备、电子核心部件、云计算、生物医药等新兴产业
		西永	着力打造加工贸易转型升级示范区，重点发展电子信息、智能装备等制造业及保税物流中转分拨等生产性服务业，优化加工贸易发展模式
6	四川	成都天府新区	重点发展现代服务业、高端制造业、高新技术、临空经济、口岸服务等产业，建设国家重要的现代高端产业集聚区、创新驱动发展引领区
		川南临港	重点发展装备制造、现代医药、食品饮料等先进制造和特色优势产业
7	陕西	全部	引导出口企业从生产型企业向生产服务型企业转变，推动金融、保险、物流、信息、研发设计等资本和技术密集型服务出口……通过自贸试验区高端产业集聚，促进西部地区优化现代服务业、先进制造业和战略性新兴产业布局
		中心片区	重点发展战略性新兴产业和高新技术产业，着力发展高端制造、航空物流、贸易金融等产业

序号	自贸试验区（港）	片区	有关内容表述
8	海南	—	以发展旅游业、现代服务业、高新技术产业为主导,科学安排海南岛产业布局……取消石油天然气勘探开发须通过与中国政府批准的具有对外合作专营权的油气公司签署产品分成合同方式进行的要求

注：＊指的是包括智能手机、平板电脑在内的各类便携式个人消费电子产品。

2019 年 8 月以后最新批复运作的 6 个省份的自贸试验区（见表 3），彼此间经济发展状况差异较大，既有处于产业转型升级阶段的东部沿海工业大省江苏、山东，也有东北老工业基地黑龙江，还有广西、云南等制造业产业基础薄弱的西部边境省份。

表 3 2019 年新批复 6 个自贸试验区及片区官方规划文件中
有关制造业部分内容表述

序号	自贸试验区	片区	有关内容表述
1	山东	济南	重点发展人工智能、产业金融、医疗康养、文化产业、信息技术等产业
		青岛	重点发展现代海洋、国际贸易、航运物流、现代金融、先进制造等产业……支持开展高水平中德合作办学设立智能制造技师学院
		烟台	重点发展高端装备制造、新材料、新一代信息技术、节能环保、生物医药和生产性服务业,打造海洋智能制造基地、国家科技成果和国际技术转移转化示范区
2	江苏	苏州	建设世界一流高科技产业园区,打造全方位开放高地、国际化创新高地、高端化产业高地……发展前瞻性先导性产业
		南京	建设具有国际影响力的自主创新先导区、现代产业示范区和对外开放合作重要平台……建设下一代互联网国家工程中心、建设国家集成电路设计服务产业创新平台
3	广西	南宁	大力发展新兴制造产业,打造面向东盟的金融开放门户核心区和国际陆海贸易新通道重要节点
		钦州	重点发展港航物流、国际贸易、绿色化工、新能源汽车关键零部件、电子信息、生物医药等产业

序号	自贸试验区	片区	有关内容表述
4	河北	正定	重点发展临空产业、生物医药、国际物流、高端装备制造等产业，建设航空产业开放发展集聚区、生物医药产业开放创新引领区
		曹妃甸	重点发展国际大宗商品贸易、港航服务、能源储配、高端装备制造等产业，建设东北亚临港经济创新示范区……支持建设国家进口高端装备再制造产业示范园区
5	云南	昆明	重点发展高端制造、航空物流、数字经济、总部经济等产业
		红河	重点发展加工及贸易、大健康服务、跨境旅游、跨境电商等产业，全力打造面向东盟的加工制造基地
6	黑龙江	哈尔滨	重点发展新一代信息技术、新材料、高端装备、生物医药等战略性新兴产业
		黑河	重点发展跨境能源资源综合加工利用、绿色食品、商贸物流等产业
		绥芬河	重点发展木材、粮食、清洁能源等进口加工业……建设商品进出口储运加工集散中心

总体而言，截至 2020 年最新 18 个自由贸易试验区（港）按照成立时间顺序体现出梯度开放、渐进扩展的态势。如果从各个自贸试验区规划定位中制造业相对重要性来看，则呈现两头小中间大的规律：沪深穗津等对外开放中心城市，有关制造业产业发展内容相对较少，而广西、云南等西部边境省份和海南工业基础薄弱，也不以本地制造业为自贸试验区（港）改革试验重点；对比之下，中西部人口和工农业生产大省河南、四川，东北西南老工业基地辽宁、重庆，以及东部经济大省江苏、山东，制造业及相关领域则是自贸试验区改革创新的核心内容。

（二）部分自贸试验区及片区代表性制造业产业集群

本部分列示出部分自贸试验区及片区中产业规模大、国内及全球产业地位高以及产业特色突出的代表性产业集群。

1. 上海自贸试验区：张江及金桥片区集成电路产业集群、上海临港高端制造业产业集群

（1）张江及金桥片区集成电路产业集群

位于上海浦东新区中环外的张江高科技园区设立于 1992 年 7 月，被誉

为中国硅谷。经过将近三十年的发展，成为全国最重要的高新技术产业聚集区，IT业界有"北有中关村、东有张江、南有（深圳）南山、中有光谷、西有（西安）高新区"的说法。临近张江高新的浦东金桥出口加工区，是以电子信息、乘用车总装为主的现代制造业园区。张江及金桥片区相邻区域形成了中国大陆地区集成电路产业发展历史最早、产值规模最大、技术水平最高、企业机构数量最多、产业业态最丰富完整（见表4）、国际化程度最高的产业集群。张江作为"中国芯"的代表，在全球集成电路产业体系中也占据一席之地。

表4 最新集成电路全产业链60个细分领域代表性国内企业

序号	细分领域	代表企业	涉及自贸试验区及片区
1	移动终端处理器	紫光展锐	上海浦东张江
2	计算机处理器	天津飞腾、上海兆芯	天津滨海、上海浦东张江
3	图形处理器	中科曙光	天津滨海
4	ASIC 特种芯片	启英泰伦	四川成都高新
6	FPGA	安路信息、复旦微电子	上海浦东张江
7	存储器	紫光集团	湖北武汉东湖、江苏南京江北
8	EDA 设计工具	天津蓝海微、九同方微、珂晶达	天津滨海、湖北武汉东湖、江苏苏州工业园
9	微控制单元	华大半导体	上海浦东张江
10	电源管理 IC	韦尔股份	上海浦东张江
11	半导体功率器件	天津中环股份、苏州固锝	天津滨海、江苏苏州工业园
12	IGBT 元件	天津中环股份	天津滨海
13	cmos 传感器	韦尔股份	上海浦东张江
14	射频芯片	紫光展锐、唯捷创芯	上海浦东张江
15	Wi-Fi 信号处理	上海乐鑫、澜起科技、瑞芯微	上海浦东张江、福建福州高新
16	蓝牙接收芯片	锐迪科、山景集成电路	上海浦东张江
18	LCD 显示驱动芯片	格科微	上海浦东张江
22	GPS 系统芯片	成都振芯科技	四川成都高新
24	智能电视芯片	海信信芯、晶晨半导体	上海浦东张江
25	机顶盒芯片	晶晨半导体、瑞芯微	上海浦东张江、福建福州高新
26	SOC	盈方微	上海浦东张江
27	无人机控制芯片	瑞芯微、联芯科技	上海浦东张江、福建福州高新
28	消费级机器人芯片	瑞芯微	福建福州高新

续表

序号	细分领域	代表企业	涉及自贸试验区及片区
29	VR 应用	瑞芯微	福建福州高新
30	智能音箱芯片	紫光展锐、瑞芯微	上海浦东张江
31	商用显示主控芯片	紫光展锐、瑞芯微	上海浦东张江、福建福州高新
32	5G 通信芯片	大唐微电子	上海浦东张江
33	光电转换芯片	光迅科技	湖北武汉东湖、江苏苏州工业园
34	光通信模块	光迅科技、中际旭创	湖北武汉东湖、江苏苏州工业园
35	激光元件	高德红外、华光光电、福晶科技	湖北武汉东湖、山东济南、福建福州高新
36	激光雷达接收芯片	中海达	广东广州南沙
37	毫米波雷达	华域汽车	上海浦东张江
38	单片微波集成电路	加特兰微电子	上海浦东张江
39	LED 驱动芯片	三安光电、华灿光电	福建厦门、湖北武汉东湖
40	半导体封装测试	苏州晶方半导体、矽品科技、日月光	江苏苏州工业园、上海浦东张江
41	晶圆代工	中芯国际、华虹宏力、华润上华	上海浦东张江、四川成都高新
42	芯片测试设备	上海微电子	上海浦东张江
44	电子特种气体	南大光电、上海至纯	江苏苏州工业园、上海浦东张江
47	化学机械抛光液	安集微电子	上海浦东张江
49	晶圆硅片	上海新昇、重庆超硅、天津中环、郑州合晶体	上海浦东临港、重庆两江、天津滨海、河南郑州
50	半导体蚀刻设备	中微半导体	上海浦东张江
51	半导体光刻设备	上海微电子	上海浦东张江
52	清洗设备	盛美半导体	上海浦东张江
55	电力载波芯片	东软载波	上海浦东张江
57	人像识别芯片	武汉虹识	湖北武汉东湖

资料来源：据券商研究报告整理，表中略去自贸试验区企业未涉及的其他领域。

上海张江地区的集成电路产业发展始于20世纪90年代初期，为了改变我国电子工业落后的现状，1995年12月，中国电子工业有史以来投资规模最大的国家投资项目——"909工程"确定。由央企华虹集团与外商跨国企

业合作，建立了中国大陆第一条大规模工业化集成电路生产线，从此开启了中国微电子工业发展新的历史阶段。2000年以后，来自台湾地区知名晶圆代工领域的创业团队与大陆国有资本合作创办了目前国内最大、全球行业领先的晶圆代工企业——中芯国际，填补了当时大陆产业空白，也带动了大陆晶圆代工产业兴起。在龙头企业引导下，张江园区迅速形成完善的产业链，并带动上海市内兄弟园区以及整个长三角地区集成电路产业发展。时至今日，中国集成电路产业形成高度集中于长三角地区、长三角集中于上海、上海集中于浦东的产业格局。

（2）上海临港高端制造业产业集群

作为传统工业城市，上海工业面临产业升级压力、用地紧张、环保要求严苛等问题，为了实现高端制造业区域集中发展，上海在2005年洋山深水港建设的同时在临近大陆海岸规划建设了上海临港产业区。目前，上海临港产业区累计实现超过千亿元的产业投资并创造千亿元以上工业产值。上海临港产业区是上海乃至全国高端制造业转型升级的样本工程，形成了以上海电气为代表的核电重型装备产业、以中国商用飞机C919总装项目为代表的民用航空产业、以三一重工为代表的重型工程装备产业、以特斯拉中国工厂为代表的新能源汽车产业、以上海积塔半导体12英寸晶圆项目和上海新晟12英寸大硅片项目为代表的集成电路制造产业。

2. 天津自贸试验区：天津机场保税区航空产业集群

天津作为一个传统轻重工业城市，长期以来在航空设备制造产业方面存在空白。2007年，空客A320天津总装线项目宣布落户天津，成为当时中国同欧盟最大的产业合作项目，天津成了世界第二大型民航客机企业欧洲宇航集团唯一的欧洲之外的生产基地。空客公司总装基地不仅改变了之前中国没有组装大型民航客机的历史，也带动了天津空港经济区乃至整个天津市的航空产业。

经过十多年的发展，天津空港保税区内航空产业从无到有，不断成熟完善。区域以龙头产业项目为依托，相继引进国内外60多个航空制造项目和200多个航空服务项目，初步形成涵盖民航大飞机总装、零部件生产研发、民航发动机维修、通用航空设备生产及其他配套产业的庞大航空产业集群。

航空产业已成为天津滨海新区制造业的重要支柱产业之一，根据 2018 年天津地方统计数据，航空设备相关制造业从业人员规模超过 11 万人，企业总体营业收入超过 800 亿元，间接带动其他关联产业产值突破千亿元。

3. 福建自贸试验区：福州高新区物联网产业集群

福建自贸试验区所在的福州高新区，是国家最早批复的高新产业园区之一，其中马尾片区在新兴科技产业——物联网产业发展方面领先全国。园区全力打造千亿规模的国家级物联网产业集群，先后设立了全国首家物联网开放实验室、全国物联网大会永久会址、物联网产业促进中心、物联网产业联盟等公共服务机构，并获批成为国家级物联网产业示范基地。截至 2019 年，片区内先后涌现 150 多家相关高新技术企业，覆盖条码识别设备、压力传感器、车载射频设备、数字传输应用服务等众多物联网下游领域，其中不乏众多细分领域行业冠军，参与主导多项行业标准研发制定。园区同时引入半导体晶圆制造等重大项目，向上游芯片等核心技术领域延伸。2019 年园区物联网产业相关企业实现产值超过 300 亿元，常年保持年均增速 20% 以上的高增长态势。

4. 辽宁自贸试验区：沈阳浑南新区精密装备制造产业集群

辽宁自贸试验区片区所在的沈阳浑南新区，前身为 20 世纪 90 年代设立的沈阳高新区，作为东北地区最大的高新技术产业重镇，该区域依托沈阳老工业基地雄厚的装备制造产业基础，瞄准信息化智能化发展方向，在传统制造业转型升级方面取得重大突破，产生了众多代表性高新技术企业。

其中以国内最早上市的机器人龙头企业——新松机器人自动化股份有限公司为核心，形成了配套完备的智能制造及自动化装备产业集群。区域内拥有国内唯一以集成电路行业专用装备为主要产业定位的沈阳 IC 装备产业园（也可能是全球独一），早于国内半导体产业大规模兴起的 2004 年就超前规划建设，经过十多年产业发展涌现出部分细分领域隐形冠军，为国内半导体产业装备国产化做出重要贡献①。沈阳也成为继上海、北京之后又一个半导

————————————

① 具体见后文中科创板相关上市公司。

体产业相关装备制造重地。

5. 河南自贸试验区：郑州经济技术开发区装备制造、电子信息产业集群

河南自贸试验区片区所在的郑州经济技术开发区，成立于20世纪90年代初期，并于2000年以后被批准升级为国家级经济技术开发区。郑州作为一个传统轻纺工业城市，科教资源相对缺乏，高新技术产业发展较为滞后。郑州经开区原有主导产业为汽车制造业，以宇通汽车为代表的商用汽车以及以东风日产和海马汽车为代表的乘用车企业，是中原地区最大的汽车产业基地。2015年汽车产业集群形成以后燃油汽车整车产能达100万辆，并开始向新能源汽车发力。现已形成以新能源整车为龙头，集车用锂电模组、动力总成系统、相关机电零部件于一体的新能源汽车产业链条。

汽车产业之外，经开区还以宇通重工、中铁隧道、郑煤机等行业龙头企业为引导，形成覆盖工程机械、矿山装备、配套机电设备等领域的重型装备制造产业集群。

位于郑州市郊县的郑州航空港产业区的富士康集团移动终端（美国苹果公司电子产品）产业园是中部地区乃至全国最大的出口企业，富士康电子产品代工产业链上游部分配套协作企业位于经开区自贸试验区范围，是园区电子信息产业代表。在富士康产业集群带动下，经开区开始引入以液晶显示面板为代表的一大批上游高端元器件制造项目，实现产业转型升级。

6. 四川自贸试验区：成都高新区电子信息产业集群

成都高新区是国家级高新技术产业开发区、国家自主创新示范区，是西部地区重要的高新技术产业高地。规划建设总面积达130平方公里，其中天府新区（南区）和双流机场片区属于自贸试验区范围。成都高新区电子信息产业依托当地雄厚的科教、人力和企业资源发展较早，在电子加工产业大规模向中西部转移之前，当地电子信息产业便已经初具规模。2003年，中国电子信息产业方兴未艾，国际处理器芯片巨头美国英特尔集团决定启动当时在华最大投资，在成都建设芯片终端封装测试工厂，经过多年发展已经成为全球最大的计算机处理器芯片封装测试基地。成都依托最佳中国内陆投资环境，借助西部大开发的重大机遇，广泛吸引电子信息行业各类外商投资企业，形成了涵盖晶圆制造、芯片设计、封装测试以及相关配套产业的完整的集成电路产业生态，成为上海、北京、深圳之后国内集成电路产业新的增长极。

7. 陕西自贸试验区：西安高新区高新技术产业集群

西安高新区是 1991 年被国务院批复设立的最早一批高新产业园区，成立将近三十年来，高新区凭借西安特殊的区位环境、丰富的科教资源和独有的航天军工基础产业优势，迅速成为中西部地区首屈一指的高新园区，与北京中关村、上海张江等并列为全国高新园区五强。西安高新区形成了以新一代信息技术和高端装备制造为主导，生物医药、节能环保、新材料和科技服务业多元支撑的发展格局，成为我国重要的高新技术产业发展基地。2020 年，西安高新区克服外部不利因素，全年经济总量突破两千亿元，并形成包括电子信息和高端装备制造两大万亿级龙头产业和若干千亿元规模重点产业的发展格局。特别值得关注的是，西安高新区不仅是军工航天通信产品研发生产重地，也是我国重要的集成电路等高端电子产品制造基地。2012 年，西安高新区引入全球半导体行业巨头——韩国三星电子（Nand—Flash）存储芯片制造项目，这一项目成为当时国内最大的外商制造业投资项目和微电子行业最大投资项目。韩国三星电子集团在一期项目取得成功的基础上表示要继续追加投资。西安高新区在跨国企业重大项目带动下，本土企业同步发展，形成了国内仅次于上海张江的完备的集成电路产业体系。

8. 江苏自贸试验区：苏州工业园区电子信息产业集群、连云港经济技术开发区医药产业集群

（1）苏州工业园区电子信息产业集群

江苏自贸试验区片区所在苏州工业园区位于苏州市城区东部，是中国和新加坡两国政府间的重要合作项目。作为中国改革开放之后同外国政府在产业园区建设方面最大的合作成果，园区经过将近三十年发展，成为国内首屈一指的对外开放产业高地。工业园区荣获 2018 年国家级经济技术开发区综合发展水平考核评价排名第一，被誉为"中国改革开放的重要窗口"和"国际合作的成功范例"。

工业园区行政区划面积达 278 平方公里，产业结构以制造业为主，并逐

步向高新技术服务业转型。2020 年，工业园区实现工业总产值超过 5000 亿元，进出口规模接近 1000 亿美元，在全国工业产值第一大市苏州和外贸大省江苏独占鳌头。工业园区制造业以外商投资企业为主导，二十多年以来园区制造业累计实际利用外资 323 亿美元，91 家世界 500 强企业在区内投资了 144 个项目（其中包含部分研发中心和地区总部），成为全国高端制造领域外商投资项目最为密集的区域。

工业园区制造业产业结构以电子信息及相关上下游配套产业为主，同时发展生物医药、智能装备制造和新材料等高新技术产业。其中电子信息制造业产业链条极为完备，工业园区连同周边苏州高新区、台商投资重地昆山市、苏州下辖其他县市，以及上海、无锡等地共同组成长三角电子信息制造产业集群，可以在方圆三十公里范围内实现笔记型电脑在内的主要电子产品全部零部件的采购供应。以沪宁线为代表的电子信息制造业集群，同珠三角深莞惠电子制造产业集群并称中国两大全球性产业集群，成为中国作为"世界工厂"的重要名片。IT 硬件产业界曾宣称："沪宁高速公路（苏沪段）堵车，全球市场电脑缺货。"

2010 年金融危机以后，传统消费电子产品代工产业逐步向中西部地区转移，工业园区电子信息制造产业开始多元化发展和产业转型升级。工业园区不仅电子信息产业规模巨大，产业业态也更为多样全面，以欧美日跨国公司为主导，以广大台商外贸加工企业为主体，本土民营制造企业蓬勃成长，形成了覆盖上游电子制造原材料及相关装备、中游电子元器件（包括集成电路芯片成品）、最下游各类终端产品的完善的产业链条。工业园区制造业企业还充分利用园区雄厚的科技教育资源（超过三十多所国内外知名大学附属研究机构），全面提升制造业技术水平，并向前沿技术领域进行投资。园区完备的创业孵化设施和丰富的科技创新资本，也带动大批科技创业型中小制造企业迅速成长，为园区产业发展注入新生力量。

（2）连云港经济技术开发区医药产业集群

连云港开发区坐落在欧亚大陆桥的最东端，是中原淮海地区最主要的出海口和贸易口岸，在制造业产业发展上却走出了一条有别于传统临港工业的特色发展之路。连云港开发区集聚规模以上的各类医药研发制造企业十多家，以及医药行业关联配套企业 130 多家，2012 年以来医药工业总产值复合增长率达 18.4%，高于江苏和全国行业整体水平，成为异军突起的行业黑马并成为地方经济支柱产业。

该市医药产业涌现出全国性医药创新巨头，恒瑞医药、豪森药业、康源药业、正大天晴制药等上市龙头企业，在医药研发方面投入力度巨大，产生了一大批优秀研发成果，一定程度上扭转了我国医药行业重营销轻研发的形象。国内医药业界普遍有着"中国医药创新看江苏，江苏医药创新看连云港"的认知，连云港已成为全国最大的对美制剂出口基地和全国最重要的本土医药企业科技研发基地。其中恒瑞医药作为国内研发投入最高的仿制药创新药龙头，也是 A 股市场市值最大的医药企业，被投资者赞誉为"中国药神"。

9. 山东自贸试验区：济南高新区电子信息产业集群、青岛西海岸新区先进制造产业集群

（1）济南高新区电子信息产业集群

山东自贸试验区片区所在的济南高新区是 1991 年经国务院批准设立的首批国家级高新区，经过三十年发展建成面积超过 100 平方公里。其中位于济南市区东部的高新区电子信息产业聚集区，是传统产业大省山东重要的电子信息等新兴产业高地。区域内拥有国家信息通信国际创新园、齐鲁软件园、国家超算济南中心、浪潮高性能计算中心等一批在国内具有一定影响力的初具规模的专业园区和科技研发设施。

在产业培育引入方面，2020 年最新数据显示园区范围内生产总值超过 1000 亿元，企业数量超过 4 万家，经过高新技术企业认证的超过 600 家，共有 100 家企业在新三板市场挂牌，数量位居山东省前列。高新区电子信息产业在通信技术设备、芯片设计、大数据应用、智能机器人和工业软件等方面取得突出成就，涌现出众多细分行业的隐形冠军。

（2）青岛西海岸新区先进制造产业集群

中国（山东）自由贸易试验区青岛片区位于青岛胶州湾西海岸，包括

青岛经济技术开发区、青岛国际经济合作区等四个功能区，是青岛市最重要的出口加工产业基地。其中青岛经济技术开发区于 20 世纪 80 年代初设立，是全国最早的开发区，累计吸引外资超过 200 亿美元，世界 500 强投资项目超百个，综合实力长期位居全国十强。经济技术开发区以海洋经济为特色，着重传统产业信息化智能化升级，在家电、海洋化工材料、专用汽车和海洋工程装备等领域在全国乃至世界市场中占有一席之地。

位于西海岸新区的青岛中德生态园是两国最大的产业合作项目之一，园区自 2013 年 7 月启动建设以来，累计引入来自欧洲数十个高端智能制造项目，形成了完善的产业体系。园区被世界经济论坛（WEF 达沃斯）誉为全球制造业领域最先进的九大"灯塔工厂"之一，成为全国几千园区中唯一获此殊荣的园区。园区 2018 年末入选中央媒体评选的"改革开放 40 年最具开放活力园区"。

（三）自贸试验区制造业现状总结

综合以上内容分析，可以看出各省市的自贸试验区片区大多由原有各类高新技术产业园区升级而来，在制造业发展方面都是各地层次最高端、技术最先进、资本最密集、业务最国际化的产业代表。最直接反映这一特点的是，自贸试验区在集成电路产业——被誉为制造业"皇冠上的明珠"方面，在全国行业中占有极高的比重。表 5 为截至 2019 年底①中国大陆地区已建成及在建 12 英寸集成电路晶圆制造厂分布情况，表中统计的 26 座工厂中有超过半数位于自贸试验区片区内。此外，全国建成及新建的半导体平板显示、锂离子动力电池、半导体照明和新能源应用装备等诸多领域单体投资巨大的高端产业项目，在自贸试验区内分布也较为集中。从这层意义上论述，自贸试验区制造业可以成为全国制造业转型升级的示范和样板。

---

① 2020 年以后截至本课题写作时点，受国内外疫情对产业链冲击以及国内产业政策调整影响，其间国内并没有新增集成电路晶圆制造投资大型项目。

表 5　截至 2019 年底中国大陆地区 12 英寸集成电路晶圆制造厂分布

序号	公司	分布城市	建设地址（仅与自贸试验区及片区相关）	总投资额	规划产能（万片/月）	下游芯片产品种类
1	中芯北方集成电路制造（北京）有限公司	北京	—	—	5	65－28 纳米绝缘层金属栅极晶体管
2	中芯国际集成电路制造（上海）有限公司	上海	上海自贸试验区浦东张江片区	102 亿美元	7	14－10 纳米 FinFET 晶体管和 28－14 纳米金属氧化物半导体
3	中芯国际集成电路制造（深圳）有限公司	深圳	—	106 亿元	0.5	90－40 纳米金属氧化物半导体
4	上海华虹宏力半导体制造有限公司	无锡	—	100 亿美元	4	90－55/65 纳米特色工艺
5	上海华力微电子有限公司	上海	上海自贸试验区浦东张江片区	606 亿元	7.5	55－28 纳米以及 28－14 纳米金属氧化物半导体
6	清华紫光集团	南京	江苏自贸试验区南京江北新区片区	300 亿美元	10	DRAM 存储芯片以及 NAND 闪存芯片
7	清华紫光集团	成都	四川自贸试验区成都高新区片区	300 亿美元	10	DRAM 存储芯片以及 NAND 闪存芯片
8	武汉新芯集成电路制造有限公司	武汉	湖北自贸试验区武汉片区东湖高新区	—	6.7	Nor 闪存芯片
9	长江存储科技有限责任公司	武汉	湖北自贸试验区武汉片区东湖高新区	240 亿美元	12	20－14 纳米工艺 3D-NAND 存储芯片
10	福建省晋华集成电路有限公司	泉州晋江	—	370 亿元	6	32－20 纳米工艺 DRAM 存储芯片
11	合肥长鑫集成电路有限责任公司	合肥	—	72 亿美元	12.5	19 纳米工艺 DRAM 存储芯片
12	合肥晶合集成电路有限公司	合肥	—	128 亿元	6	65 纳米 LCD 显示面板驱动芯片
13	联芯集成电路制造（厦门）有限公司	厦门	—	62 亿美元	5	40－28 纳米金属氧化物半导体
14	台积电（南京）有限公司	南京	江苏自贸试验区南京江北新区片区	70 亿美元	12	16 纳米 FinFET 晶体管

续表

序号	公司	分布城市	建设地址（仅与自贸试验区及片区相关）	总投资额	规划产能（万片/月）	下游芯片产品种类
15	三星半导体（西安）有限公司一期工厂	西安	陕西自贸试验区西安高新片区	100亿美元	10	20-10纳米NAND闪存芯片
16	三星半导体（西安）有限公司二期工厂	西安	陕西自贸试验区西安高新片区	70亿美元	10	20-10纳米NAND闪存芯片
17	美国格罗方德公司	成都	四川自贸试验区成都高新片区	不详	8	22纳米FD-SOI结构半导体
18	SK海力士半导体（无锡）有限公司	无锡	—	不详	10	45-25纳米工艺DRAM存储芯片
19	重庆万国半导体科技有限公司	重庆	重庆自贸试验区两江片区北碚高新园区	10亿美元	7	各种型号半导体功率器件
20	广州粤芯半导体技术有限公司	广州	—	70亿元	3	0.18-0.13纳米金属氧化物半导体
21	上海积塔半导体有限公司	上海	上海自贸试验区浦东临港新片区	359亿元	6	65纳米12英寸BCD工艺功率器件半导体
22	江苏时代芯存半导体有限公司	淮安	—	130亿元	1	相变存储器
23	杭州士兰微电子股份有限公司	厦门	—	170亿元	8	90-65纳米特色工艺先进化合物半导体
24	英特尔中国公司	大连	辽宁自贸试验区大连片区大连保税出口加工区	不详	12	60-40纳米NAND闪存芯片
25	芯恩（青岛）集成电路有限公司	青岛	山东自贸试验区青岛西海岸片区	150亿元	12	逻辑芯片联合代工
26	矽力杰半导体技术有限公司	青岛		180亿元	4	模拟信号芯片

资料来源：IC行业资讯网站——电子工程专辑EET China。

二 自贸试验区改革创新与制造业发展关系

制造业不仅是自贸试验区体量庞大、业态多样的一个庞大产业部门集合，对自贸试验区经济发展和体制改革也有着非同寻常的意义。自贸试验区制造业为所在省份特别是中西部省份贡献了相当比重的外贸进出口，成为所在地区承接高新技术制造业转移的首选载体，为地方经济增长带来新动能。自贸试验区制造业对区域政策改革创新提出新的高层次需求，同时提供了丰富的改革创新标的对象与业务标的素材。从国家层面自主创新角度出发，各大自贸试验区内本土科技型制造企业也是科技创新特别是硬件技术创新的主力军。

（一）自贸试验区制造业是进出口贸易主要来源

自贸试验区顾名思义首先是外贸进出口活动高度集中的功能区域。根据商务部每年定期发布的全国外贸进口企业 200 强分布来看，2019 年前 50 名中位于自贸试验区（上海、天津、广东除外）及相关片区的名单如表 6 所示。

表 6 2019 年中国进口企业 200 强前 50 名中与自贸试验区相关名单

全国排名	企业全称	进口规模（亿元）	所在自贸试验区	备注
3	英特尔产品（成都）有限公司	1265.4	四川	西部第一
5	鸿富锦精密电子（郑州）有限公司	1138.7	河南*	中部第一
7	三星电子（苏州）半导体有限公司	942.1	江苏	江苏省内第一
23	全球物流（重庆）有限公司	443.4	重庆	
27	三星半导体（中国）有限公司	410.0	陕西	西北第一
41	鸿富锦精密电子（成都）有限公司	346.3	四川	
43	镁光半导体（西安）有限公司	338.1	陕西	
47	力成半导体（西安）有限公司	301.9	陕西	

* 自贸试验区片区未覆盖其完整产业群。

资料来源：商务部下属外贸促进会年度公报。

自贸区蓝皮书

从出口分布来看，除去两省一市之外的自贸试验区片区，共有16家企业上榜2019年中国出口企业200强前50名中与自贸试验区相关名单，在地域分布上除了苏州和大连外都位于中西部地区，主要是郑州、重庆、成都、西安和武汉五市。从上述企业行业特征来看，都是沿海消费电子及通信终端产品制造产业链向中西部地区转移形成的中西部电子信息产业集群，上榜企业都是外商投资跨国电子企业巨头及其配套供应链企业，其中以台湾电子代工企业为主（见表7）。

表7　2019年中国出口企业200强前50名中与自贸试验区相关名单

全国排名	企业全称	出口规模（亿元）	所在自贸试验区	备注
1	鸿富锦精密电子(郑州)有限公司	2199.2	河南	
5	鸿富锦精密电子(成都)有限公司	1008.1	四川	西南地区第一、西部第一
9	英特尔产品(成都)有限公司	790.1	四川	
8	名硕电脑(苏州)有限公司	859.1	江苏	江苏省内第一
10	达丰(重庆)电脑有限公司	743.9	重庆	
12	镁光半导体(西安)有限公司	684.2	陕西	西北地区第一
18	英业达(重庆)有限公司	500.0	重庆	
24	英特尔半导体(大连)有限公司	348.2	辽宁	东北地区第一
25	戴尔电脑(成都)有限公司	340.5	四川	
29	西安海邦物流有限公司	267.5	陕西	三星半导体配套企业
31	三星(中国)半导体有限公司	361.9	陕西	
32	重庆翊宝智慧电子装置有限公司	358.9	重庆	
34	联想移动通信贸易(武汉)有限公司	250.2	湖北	湖北省内第一
37	旭硕科技(重庆)有限公司	241.2	重庆	
40	鸿富锦精密电子(烟台)有限公司	229.3	山东	山东省内第一
49	纬创资通(重庆)有限公司	203.6	重庆	

东中西部作为一般性经济地理空间的自贸试验区，没有像天津滨海、上海浦东、深圳前海等作为区域性国际商务中心或者供应链枢纽的地位，若想发展外向型经济扩大外贸进出口规模，首先必须引入大规模出口加工型制造业集群，只有通过制造业发展才能带动外贸规模的提升，进而衍生更多的外贸行业周边业态。

（二）自贸试验区制造业承载着所在区域经济增长新动能

各地方政府在规划本地经济发展过程中，都在反复强调"新旧动能转换"，但对新动能定义各有不同。根据国家统计局和工信部公布的制造业产业部门规模以上企业主营业务收入增长情况，在产值规模较大制造业行业中，增长速度表现最突出的分别是汽车制造业以及计算机、通信和其他电子设备制造业（下文简称为"电子信息产业"）（见表8）。但汽车制造业以国内市场需求为主出口占比较低，2018年以后传统燃油汽车产业面临市场饱和的问题。汽车制造业市场竞争加剧，政策企业数量不断减少，产能分布格局基本固定不会出现大规模产业迁徙，行业收入增长主要来源于产能扩张而非新建生产基地，所以无法承载区域经济产业增长新动能。而电子信息产业不仅产业营收规模巨大，也是我国进出口规模最大的工业部门，较少固定资产投入，作为轻资产人工密集型制造业适合进行跨区域产业转移。

表8   2013～2018年中国主要制造业行业营收占比及增长情况

行业	2018年总营收（亿元）	全国占比（%）	2013年总营收（亿元）	全国占比（%）	占比变动值（百分点）
纺织业	27863	2.65	36161	3.48	-0.83
石油加工、炼焦和核燃料加工业	47911	4.57	40680	3.92	0.65
化学原料和化学制品制造业	72066	6.87	76330	7.35	-0.48
黑色金属冶炼和压延加工业	67256	6.41	76317	7.35	-0.94
有色金属冶炼和压延加工业	52215	4.98	46536	4.48	0.49

145

续表

行业	2018 年总营收 （亿元）	全国占比 （%）	2013 年总营收 （亿元）	全国占比 （%）	占比变动值 （百分点）
通用设备制造业	38309	3.65	42789	4.12	-0.47
汽车制造业	83373	7.94	60540	5.83	2.12
电气机械及器材制造业	64643	6.16	61018	5.87	0.28
计算机、通信和其他电子设备制造业	107685	10.26	77226	7.44	2.83
医药制造业	24265	2.31	20593	1.98	0.33
全行业	1049491	100.00	1038649	100.00	—

资料来源：《中国统计年鉴》（2014 年、2019 年）。

从更为直观具体的统计指标——2013～2018 年主要工业产品产量复合增速进行分析，可以看出以集成电路为代表的电子信息产业上游产品产量增速最快，非消费性传统重化工业增速普遍低迷（见表9）。

表9　2013～2018 年中国若干种主要工业品产量及增速对比

产品类型	2018 年	2013 年	5 年年化复合增速（%）
发电量（亿度）	71117.73	53975.86	5.67
纱布（万吨）	2958.94	3200.00	-1.55
汽油（万吨）	13887.72	9833.30	7.15
乙烯（万吨）	1840.97	1622.60	2.56
化纤（万吨）	5011.09	4121.94	3.98
水泥（亿吨）	22.08	24.16	-1.78
钢材（亿吨）	11.06	10.68	0.70
电解铝（万吨）	3580.19	2206.00	10.17
十种有色金属（万吨）	5702.68	4054.92	7.06
金属切削机床（万台）	48.86	72.30	-7.54
汽车（万辆）	2781.90	2211.72	4.69
移动电话机（亿部）	17.98	14.56	4.31
微型计算机（亿部）	3.07	3.37	-1.85
集成电路（亿块）	1739.47	866.54	14.95
显示器（万台）	16627.09	13257.00	4.63

资料来源：《中国统计年鉴》（2014 年、2019 年）。

传统重化工业制造业部门和以电子信息制造为代表的新兴产业，影响了过去若干年中国制造业的总体产业格局，后者也成为扭转区域经济发展态势的重要推手。长期以来受区位条件和产业基础影响，我国经济总体呈现沿海领先内地的趋势，东西差距是我国经济区域不平衡的主要表现。南部沿海经济要总体优于北部沿海，但南北差异并不明显。2009年以后为了应对全球金融危机我国经济从依靠外贸出口向内需转型，同期区域经济发展态势出现了显著的分化，最开始中西部地区依托基础设施建设、城镇化特别是沿海制造业产业转移强势崛起，东部沿海地区稳步发展速度相对较低。但2014年以后全国经济增长进入新常态，以传统重化工业为主的东北和北方沿海地区经济发展出现长期低迷甚至部分地区出现经济衰退，特别是东北地区经济塌陷成为热点话题。从2019年区域经济发展水平对比看①，北方地区省份经济水平总体排名靠后，2010～2019年人均GDP排名出现下滑的省份集中于东北和华北两个大区。即使是北方沿海经济大省山东，经济总量和人均GDP也出现一定程度的下滑。反观人均GDP提升较快的省份主要位于南方内陆、中部以及西北地区，而人均GDP排名最靠前的长三角、珠三角发达省份排名基本稳定。具体到2019年以前开始自贸试验区改革试验的9个省份的工业部门发展状况（见表10），可以看出北方沿海地区制造业普遍出现衰退，以浙江为代表的长三角制造业基本停滞不前，陕西、重庆、河南、四川②这些紧紧抓住制造业特别是电子信息产业转移机遇的中西部省份增长较快。

表10　2013～2018年自贸试验区涉及若干省份规模以上工业总产值增长对比

单位：亿元，%

省份	2018年	2013年	5年年化复合增速
天　津	18107	27011	－7.69
辽　宁	27821	52150	－11.81
浙　江	71465	61765	2.96

① 数据来自北京塞冬，https://www.sohu.com/a/375836304_669860。

② 虽然四川全省工业产值增速不高，但是新兴制造业部门集中的成都市同期规模以上工业总产值增速接近6%，显著高于全省及全国同期水平。

续表

省份	2018 年	2013 年	5 年年化复合增速
福　建	51889	32847	9.58
河　南	59455	47459	4.61
湖　北	43272	37865	2.71
重　庆	20053	15417	5.40
四　川	41247	35252	3.19
陕　西	23477	17763	5.74
全　国	1049491	1038649	0.21

资料来源:《中国统计年鉴》(2014 年、2019 年)。

结合前文对制造业细分行业产值增速的对比,可以看出以电子信息产业、医药制造业等为代表的新兴高技术制造业,不同于传统重化工业,对能源资源和港口运输条件没有过高要求,但高度依赖优越的国际化营商环境和临空基础设施。因此在新兴制造业发展方面,北方沿海地区(包括长三角部分地区)区位优势被极大削弱,中西部中心城市部分园区(自贸试验区片区及其他高新区等)相对优势则极大彰显。在新一轮全国产业发展进程中,部分中西部省份抢抓机遇,利用自贸试验区等作为适宜的空间载体,积极承接新动能产业,加快了区域产业升级进程。

(三)自贸试验区制造业是制度改革创新的重要辐射对象

自贸试验区改革创新本质是对现有制度层面和政府主管部门操作环节部分不合理不适当的内容进行调整修改,学习引进国内外先进经验做法,以改善自贸试验区内企业经营外部环境,激发各类市场主体活力和创业创新热情,进而通过上层建筑的反作用解放生产力释放制度红利,并将成功经验进行更大范围的复制推广。自贸试验区改革创新面向的是各行各业市场主体,但是对制造业部门而言重要性格外突出。

首先,我国制造业部门发展面临较大的困难和发展瓶颈,正如前文中体现的问题,2014 年以后全国制造业部门总体面临较低的增长速度,企业经营状况没有明显改观。2019 年全国规模以上工业企业实现利润总额同比下降3.3%，其中制造业下降幅度更大。制造业企业部门天然带有资本投入密集特征，对经营成本和盈利状况敏感性较高。相较其他轻资产的部门企业，制造业包括自贸试验区内的制造企业更加需要有关部门积极作为进行"三去一降一补"工作，通过切实有效的改革措施配合国家层面各项优惠政策，充分降低制造业企业各项运营成本，有效防控业务风险。

其次，具体到微观主体业务经营内容层面，相比其他现代服务业部门，制造业企业经营活动带有多样性和复杂性①，制造业企业由于广泛的产业分工，外部接触面广，因此日常往来的政府监督管理部门也最为多样全面。自贸试验区改革创新现存最大的问题之一就是改革创新主要由基层各个部门各自为战独立完成，改革措施呈现碎片化，系统集成度不足。从服务制造业企业特别是外向型或外商投资制造业企业出发，应全面统筹调动海关、税务、市场监管、质检、人事、司法等各个之前原本独立的部门，从而为总体性、全局性改革创新创造一个重大突破口。

最后，针对现阶段我国制造业科技创新和产业转型升级的现实需求，对自贸试验区内制造业进行以服务产业升级为主题内容的改革创新有着特殊意义。虽然目前各地政府都在积极推行制造业产业转型升级，大力发展战略性高新技术产业，但高新技术产业具有较高的技术门槛和极强的专业性，绝大部分地区政府部门对相关行业缺少充分认识。以2018年以后全国范围内兴起的集成电路产业投资热潮为例，很多地区无视本地高新技术产业基础薄弱的现实，盲目引入部分实力不足的外来投资企业上马巨额投资项目，最终导致项目烂尾甚至引发套取政府补贴乃至圈地骗贷等负面事件。相比之下，各大自贸试验区特别是原有高新园区主管部门，对集成电路制造等先进制造业有着较为深入全面的认识、丰富的项目操作服务经验，对项目方背景信息和产业发展前景的分析识别判断能力更强。同时自

---

① 事实上，除金融业外，绝大部分生产性服务业可以被视为顺应社会化分工趋势，从大型工业集团职能部门中分离而来的，如工业企业销售部门分离出贸易企业、运输供应链部门分离出物流企业、后勤服务部门分离出物业安保企业、研发部门分离出科技服务企业等。

贸试验区总体营商环境透明开放，社会媒体对重大投资项目关注度较高，在自贸试验区范围内扶持先进制造业重大项目，可以有效规避上述潜在问题出现。

（四）自贸试验区制造业是自主创新实施主体

各大自贸试验区不仅是对外开放高地，也是自主创新的重要实践区域。以上海浦东为代表的众多自贸试验区改革创新工作都积极与自主创新试验区建设联动进行，即所谓"双自联动"机制。

1. 基础研发创新

从国家层面规划的国家科技重大专项内容及相关科技创新主体来看（见表11），各大国家级科研项目在自贸试验区片区内都有分布，集中于制造业龙头企业。这说明自贸试验区制造业不仅在产业应用层面创新成果丰硕，在基础科研领域也是重要生力军。

表11 13个国家科技重大专项与科技创新主体名单

序号	国家科技重大专项名称	相关科技创新主体
1	核心电子器件、高端通用芯片及基础软件产品专项	上海张江科技园区集成电路产业链及相关企业、西安高新区华芯存储芯片项目、武汉东湖高新区长江存储项目
2	超大规模集成电路制造装备与成套工艺专项	上海浦东中微半导体设备公司、上海微电子装备有限公司、上海临港新区上海新昇半导体科技有限公司、沈阳自贸区浑南新区IC装备产业集群
3	新一代宽带无线移动通信网专项	西安高新区、成都高新区和武汉东湖高新区的华为、中兴通讯等国内外通信设备巨头研发机构
4	高档数控机床与基础制造装备专项	武汉东湖高新区华中数控有限公司、沈阳自贸区浑南新区机器人产业基地
5	大型油气田及煤层气开发专项	天津滨海新区保税区、山东自贸试验区青岛和烟台片区大型海洋工程装备产业集群
6	大型先进压水堆及高温气冷堆核电站专项	上海临港新区上海电气集团先进核电主设备制造基地、中国一重天津滨海制造基地

续表

序号	国家科技重大专项名称	相关科技创新主体
7	水体污染控制与治理专项	上海张江科技园区、成都高新区、武汉东湖高新区等环保科技产业集群
8	转基因生物新品种培育专项	—
9	重大新药创制专项	上海张江科技园区医药研发产业基地、江苏自贸试验区连云港片区医药产业龙头企业
10	艾滋病和病毒性肝炎等重大传染病防治专项	—
11	大型飞机专项	上海临港新区国产大飞机 C919 总装项目
12	高分辨率对地观测系统专项	武汉东湖高新区地理信息产业集群、西安高新区航空航天相关科研机构
13	载人航天与探月工程专项	西安高新区航空航天相关科研机构

资料来源：科技主管部门官网。

2. 科技创新型制造企业

2019 年 6 月，上海证券交易所在国家主管部门推动支持下开始运作科创板证券市场，该板块市场瞄准国内科技创新重点领域细分行业龙头企业，在运行不到一年的时间内已经有超过 130 家企业上市。与 2009 年推出的创业板以及中小企业股转公司新三板市场不同，科创板上市企业突出特点体现在硬科技上。所谓硬科技是指需要长期研发投入、持续积累才能形成的原创技术，具有极高技术门槛和技术壁垒，难以被复制和模仿。硬科技包括人工智能、航空航天、生物技术、光电芯片、新一代信息技术、新材料、新能源、智能制造八大方向。先进制造业是硬科技的重中之重，科创板上市企业涉及领域主要是国内制造业和其他高新技术产业产业升级和技术创新不可规避的主要上游环节，力求实现薄弱领域环节（也就是所说的"卡脖子"环节）突破和赶超。以上海证交所科创板股票代码 688389 以内的前 100 家上市公司为例，分布于全国各大自贸试验区和片区的上市公司及其所从事领域如表 12 所示。

表12　前100家科创板上市公司中分布于自贸试验区及片区名录

上市公司代码	企业全称	主营产品	注册地址所在自贸试验区及片区
688001	苏州华兴源创科技股份有限公司	（IC）—LCD、柔性 OLED、半导体、新能源汽车电子等行业工业自动测试设备与整线系统解决方案	江苏自贸试验区苏州工业园区片区
688002	烟台睿创微纳技术有限公司	（IC）—非制冷红外成像与 MEMS 传感技术开发	山东自贸试验区烟台开发区片区
688008	澜起科技股份有限公司	（IC）—内存接口芯片集成电路设计	上海自贸试验区浦东张江片区
688010	福建福光股份有限公司	全光谱精密镜头智能制造	福建自贸试验区福州高新技术产业开发区片区
688011	哈尔滨新光光电科技股份有限公司	光机电一体化产品、光学仪器、光学材料、光学镜头、光学监控设备等	黑龙江自贸试验区哈尔滨松北新区片区
688012	中微半导体设备（上海）股份有限公司	（IC）—微电子制造领域等离子体刻蚀设备和化学薄膜设备	上海自贸试验区浦东张江片区
688016	上海微创心脉医疗科技股份有限公司	主动脉、外周血管介入治疗医疗器械	上海自贸试验区浦东张江片区
688018	乐鑫信息科技（上海）股份有限公司	（IC）—物联网应用 WiFi 芯片、蓝牙芯片	上海自贸试验区浦东张江片区
688019	安集微电子科技（上海）股份有限公司	（IC）—集成电路领域化学机械抛光液和光刻胶去除剂	上海自贸试验区浦东金桥片区
688022	苏州瀚川智能科技股份有限公司	智能制造装备整体解决方案	江苏自贸试验区苏州工业园区片区
688029	南微医学科技股份有限公司	微创医疗器械研发、制造和销售	江苏自贸试验区南京江北新区片区
688037	沈阳芯源微电子设备股份有限公司	（IC）—涂胶机、显影机、喷胶机、去胶机、湿法刻蚀机、单片清洗机、擦片机半导体生产设备	辽宁自贸试验区沈阳浑南新区片区
688081	武汉兴图新科电子股份有限公司	音视频综合业务网络应用平台研究开发、应用设计、综合集成	湖北自贸试验区武汉东湖高新区片区

续表

上市公司代码	企业全称	主营产品	注册地址所在自贸试验区及片区
688085	上海三友医疗器械股份有限公司	骨科内植入医疗器械	上海自贸试验区浦东张江片区
688089	武汉嘉必优生物技术股份有限公司	多不饱和脂肪酸 ARA、藻油 DHA 及 SA、天然 β–胡萝卜素	湖北自贸试验区武汉东湖高新区片区
688099	晶晨半导体（上海）股份有限公司	（IC）—高清多媒体处理引擎、系统 IP 和业界领先的 CPU 和 GPU 技术，为付费电视运营商、OEM 和 ODM 厂商提供产品解决方案	上海自贸试验区浦东张江片区
688108	赛诺医疗科学技术股份有限公司	高端心脑血管介入医疗器械研发、生产、销售	天津自贸试验区滨海新区片区
688118	普元信息技术股份有限公司	SOA、大数据、云计算三大领域的软件基础平台及解决方案	上海自贸试验区浦东张江片区
688123	聚辰半导体股份有限公司	（IC）—EEPROM、音圈马达驱动芯片和智能卡芯片集成电路产品的研发设计、应用解决方案和技术支持服务	上海自贸试验区浦东张江片区
688139	青岛海尔生物医疗股份有限公司	生物医疗低温存储设备的研发、生产和销售	山东自贸试验区青岛西海岸片区
688166	博瑞生物医药（苏州）股份有限公司	肿瘤的靶向治疗和免疫治疗领域以及脂肪肝和糖尿病治疗领域原创性新药和高端仿制药	江苏自贸试验区苏州工业园区片区
688202	上海美迪西生物医药股份有限公司	艾滋病药物、抗癌药增敏剂、基因工程疫苗及生物医药中间体的研发，转让自有技术成果	上海自贸试验区浦东张江片区
688218	江苏北人机器人系统股份有限公司	工业机器人自动化、智能化的系统集成整体解决方案的提供商。主要涉及柔性自动化、智能化的工作站及生产线的研发、设计、生产、装配及销售	江苏自贸试验区苏州工业园区片区

上市公司代码	企业全称	主营产品	注册地址所在自贸试验区及片区
688222	成都先导药物开发股份有限公司	定制DNA编码化合物库、合作(转让)新药研究项目	四川自贸试验区成都高新片区
688278	厦门特宝生物工程股份有限公司	重组蛋白质及其长效修饰药物研发、生产及销售	福建自贸试验区厦门海沧片区
688333	西安铂力特增材技术股份有限公司	增材制造设备、修复产品、耗材、零件、软件的技术研发、生产及销售	陕西自贸试验区西安高新片区
688357	洛阳建龙微纳新材料股份有限公司	吸附类分子筛产品研发、生产、销售、技术服务	河南自贸试验区洛阳片区
688363	华熙生物科技股份有限公司	玻璃酸钠原料药和玻璃酸钠药用辅料	山东自贸试验区济南高新片区
688368	上海晶丰明源半导体股份有限公司	(IC)—LED照明驱动芯片、电机驱动芯片的研发与销售	上海自贸试验区浦东张江片区

资料来源：东方财富网新股申购频道。

从公司数量上看，前100家上市公司中，总部分布于各个自贸试验区片区范围内的共有29家，占比接近三成。与之对比，2019年上半年12个自贸试验区片区外贸进出口总额占全国同期的12%左右，实际利用外资占全国同期14%左右，即使加上2019年下半年开始运作的6个自贸试验区的两项数据，比重也不会有很大提高。自贸试验区在优秀硬科技高新企业方面数据占比甚至超过自贸试验区传统贸易投资部门数据占比。

其中上海自贸试验区浦东地区张江片区最集中，连同金桥和临港新片区，总计11家上市公司；其次为江苏自贸试验区苏州工业园区，总计4家。剩余上市公司分布较为分散，整体覆盖11个自贸试验区及片区。值得注意的是，前100家公司中位于自贸试验区外的71家公司，主要分布于北京、杭州两个没有进行自贸试验区改革的一线、新一线城市以及自贸试验区片区与科技产业集中区分离的深圳。同时，北京、杭州等科创板上市公司产业结构以软件信息服务等非硬件制造为主，相应的，自贸试验区内科创板上市公司在硬件制造领域的优势更为突出，这也恰恰是国家自主创新政策和制造业产业升级政策重点关注的前沿方向。

三　自贸试验区制造业发展趋势预测

自贸试验区制造业不仅是所在地方先进制造业发展的成功典范，也在很大程度上引领全国范围先进制造业的发展方向。结合各自贸试验区及片区制造业基础现状及发展动态，未来若干年自贸试验区制造业发展将呈现以下特征。

（一）区域制造业产业分工协作体系进一步深化

历史经验表明，自贸试验区乃至全国的外向型加工制造产业正深深根植于全球制造业产业链分工体系，自贸试验区制造业部门和企业充分利用中国制造的强大优势，在全球产业分工体系中占据一席之地。在新一轮全球产业竞争中，中国制造业产业链齐全完整的优势依然凸显，在自贸试验区内代表制造业集群中表现尤为突出。一方面，自贸试验区汇集了制造业产业链上下游的龙头企业，对整体产业链形成辐射带动效应，并联动周边区域产业集群共同成长壮大[①]。另一方面，各大自贸试验区及片区在多个高端制造产业链条上形成了交错互补、协同发展的格局[②]。相比大部分自贸试验区的进出口贸易企业主要面对周边区域市场，制造业产业部门进行跨区域产业分工合作是一种常态，也是自贸试验区之间及其同周边地区协同发展的示范领域。

（二）特色金融创新模式助力制造业产业专项升级

现阶段国家金融主管部门反复强调金融部门需要脱虚就实，紧密服务包

---

① 如上海临港新片区特斯拉新能源汽车总装项目，上游本土配套零部件厂商主要集中于周边长三角地区汽车零部件产业带。

② 中西部自贸试验区片区在电子加工产业链上形成了完善的闭合回路，即西安高新和武汉光谷供应存储芯片，成都高新和武汉光谷提供平板显示面板，成都高新提供处理器芯片封装测试，郑州高新和重庆西永微电园分别完成移动终端和笔记型计算机产品组装。

括制造业在内的实体经济。自贸试验区作为全国金融资源最为富集、金融政策最为优惠、金融生态环境最为良好的特殊区域，结合区域内雄厚的制造业产业基础及其衍生出的多样化金融服务需求，是探索金融产品模式创新与制造业产业升级有机结合的绝佳典范。其中自贸试验区内制造业企业业态具有多样性，对金融服务需求也不尽相同，相应的区域内高度成熟的金融业态也可以提供有针对性的创新金融产品服务。例如，对于以外贸出口为主的加工制造企业，银行部门提供全方位的供应链金融解决方案，有效提升企业资金运转效率；对于同时承接海外重大工程项目的上游装备制造企业，出口信贷机构和相关保险业机构可以提供境外融资必备的风险保障措施。特别值得一提的是，以天津滨海、深圳前海为代表的自贸试验区内二线金融中心，在融资租赁和私募股权基金方面已形成气候，而这两种金融业态与实业企业特别是制造业企业存在与生俱来的紧密关联。融资租赁企业可以帮助设备制造企业扩大产品销售规模特别是海外市场销售规模，而私募股权基金充分抓住自贸试验区内（科技创新型）制造企业新一轮上市热潮，助力制造企业在资本层面深度扩张，引导更多社会资本进入先进制造领域。

（三）先进制造同高科技服务业有机融合

各大自贸试验区特别是几个重点高新产业园区的高端制造业产业集群，产业发展除了呈现高技术、大型化和国际化特征外，产业形态多样化、复杂化和系统化特征明显。先进制造业众多产业部门，其生产经营活动与高科技服务业存在错综复杂的内在关联和现实业务层面的深度交汇。很多高技术服务业和生产性服务业本身就是从制造业生产过程中某个链条剥离分化出来的，后者为前者提供服务客户和业务来源，而前者依靠自身丰富的经验和专业性以及独有的行业资质，为后者提供低成本高效率的专业服务。

以前文重点介绍的各个自贸试验区内集成电路制造行业为例，其既是集成电路晶圆制造和芯片封装测试的下游客户，同时是各类电子信息机电产品的上游供应商，无晶圆集成电路设计企业也是各大自贸试验区电子信息产业集群的重要成员。浦东张江、苏州工业园区、南京、成都和西安等地的集成电路设计行业，充分依托集成电路制造业产业链提供的必要外部产业基础设施支撑①，最大限度地发挥了这一产业分工模式带来的巨大便利性和产业红利。目前我国集成电路各大产业部门中，芯片设计细分领域发展势头最为迅猛，2018 年国内本土芯片设计企业销售总额达到 2576.96 亿元，2009 年以来全行业销售收入平均增长速度超过 20%，远远高于集成电路制造业各部门以及其他电子信息终端制造业产业增速。城市的集成电路设计行业产值规模同集成电路制造业产业以及其他电子信息终端制造业产值规模呈现显著的正相关性，但是由于芯片设计企业不同于制造企业不需要大规模产品进出口流转，所以企业选址分布范围与自贸试验区片区范围并不完全等同（见表 13）。

表 13　2018 年前 11 月主要城市集成电路设计行业总收入

城　市	行业企业总收入 （亿元）	企业分布同自贸试验区 范围相关性
北京市	51.45	无
上海市	289.71	高度重合
天津市	100.14	部分重合
重庆市	82.29	不详
宁波市	8.79	不详
厦门市	50.82	不重叠
青岛市	12.59	部分重合
深圳市	32.35	不重叠
南京市	44.00	高度重合
武汉市	9.68	高度重合
广州市	56.47	不重叠
成都市	57.97	高度重合
西安市	76.15	高度重合
表列城市总计	872.41	—
全国同期	1832.84	—

注：表中全国同期行业企业总收入与上文中本土芯片设计企业同期销售收入不等同。

资料来源：工信部官网统计报告——2018 年 1～11 月副省级城市软件和信息技术服务业主要经济指标完成情况表。

----

① 芯片设计企业或者部门虽然业务模式类似于软件服务外包企业，但设计完成的最终成果需要在晶圆制造厂进行"流片"，即试生产出同类晶圆并组装成芯片样品，对最终产品性能质量进行验证。

除了芯片设计这一具有代表性的制造业衍生高技术服务业外，自贸试验区内其他技术服务业，如全球供应链物流服务、产品质量检测认证、工业行业软件设计研发、医药研发外包服务、工业设备安装维修、员工技术培训服务、航空器材维修等都是依托本地庞大的现代制造业产业集群发展而来的。高端制造业与生产性服务业存在显著的共生关系，两大行业企业之间的业务分工合作互补，在业务流程、最终产品和人员技术层面深度融合，加速了各类先进工业技术的应用推广，提高了制造业企业运作的专业化水平，为制造业产品创新和产业升级提供了一条全新的便捷路径和一种灵活模式。

（四）行业中介组织将在先进制造业发展中发挥更大作用

自贸试验区内制造业具有产业链条复杂、技术密集和专业门槛高的特点，上述特征导致政府监管部门在开展具体监管活动以及提供公共服务方面显得力不从心，这就需要利用行业中介组织等外部专业力量协助。从产业体系内部发展来看，高新技术制造业发展需要上下游各环节企业协作联动，靠个别企业单打独斗难以取得成功，除了需要龙头企业辐射带动外，专业化的行业自治组织及其他非营利性专业服务机构需要在其中起到组织引导作用。自贸试验区开放的国际化产业环境，使得区内从业主体更容易接受吸纳境外高新技术产业园区产业集群发展的成功经验，深度与行业中介组织进行互动对接。相关机构组织在领导区域内外相关企业在尖端前沿技术领域开展联合研究攻关、制定新兴产品技术标准、知识产权纠纷调解和利益保护、培育孵化创业企业项目、专业人才培育引进以及中外产业界经验交流等专业领域可发挥不可替代作用。特别是中介组织作为一个整体，可以代表业内广大从业主体，向政策主管部门传达来自制造业业界一线诉求和意愿，有效解决监管部门同行业企业之间的信息不对称难题，确保政策制定实行更为精准有效。

（五）配套人居环境不断优化，满足制造业发展需要

不论作为一个整体的自贸试验区还是其中的制造业产业集群，都不

是一个孤立的地理空间单元，而是所在城市的重要组成元素。产业发展必然带来人口汇集，对教育医疗等民生设施产生不断增长的需求。特别是自贸试验区存在数量庞大的境外就业人口及家属，对国际化的人居环境需求尤为强烈。在以上海浦东和广州南沙为代表的外商制造业企业集中区域，政府先后引入多家面向跨国外企管理人员子女的国际教育机构；很多自贸试验区出口加工企业以台资企业为主，也引入台商子弟学校。自贸试验区内制造业企业作为高端制造业代表，虽然总体收入水平高于同行业平均水平，但是制造业资本有机构成属性导致基层一线员工收入水平相比自贸试验区所在的国内一、二线城市社会平均工资有一定幅度的落差，基层劳动者在应对包括住房在内的高昂生活成本方面存在压力。自贸试验区及所在产业园区主管机构会着力通过公共租赁住房建设等形式，进一步解决外来务工人员居住成本高昂问题，提升产业发展的人才吸引力。

参考文献

［1］陈维禄：《"保税＋"产业助推内陆开放高地建设之浅析》，《企业科技与发展》2019 年第 9 期。

［2］东童童、邓世成、晏琪：《优化提升营商环境　全力推进制造业高质量发展——上海浦东新区打造实体经济发展高地》，《中国经贸导刊》2019 年第 7 期。

［3］甘春开：《张江高科技园区产学研合作模式：国际比较、进展和政策》，《上海市经济管理干部学院学报》2019 年第 4 期。

［4］耿立佳、赵秀玲、杨啸、朱虹、何勇、周磊：《上海临港在产城融合中的政策供给》，《特区经济》2019 年第 11 期。

［5］胡毓娟、应辰、周俐辉、滕玉祥：《张江双自联动实现融合发展的重点任务与实施路径》，《上海企业》2017 年第 10 期。

［6］胡云华：《浦东经济发展 30 年：演进、成效及再出发》，《科学发展》2020 年第 2 期。

［7］李世杰、赵婷茹：《自贸试验区促进产业结构升级了吗？——基于中国（上海）自贸试验区的实证分析》，《中央财经大学学报》2019 年第 8 期。

[8] 欧阳秋珍、张敏:《中国产业转移的空间特征、制约因素与大国区间雁阵模式构架》,《现代商贸工业》2020 年第 5 期。

[9] 朱晶、卓鸿俊、张志宏、史弘琳:《北京与上海集成电路产业比较分析及对北京集成电路产业发展的建议》,《中国集成电路》2020 年第 Z4 期。

中外合作篇

Sino-foreign Cooperation Reports

B.7

中国与非洲自贸区建设

周瑾艳*

摘　要：　中非自贸区建设既是中国对国际秩序转型的回应，也契合了中国国内经济转型升级和非洲经济发展阶段的需要，是中非共同推动经济全球化的重要支点。与中非经济合作的飞速发展相比，中非自贸区建设相对滞后。涵盖非洲54国12亿人口的非洲大陆自贸区的成立为中非自贸区建设带来了新的机遇和挑战。中国应平衡中国与非洲主权国家的双边自贸区建设及中国与非洲多边自贸区建设的关系，助力非洲经济一体化，与非洲共同捍卫多边贸易体制。

关键词：　非洲大陆自贸区　中非自贸区　中非合作论坛

---

* 周瑾艳，法学博士，中国社会科学院西亚非洲研究所（中国非洲研究院）助理研究员，主要研究领域为非洲发展问题、欧非关系、中国与西方对非洲的发展援助比较和三方合作。

受新冠肺炎疫情的影响，全球经济增长乏力，国际贸易形势紧张，全球价值链和产业链收缩，非洲经济面临的挑战更为严峻。中美贸易摩擦、欧美将中国视为制度性对手的现实也要求中国去寻找开拓新的贸易伙伴和经济增长点，积极推动中非自贸区建设符合中国和非洲的共同利益。中非自贸区建设有助于推动非洲国家更好搭乘中国发展快车、更好融入国际合作体系。在"一带一路"倡议和中非合作论坛机制的框架下，中非坚持平等互利的原则，发展中非友好合作。中非在产业结构和资源条件方面具有较强互补性，中国是非洲第一大贸易伙伴国。非洲设施联通进一步促进贸易便利化。非洲国家十分重视发挥贸易对经济增长和可持续发展的推动作用。

一 中非贸易的基本情况和主要举措

非盟《2063年议程》的发展目标之一是，到2045年，将非洲内部贸易占非洲贸易的比重提高到50%，将全非贸易占全球贸易的比重提高到12%。《非洲大陆自由贸易协定》为中非贸易合作提供了新的机遇和挑战，中国在努力扩大进口的同时，积极推动非洲国家对中国扩大出口，助力非洲分享中国发展的红利。

（一）中非贸易的基本情况

经历了初创期（1950～1976年）和调整期（1976～1999年），中非经贸关系在21世纪初进入快速发展期。20世纪90年代，中非经贸发展渐成势头，中国领导人多次访问非洲，援助非洲改革，石油居中国从非洲进口商品的首位，1995年中非贸易额同比增长了48.4%（见表1）。中非贸易在过去十多年中稳步增长，但横向比较中国与其他主要经济体数千亿美元的贸易额，中非贸易额绝对值处于相对低位，甚至在2016年一度下行。2000～2008年，中非贸易增长迅速，进出口贸易总额由181.3亿美元增加到1052.1亿美元。受全球金融危机的影响，中非贸易额在2009年下跌至893.5亿美元，但随后恢复增长趋势。2019年中非贸易额达到2087亿美元，是2000年的

11.5 倍，2009 年以来中国连续 12 年保持非洲第一大贸易伙伴地位。2014 年以来，中国对非出口保持基本稳定，但国际石油和大宗商品价格下跌严重影响了非洲对中国出口额。2018 年中非贸易额为 1850 亿美元，高于 2017 年的 1550 亿美元。

2019 年，中非贸易持续增长，南非、安哥拉、尼日利亚、埃及、阿尔及利亚连续 7 年成为中非贸易中中国前五大贸易伙伴。中国对非投资稳步增长，中国前五大非洲投资目的国是赞比亚、尼日利亚、安哥拉、肯尼亚和刚果（金），中国对非投资前五大行业是建筑业、制造业、租赁和商务服务业、采矿业及批发零售业。中非经贸合作的重点领域承包工程开始转型升级，一般建筑、交通运输和电力工程成为中国在非承包工程前三大行业。同时，中非合作的部分承包工程项目开始转型升级，投建营一体化、公私合营等成为实施基础设施项目合作的新模式。

表 1 1990~1999 年中非贸易额

单位：亿美元

年份	中非贸易额	非洲向中国出口	中国向非洲出口
1990	9.35	2.75	6.60
1994	26.43	8.94	17.49
1995	39.21	14.27	24.94
1996	40.31	14.64	25.67
1997	56.71	24.64	32.07
1998	55.36	14.77	40.59
1999	64.84	23.75	41.08

资料来源：李安山等《中非合作与可持续发展》，http://www.wwfchina.org/content/press/publication/chinaafrica2.pdf；《中国对外经济贸易年鉴·1991》，中国社会出版社，1991，第 305 页；《中国对外经济贸易年鉴·1995/96》，中国社会出版社，1995，第 389、410 页；《中国对外经济贸易年鉴·1996/97》，中国经济出版社、经济导报社，1996，第 554、579 页；《中国对外经济贸易年鉴·1997/98》，中国经济出版社、经济导报社，1997，第 363、391 页；《中国对外经济贸易年鉴·1998/99》，中国经济出版社、经济导报社，1998，第 372、405 页；《中国对外经济贸易年鉴·1999/2000》，中国对外经济贸易出版社，1999，第 398、432 页；《中国对外经济贸易年鉴·2000》，中国对外经济贸易出版社，2000，第 459、492 页。

中非经贸关系面临的主要问题是中非贸易结构不平衡和非洲的贸易逆差问题。首先，中非贸易结构需要优化改善。由于非洲在全球产业链中处于低端位置，非洲对华贸易以初级产品出口为主。因此，中国期望通过中非合作论坛机制推动非洲的经济结构转型，进而提高非洲出口产品的附加值。目前，我国对非出口总额的 56% 为机电产品、高新技术产品，但同时中国自非洲的非资源类产品进口也显著增加，2018 年我国从非洲的进口总额同比增长 32%（见图 1），其中农产品增长了 22%。其次，中非贸易面临非洲对华贸易长期赤字的风险，可能造成非洲债务负担。非洲各国中，只有五个国家实现对华贸易顺差，这有非洲自身经济发展阶段和中非贸易结构的原因，但长期来看不利于中非经贸可持续发展，也为西方炒作中国造成非洲"债务陷阱"制造了空间。

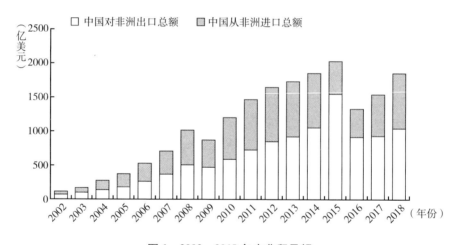

图 1　2002～2018 年中非贸易额

资料来源：约翰霍普金斯大学高等国际问题研究院中非研究院倡议数据库。

新冠肺炎疫情期间，全球贸易下滑，中非贸易也受到一定影响。据中国海关总署发布的数据，2020 年 1 月至 4 月，中国与非洲地区货物贸易进出口总额达到 3853.6 亿元，同比下跌 16.22%，在中国进出口总额中的占比为 4.25%。中非贸易额在 2020 年上半年下降的主要原因如下。其一，在中国即将控制住新冠肺炎疫情之际，非洲新冠肺炎疫情大规模发生，不得不采取"锁国锁城"等措施，整个非洲大陆的机场和边境多处于关闭状态，中非贸易受到拖累。其二，尽管中非合作一直助力非洲经济结构转型和中非贸易多元化，但石油、铜和铁等自然资源出口在现阶段仍主导大部分非洲国家的对外贸易关系。新冠病毒导致大宗商品价格跌至历史低点，而且中国自身受疫情影响需求放缓，这一影响进而传导至依赖中国市场的非洲国家。但疫情为中非跨境电商带来新的机遇，在 2020 年的广交会上，埃及、南非等国参与广交会线上推介活动，共有 100 多名非洲采购商和企业家参与线上互动。2020 浙江出口网上交易会启动，中国与非洲多国客商在线上展开合作洽谈。受疫情影响，2020 年前 10 个月和前 11 个月中非贸易额分别同比下降 12.17% 和 10.6%，但降幅逐渐缩小，中国连续 12 年成为非洲最大贸易伙伴国。

（二）中非合作论坛机制下中国对非经贸举措

2000 年建立的中非合作论坛至今已成功运行 20 年，成为推动和引领中非贸易合作前进的重要机制，中非贸易合作一直是中非合作的基石。2016 年中非合作论坛约翰内斯堡峰会提出"十大计划"，其中包括中非贸易和投资便利化合作计划。2018 年中非合作论坛北京峰会提出"八大行动"，与中非贸易合作相关的举措包括产业促进行动、设施联通行动、贸易便利行动等。与西方国家相比，中国与非洲的合作秉持真实亲诚理念和正确义利观，注重帮助非洲培育内生增长动能，着重推动"一带一路"倡议与非洲各个国家的发展战略、非盟 2063 年议程以及联合国 2030 年可持续发展议程的对接。

在中非贸易便利行动中，中国将扩大进口非洲商品特别是非资源类产品，支持非洲国家参加中国国际进口博览会，免除非洲最不发达国家参展费用；继续加强海关及市场监管方面交流合作，实施 50 个非洲贸易畅通项目；定期举办中非品牌面对面活动；推动中非电子商务合作，建立电子商务合作机制；等等。

中非贸易便利行动与中非产业促进行动互相助力。扩大非洲非资源类产品对中国的出口要求中国帮助非洲推动农业现代化和工业化，实现非洲国家

经济转型发展，最终帮助非洲国家通过提高自主发展能力摆脱贫困。联合国 2030 年可持续发展议程提出促进具有包容性的可持续工业化。非盟 2063 年议程明确提出非洲制造业和农业发展的目标和方向，包括到 2063 年非洲制造业产值占 GDP 的比重达到 50% 以上，吸纳新增劳动力达到 50% 以上；农业转型为现代化和高利润率产业，食品和农业在非洲内部的贸易量占总贸易量的比重提高到 50%，减少粮食进口，消除饥饿，实现粮食安全。中非产业促进行动提出设立中国 – 非洲经贸博览会。2019 年 6 月，第一届中国 – 非洲经贸博览会在湖南长沙举办，搭建了中非经贸合作的新平台。中国鼓励企业扩大对非投资，在非洲新建和升级已有的经贸合作区。

非洲大陆目前的互联网用户约为 4.65 亿，预计 2025 年将达到 4.95 亿。根据数据统计网站 Statista 的预测，非洲电子商务市场的收入 2024 年可能增加到 346.62 亿美元，平均年增长率将达到 17.1%。世界电子贸易平台（eWTP）是阿里巴巴集团为全球中小企业提供的电子商务交易数字化基础设施，其率先在卢旺达落地。2019 年，中国通过 eWTP 平台从卢旺达进口的总成交额同比增长 124%，通过平台对卢旺达出口的总成交额同比增长近 80%。2019 年底，东非大国埃塞俄比亚也选择加入 eWTP，希望通过发展电子贸易基础设施来分享数字经济的红利，实现经济繁荣。

目前，非洲电子商务发展势头最快的国家是尼日利亚、肯尼亚和南非。非洲 40% 的电子商务企业将总部设在尼日利亚，肯尼亚的移动支付交易环境则更为发达，而南非拥有较大的跨境电商潜力。新冠肺炎疫情全球大流行以来，中国率先管控住疫情，复工复产，加快经济复苏，为非洲经济复苏注入了动力。2020 年第一季度，由中国企业家创立的非洲电商平台 Kilimall 的订单量翻了近一番。目前 Kilimall 电商平台已覆盖尼日利亚、乌干达、肯尼亚等非洲国家，用户超过 1000 万。通过跨境电商，优质的非洲商品，例如埃塞俄比亚的咖啡、塞内加尔的花生等通过电商进入中国市场，一方面提升了中国民众的消费品质，另一方面为非洲的农户提供了市场、资金和就业机会。2020 年 6 月，联合国副秘书长兼非洲经济委员会执行秘书薇拉·松圭亲自"直播带货"，3000 包卢旺达咖啡瞬间被中国网民在电商平台抢购一空。

（三）中非自贸区建设的现状

目前，非洲主权国家所达成的双边贸易协定数量极为有限。截至目前，仅有摩洛哥与美国、毛里求斯与中国先后达成了双边贸易协定。整体上，全球主要发达经济体对非自贸区的建设较为滞后。在多边层面，非洲大陆与域外经济体之间生效的制度性贸易安排已达 20 余个。科特迪瓦、南非、喀麦隆先后与欧盟建立了自贸区，埃及、突尼斯、摩洛哥与欧洲自由贸易联盟也达成了贸易协定，南部非洲发展共同体、南部非洲关税同盟分别与欧盟和欧洲自由贸易联盟签订了自贸协定。

在中非双边层面，2019 年 10 月 17 日，中国与毛里求斯签署了《中华人民共和国政府和毛里求斯共和国政府自由贸易协定》，这是中国与非洲国家的第一个双边自贸协定，中非贸易领域由此取得制度性突破。2021 年 1 月，中毛自贸协定正式生效。在非洲区域层面，非洲经济一体化日益深化，非洲大陆争取以同一个声音在国际舞台发声，但中国尚未形成与非洲区域和次区域经济体的自由贸易协定。与中非经济合作的突飞猛进相比，中非自贸区建设相对滞后。

非洲希望进一步加强与中国的贸易合作，提高非洲在中国对外贸易中的地位。南非国际问题研究所的研究报告《非洲在中非合作论坛上需要娴熟的谈判》指出，中非贸易额只占中国国际贸易总额的一小部分，与中国的邻国相比，非洲大陆在中国整体全球布局中的战略地位仍然有限。

二 非洲大陆自由贸易区的基本情况

自非洲国家在 20 世纪 60 年代相继独立以来，区域一体化和自主独立发展一直是非洲大陆孜孜以求的奋斗目标。非洲联盟为非洲大陆设计的发展蓝图和总体规划《2063 年议程》旨在于 2063 年之前将非洲建设成充分一体化、充分联通的富强大陆，强调一体化发展是确保非洲实现包容性增长和可持续发展目标的重要基础之一。作为《2063 年议程》的旗舰工程，非洲大

陆自贸区旨在通过全面和互利的贸易协定促进非洲成员国之间的内部贸易，其中包括商品和服务贸易、投资、知识产权和竞争政策。

截至 2021 年 1 月，非洲联盟中已有 54 个成员国签署《非洲大陆自由贸易协定》，其中 34 个国家的立法机构已批准该协定。《非洲大陆自由贸易协定》原计划于 2020 年 7 月 1 日正式实施，受疫情等因素影响推迟。2021 年 1 月 1 日，《非洲大陆自由贸易协定》正式实施。非洲大陆自由贸易区涵盖 54 国 12 亿人口，有望促成地区生产总值合计 25 万亿美元的大市场，成为全球面积最大的自贸区。

（一）非洲大陆自贸区的发展历程

非洲经济一体化的进程可大致划分为三个阶段。20 世纪 60~80 年代是非洲经济一体化的初步探索阶段。独立初期的非洲国家面临的首要任务是谋求政治稳定和推动国内经济发展，但非洲国家纷纷开始致力于推动区域经济一体化进程，成立了一系列次区域经济合作组织。20 世纪 90 年代，非洲国家进一步谋求联合自强和自主发展，加快步伐推动非洲大陆的总体复兴和非洲区域层面的经济一体化进程。1994 年 5 月实施的《阿布贾条约》为非洲经济一体化制定了渐进式的路线图：首先建立 8 个次区域经济共同体作为非洲经济一体化的支柱，其次在次区域经济一体化的基础上推动非洲区域层面的经济一体化，最终各个次区域经济共同体合并成非洲经济共同体。21 世纪以来，非盟大力推动非洲经济一体化进程，非洲大陆自贸区建设成为非盟《2063 年议程》的旗舰项目。

2015 年 6 月，非洲联盟国家元首和政府首脑启动了非洲大陆自由贸易区谈判。2017 年底，谈判升级，最终起草协定。2018 年 3 月初，自贸区谈判论坛举行第十次会议，讨论未决事项，并完成法律清理工作，为签署《非洲大陆自由贸易协定》奠定基础。未决事项包括商定争端解决机制和确定货物议定书的若干附件。2018 年 3 月 21 日，非盟在卢旺达首都基加利举行特别峰会，协定在峰会上获得通过，并有 44 个非洲国家签署了该协定。根据协定条款，需要 22 个国家批准，《非洲大陆自由贸易协定》才能生效。

2019 年 5 月，非盟宣布《非洲大陆自由贸易协定》正式生效。2019 年 7 月 7 日，第十二届非盟特别峰会在尼日尔首都尼亚美召开，非洲大陆自由贸易区正式宣布成立。当时共有 54 个成员国签署了《非洲大陆自由贸易协定》，其中有 27 个国家批准了该协定（至 2020 年 2 月，批准该协定的国家增加到 34 个）。

非洲国家近年来经济增长迅速，但非洲的区域内贸易水平处于全球最低水平，非洲大多数国家与非洲区域外的国家进行贸易。非洲在全球贸易市场中以原材料交换制成品，在全球贸易中所占比重微小。大宗商品价格波动对依赖资源出口的非洲国家构成挑战，同时非洲自然资源增值有限，过度依赖出口，极易受到外部冲击。非洲国家充分认识到贸易对非洲经济发展的重要性，非洲大陆自由贸易区的建立不仅鼓励非洲内部贸易，促进非洲贸易的内循环，而且力图提升非洲在与世界其他地区和国家开展贸易时的地位。

（二）《非洲大陆自由贸易协定》的内容

《非洲大陆自由贸易协定》为非洲大陆自贸区的成立提供了法律框架（见表 2）。该协定共分为两个阶段完成，第一阶段主要涉及货物贸易、服务贸易和争端解决机制等，第二阶段主要涉及竞争政策、知识产权等。第一阶段各个缔约方达成的协定包括三个部分，分别是《货物贸易议定书》、《服务贸易议定书》和《关于争端解决的规则和程序议定书》。

第一，《货物贸易议定书》（*Protocol on Trade in Goods*）。《货物贸易议定书》的总体目标是为非洲货物贸易建立一个自由化的市场。在最惠国待遇和国民待遇原则的基础上，该议定书规定对于一些有特殊情况的国家给予特殊和差别待遇（条款 6）。在贸易自由化方面，该议定书将通过逐步取消关税、消除非关税壁垒的方式来促进非洲大陆内部的贸易。该议定书规定了各缔约国需要制定出一份关税减让表来逐步取消各缔约国的关税（条款 8），并全面取消进出口限制（条款 9）。在货物贸易便利化方面，将通过加强海关合作和采取便利化措施来提高贸易过境效率（条款 14 ~ 16）。在国际合作

表 2　《非洲大陆自由贸易协定》内容

协定名称	阶段	类别	具体内容
《非洲大陆自由贸易协定》	第一阶段	货物贸易协定	• 取消关税和进口的数量限制 • 进口产品受到的待遇不应低于国内产品 • 消除非关税壁垒 • 海关当局的合作 • 贸易便利和过境贸易 • 贸易救济、对新生工业的保护和一般例外 • 产品标准和条例方面的合作 • 技术援助、能力建设与合作
		服务贸易协定	• 服务条例的透明度 • 相互承认服务提供者的标准、许可和证书 • 服务部门逐步自由化 • 在自由化部门,国外服务提供者应受到与国内供应商同等的待遇 • 关于一般和安全例外情况的规定
		争端解决机制	争端解决机构由缔约国的代表组成,设主席一名,由缔约国选举产生
	第二阶段	—	• 知识产权 • 投资 • 竞争政策

资料来源:笔者根据《非洲大陆自由贸易协定》相关条款整理。

方面,缔约国将在卫生和动植物检疫方面加强合作（条款22）。此外,该议定书支持各缔约国通过设立经济特区和制定特殊规章制度来加速本国发展（条款23）,同意缔约国对本国具有战略地位的新兴工业采取一系列保护措施,但这些措施必须遵循非歧视待遇原则且应有具体的实施期间（条款24）。为了加强技术援助和能力建设,该议定书指出各缔约国之间应当进行多方合作（条款29）。

第二,《服务贸易议定书》（*Protocol on Trade in Service*）。《服务贸易议定书》意识到各国之间的经济发展不平衡,特别是一些最不发达国家、内陆国、岛国和经济市场脆弱的国家。在信息公开方面,该议定书规定各个缔约国应在议定书生效前公布与其有关或会对其产生影响的措施,还应公布与缔约国签署的相关的或能够影响服务贸易的国际或区域性协定，同时应将这些通知秘书处。各缔约国每年应向秘书处通报其更新的能够对服务贸易产生重大影响的法律法规或行政规章等（条款5）。在商业竞争方面，该议定书对各缔约国的垄断行为进行了限制（条款11）。在市场准入方面，该议定书要求缔约国遵循最惠国待遇的原则，即每一缔约国均应给予任何其他缔约国不低于其提供的最大优惠（条款19）。此外，该议定书还特别提到建立一体化的非洲空运市场，这将对促进非洲内部贸易和快速建立非洲大陆自由贸易区具有重大作用。在服务贸易自由化方面，该议定书规定了各缔约国应当制定具体承诺表（条款22），每份承诺表都应包含市场准入条件、国民待遇条款、与附加承诺有关的其他承诺以及执行这些承诺的时限和生效日期。

第三，《关于争端解决的规则和程序议定书》（*Protocol on Rules and Procedures on the Settlement of Disputes*）。该争端解决议定书是根据《非洲大陆自由贸易协定》第20条而设立的，确保争端在该协定的框架下得到公平有效的解决。因此，该议定书提出设立争端解决机构及其秘书处，主席由各个缔约国选举产生，同时在机构内设有常设上诉机构。该议定书还规定了一系列争端解决方式，包括磋商、斡旋、和解和调解等。在不能通过协商方式解决问题的情况下，争端方可通过书面形式请求争端解决机构（SDB）设立特别小组。小组将通过协商、评估和调查等一系列方式来协助争端解决机构。

第二阶段协定谈判的内容涉及竞争政策、知识产权等方面。在竞争政策方面，由于非洲绝大多数国家是发展中国家，本土的工商业在市场竞争中处于劣势地位，因此协定将致力于通过解决一系列问题来提升各个国家的市场竞争力。例如，通过设立本土消费者保护组织和竞争协调机构来处理市场垄断问题；收集各个缔约国之间存在的相互矛盾的竞争法信息，以便更好地统一规则；在《非洲大陆自由贸易协定》的框架下制定一个统一的竞争机制，并在这个机制下形成一致的竞争法规则。在知识产权方面，目前非洲的知识产权管理体系十分破碎，各个国家或区域的知识产权管理制度各不相同。为此，第二阶段关于知识产权协定的谈判将从范围、对象、程序等方面入手，

制定一个统一的非洲大陆知识产权议定书。

非洲大陆自贸区建设涉及全球最为庞大也最为复杂的贸易协定。非洲各国政府商定了四方面的基本原则，取得了历史性的成就：①公平贸易；②关于工业化的合作；③基础设施投资和贸易便利化的合作；④合作、民主、治理、和平与安全。

非洲大陆自贸区的具体影响包括：对非洲国家之间贸易的大量货物免收关税，非洲企业、贸易商和消费者将从中受益；通过自贸区机制设法消除受制于非关税壁垒的贸易商的负担，包括过于烦琐的海关手续或过多的文书工作；海关当局之间就产品标准和条例以及贸易过境和便利化开展合作，促进非洲各国之间货物的便利流通；通过逐步实现服务自由化，服务提供者将能够以不低于非洲各国国内供应商的条件进入非洲国家市场；互相承认服务提供者的标准、许可和证书，使个人和企业更易于达到在对方市场经营的监管要求；非洲国家之间的贸易便利化将推动区域价值链的建立，从非洲不同国家采购商品，对外出口之前增加价值；为防止意外的贸易激增，缔约国将诉诸贸易补救措施，以确保必要时国内产业能得到保护；争端解决机制为解决缔约国之间在适用协定时可能出现的任何争端提供了基于规则的途径；"第二阶段"谈判将提供更有利的环境，推动承认非洲知识产权、促进非洲内部投资和应对反竞争挑战。

（三）非洲自贸区带来的机遇

非洲大陆自贸区的建立在非洲经济一体化进程中具有分水岭意义。其一，非洲大陆自贸区的建立表明非洲对多边主义和全球化的支持和认同。非洲经济一体化和非洲大陆自贸区是非洲倡导的全球化方案。在逆全球化、单边主义暗流涌动之际，非洲大陆自贸区的建立显示了非洲国家继续支持和参与全球化的意愿和能力。其二，在全球经济动荡下行之时，非洲各国求同存异，塑造共识，通过非洲大陆自贸区试图在外部环境困难的情况下自主探索和决定自己的发展道路，凸显了非洲强烈的自主发展意识。

具体的，非洲大陆自贸区的建立给非洲发展带来了如下机遇。

第一，《非洲大陆自由贸易协定》将推动非洲工业品的出口。这有利于实现非洲贸易多样化，鼓励非洲资源国家摆脱传统石油和矿物等采掘商品为主导的出口模式，转向更加平衡和可持续的出口模式。2012~2014年，非洲国家对非洲大陆以外的出口中75%以上是采掘商品，而同期非洲内部贸易中不到40%是采掘商品。非洲向世界其他地区出口的基本上是未加工的初级商品，而与之形成鲜明对照的是，非洲内部贸易的2/3是工业产品。因此，非洲自由贸易区可以大大推动非洲的工业化和经济多样化。

第二，非洲大陆自贸区推动非洲经济多样化，有助于非洲资源出口国摆脱对单一经济的依赖。石油和矿物等产品的巨大风险在于其价格波动性，许多非洲国家的财政和经济命运依赖资源产品价格的变化。利用《非洲大陆自由贸易协定》从依赖采掘业出口向多元经济转型，将有助于确保更可持续和包容性的贸易，减少对初级商品价格波动的依赖。

第三，《非洲大陆自由贸易协定》还将为非洲日益增多的青年人口创造更多的就业机会。与非洲贸易目前所依赖的采掘业出口相比，制造业和农业的劳动密集程度较高，后者将从《非洲大陆自由贸易协定》中获益最多。通过促进更多的劳动密集型产品的贸易，非洲大陆自由贸易区将为非洲人口创造更多的就业机会。世界银行的最新报告表明，非洲大陆自由贸易区为非洲各国推动经济增长、摆脱贫困和扩大经济包容性提供了重要机遇。《非洲大陆自由贸易协定》的全面实施将使非洲地区的收入增加7%，即4500亿美元，妇女工资增长加速，到2035年将帮助3000万人摆脱极端贫困。

第四，《非洲大陆自由贸易协定》将推动非洲中小企业的出口。非洲地区的企业80%为中小型企业，它们是非洲经济增长的关键。非洲中小企业通常难以打入更先进的海外市场，但具备进入非洲区域内出口目的地的良好条件，并可利用区域市场作为跳板，在将来拓展到非洲之外的海外市场。此外，中小型企业还可以借由非洲大陆自由贸易区，通过为更大的非洲区域公司提供零部件而向海外出口。例如，南非的大型汽车制造商根据南部非洲关税同盟（Southern African Customs Union）的优惠贸易制度，从博茨瓦纳进口座椅用的皮革，从莱索托进口面料，进而向海外出口汽车。

第五，非洲大陆自由贸易区有助于非洲与世界其他地区的贸易实现多样化。自20世纪70年代初以来，非洲国家一直是"特惠贸易协定"（Preferential Trade Agreement）的受益者，获得了向高收入国家市场出口的关税特惠待遇。但优惠市场准入并未带来非洲出口明显增强或者经济更加多样化。部分优惠协定对原产地规则、植物检疫和产品标准进行了严格限制。此外，特惠贸易协定是优惠性条款，因此可以中止或不延期（因为它们可通过世界贸易组织进行特殊的豁免要求）。例如，2019年，卢旺达因为与美国在减少二手服装进口的政策上存在分歧，而被暂停执行《非洲增长与机遇法案》；马达加斯加也曾于2010年被暂停受益于《非洲增长与机遇法案》；肯尼亚则因过去违反纺织业原产地规则而受到威胁。对企业来说，暂停特惠贸易协定使其难以制订长期计划，在无法确定今后是否仍然享受优惠市场准入的情况下难以对某一部门进行持续投资。《非洲大陆自由贸易协定》和贸易便利化协定有着根本的不同，前者提供的市场准入不是优惠性的，因此非洲国家之间的贸易关系有了更坚实的基础。根据联合国非洲经济委员会的定量研究，非洲自贸区的实施可能使非洲自贸区内部贸易增加52%，如果同时采取措施减少非关税壁垒，这一数字可能翻一番。

（四）非洲自贸区面临的挑战

非洲联盟54个成员国签署《非洲大陆自由贸易协定》是非洲经济一体化的历史性里程碑。非洲国家自20世纪60年代独立以来，经济与贸易无法摆脱前宗主国的影响，经济结构单一，因此经济一体化是非洲大陆孜孜以求的目标。同时，非洲区域一体化也面临一系列挑战，包括基础设施发展落后、战乱和冲突问题、区域经济一体化组织成员成分安排的多重和重叠、财政资源有限等。此外，非洲大部分国家经济规模较小，工业价值链薄弱，各国经济结构趋同而缺乏互补性。因此，非洲大陆自贸区应从以下方面应对挑战。

1. 确保非洲不同发展水平的国家受益

与其他贸易谈判相比，《非洲大陆自由贸易协定》的谈判异常迅速，这主要是由于非洲国家具有联合自强的强烈政治意愿。但非洲大陆包括相对较大和较发达的国家，也包括小国和较不发达的国家，非洲各国的经济发展水平差异较大。《非洲发展报告（2017～2018）》指出，2008 年全球金融危机以来，非洲经济发展呈现新的变化，表现之一是非洲各区域和各国的经济增速分化严重，东非经济增速最快，埃塞俄比亚、肯尼亚、莫桑比克、乌干达、卢旺达、科特迪瓦和塞内加尔成为撒哈拉以南非洲地区经济增长较为迅速的国家。

经济发展水平各异的国家对非洲大陆自贸区的期望也不同。以南非为例，南非加入非洲大陆自贸区的主要动机是增加出口收入，并促进劳动密集型产品的出口。南非与非洲大陆的经济联系日益紧密，在南非前 40 强企业（由约翰内斯堡证券交易所评出）中，超过 30% 的利润都来自非洲。此外，南非对非洲区域内其他国家的出口中劳动密集型产品所占比重更高，远超南非对其他贸易伙伴的出口。

非洲大陆自贸区未来的发展应确保各方都能从《非洲大陆自由贸易协定》中受益。非洲国家的经济结构非常多元化，并将不同程度地受到《非洲大陆自由贸易协定》的影响。自由贸易协定带来的好处是很普遍的。其一，工业化程度相对较高的非洲国家完全有能力利用制成品的机会，而工业化程度较低的国家可以通过与区域价值链的联系而获益。区域价值链涵盖大型行业，它们从较小的行业跨国采购。非洲大陆自由贸易区通过降低贸易成本和促进投资，促进区域价值链的形成。其二，农业国可以从满足非洲日益增长的粮食安全要求中获益。许多农产品的易腐性意味着，其将受益于海关清关时间的缩短和《非洲大陆自由贸易协定》保障的预期物流。其三，大多数非洲国家被列为资源丰富的国家。由于原材料的关税已经很低，因此《非洲大陆自由贸易协定》对进一步促进原材料出口没有更大推动作用。然而，通过降低非洲区域内部中间产品和最终产品的关税，《非洲大陆自由贸易协定》将创造更多的机会，增加自然资源的价值。其四，非洲内陆国的成本包括较高的运费和不可预测的过境时间，非洲大陆自由贸易区为内陆国提供了便利。除了降低关税之外，非洲大陆自由贸易区还将进行贸易便利

化、过境和海关合作方面的规定。

2. 保障与自贸协定配套的措施

非洲应以相应的措施和政策支持《非洲大陆自由贸易协定》。工业化程度较低的国家可从《加速非洲工业发展方案》的执行中受益；非洲国家对教育和培训的投资可确保非洲大陆自贸区建设过程中劳动力获得必要的补充技能。实施《非洲采矿愿景》可以与《非洲大陆自由贸易协定》互补，帮助以资源为基础的非洲经济体从战略上实现出口产品多样化，进入其他国家市场。《促进非洲内部贸易行动计划》是《非洲大陆自由贸易协定》的主要配套措施。其概述了需要投资的领域，例如贸易信息和获得资金的机会，以确保所有非洲国家都能从《非洲大陆自由贸易协定》中受益。

3. 妥善处理非洲大陆自贸区与次区域经济共同体的关系

非洲大陆已成立了8个次区域经济共同体，分别为东非共同体（EAC）、西非国家经济共同体（ECOWAS）、南部非洲发展共同体（SADC）、东部和南部非洲共同市场（COMESA）、中部非洲国家经济共同体（ECCAS）、东非政府间发展组织（IGAD）、阿拉伯马格里布联盟（UMA）和萨赫勒－撒哈拉国家共同体（CEN－SAD）。

非洲次区域经济组织在非洲经济一体化进程中发挥着重要作用，但由于非洲许多次区域经济组织间缺乏有效统筹和整合，成员国身份重叠现象导致制度的重合与冲突。多重成员身份对非洲经济一体化具有一定的积极作用，但也存在较为严重的负面影响，特别是带来多重义务负担沉重、区域司法机构间管辖权冲突、区域经贸制度间法律适用冲突等问题。

《非洲大陆自由贸易协定》与东非共同体等次区域经济共同体在一体化进程中不应产生冲突。尽管东非共同体在区域内贸易中取得了较高的份额（约占贸易总额的20%），但近年来这一份额已经下降。非洲经济委员会的初步模拟研究表明，非洲大陆自贸区可以帮助东非共同体内部贸易扩大34%。据非洲经济委员会估计，非洲大陆自由贸易区建立后，东非共同体与非洲其他地区的贸易额增加了66%，受益部门主要是食品加工业、轻工业和纺织业等就业密集型制造业部门。

4. 推动非洲工业化

非洲自贸区的成败将取决于非洲国家是否能够实现工业化，并在竞争激烈的全球环境中提高其生产力。目前，非洲内部贸易仅占非洲贸易总额的 15%，而亚洲的这一比例为 80%，这表明非洲的区域内价值链与亚洲相比非常薄弱。非洲的贸易额也受到非洲大陆相对缓慢的经济增长的限制，自 2000 年以来，非洲的平均经济增长率为 4.6%，而亚洲为 7.4%。

埃塞俄比亚部长级总统特别顾问 Arkebe Oqubay 博士认为，非洲自贸区至少需要采取三项措施才能成功。①对工业化的承诺和战略聚焦。如果非洲国家要增加增值产品的生产、扩大此类产品的出口并解决其贸易不平衡问题，那么制造业的发展是必不可少的。这有助于提高非洲国家的经济多样化，加速结构转型。发展生产能力需要大量投资，形成支持性的工业生态系统，以及在竞争激烈的环境中获取技能。非洲必须扭转劳动生产率下降的趋势（目前非洲的劳动生产率为亚洲的 50%），因为非洲经济体的竞争力将受到生产率提高的影响。②增加全球出口的边际份额。尽管发展非洲内部区域价值链非常必要，但是非洲国家也需要增加其在全球出口中的边际份额，目前的份额仅为 3% 左右。增加非洲的出口将有助于实现规模经济，创造体面就业，进而提高非洲生产力。非洲年轻人口的迅速增长意味着非洲大陆每年需要创造 2000 万个新的就业机会。这与生产能力投资有关，并具有重大的政治影响。③投资于互联互通和基础设施。非洲自贸区受到基础设施不足和供应链碎片化的制约。目前，非洲国家在互联互通和基础设施方面的投资不足严重阻碍了区域贸易。要扭转这种格局，就必须对互联互通和基础设施进行大规模的战略性投资。需要协调不同部门（如药品）和次区域组织有关的法规，以促进有利的贸易和商业环境。

非洲之角的埃塞俄比亚通过建立经济特区和工业园区努力实现经济转型，为非洲其他国家提供了经验。非洲国家与传统伙伴国及新兴经济体之间的经济联系至关重要。中非经济合作促进了埃塞俄比亚等非洲国家的经济转型。工业化和经济转型的问题应成为非洲自贸区发展的关键。非洲的未来将

取决于工业化以及农业和经济的转型。

5. 逾越条款与现实之间的鸿沟

非洲大陆自贸区的协定条款与执行现实之间仍存在较大差距，例如，尼日利亚关闭贝宁边境为《非洲大陆自由贸易协定》的实施敲响了警钟。2019 年 8 月，在《非洲大陆自由贸易协定》正式签署后不久，尼日利亚宣布禁止邻国贝宁、尼日尔和喀麦隆的所有货物入境和出境。尼日利亚官员指出，其首要目标是遏制大米、西红柿和家禽等商品的走私，以支持尼日利亚的农业部门。边境关闭对尼日利亚消费者和出口商产生了影响，贸易商被拒之门外，甚至已经缴纳了关税的进口商品也被拒之门外，而且消费者面临进口食品价格虚高的后果，某些产品的价格翻了一番。受影响最大的是非正规贸易商，尤其是沿尼日利亚－贝宁边界经营的中小企业。据世界银行估计，贝宁 80% 的进口货物是运往尼日利亚的。

非洲国家关闭边境并不罕见，但因贸易争端关闭边境却值得警醒。2019 年，苏丹曾关闭与利比亚和中非共和国的边界，肯尼亚也暂停了与索马里的跨境贸易。卢旺达短暂关闭了与刚果民主共和国的边界，以应对埃博拉疫情。2020 年，为了应对新冠肺炎疫情，非洲多国被迫关闭边境。然而，与其他国家出于安全和公共卫生原因关闭边境不同的是，尼日利亚是为了应对与贸易有关的冲突而采取关闭边界的措施。尼日利亚无视区域和国际贸易条约关闭边界，表明区域或国际贸易协定的条文与一些非洲国家政府采取的实际措施之间仍存在执行差距。《非洲大陆自由贸易协定》载有若干贸易扶持条款，可用于应对边境走私问题，包括加强海关合作和贸易便利化的条款。认真执行这些规定将有助于遏制尼日利亚－贝宁的走私问题。如果非洲各国政府致力于执行《非洲大陆自由贸易协定》，其需要表现出通过对话解决贸易冲突的政治意愿。

尼日利亚－贝宁边界的贸易纠纷表明，批准《非洲大陆自由贸易协定》只是开始，成败的关键在于实施与执行。除了非洲各国的政治意愿，还需要国家具备实施自贸协定的能力和资源。

三　中非经贸与非洲大陆自贸区建设的挑战及应对

非洲大陆自贸区将极大地推动贸易和投资便利化，提高非洲国家的生产力和竞争力，扩大非洲市场，从而促进基础设施、农业、能源、电信、银行等行业的对非投资。中非经贸合作区和产业园区迎来非洲自贸区带来的重大发展机遇，但也面临非洲自身发展滞后、美国实施贸易霸权以及新冠肺炎疫情等挑战。

（一）中国与非洲大陆自贸区建设面临的挑战

自 2007 年中国在非洲设立第一个境外经贸合作区赞比亚中国经济贸易合作区以来，中国企业已在非洲建成具备一定规模的各类经贸合作区，形成轻工纺织、家用电器、制造装备等多个产业群，产业集聚效应逐步显现。但新冠肺炎疫情对全球秩序造成冲击，美国推动逆全球化、"去中国化"的逆流，非洲处于大国博弈的风口浪尖，中国和非洲大陆自贸区建设面临诸多挑战。

1. 新冠肺炎疫情的消极影响

其一，新冠肺炎疫情肆虐对非洲经济造成巨大冲击。世界上经济增长最快的前十个经济体中，有七个在非洲。疫情已经对整个非洲大陆的贸易造成重大干扰，包括医疗用品和粮食等关键商品的贸易。此外，全球经济遭受重创，非洲的资源业和旅游业市场受到严重破坏。国际货币基金组织曾预测撒哈拉以南非洲地区的经济 2020 年将下降 1.6%，而在疫情之前预计增长 6% 左右。

其二，新冠肺炎疫情在全球肆虐考验非洲各国的疫情防控能力。中国人民在中国共产党和中国政府的领导下团结互助，使疫情得到迅速控制，加快复工复产。然而，非洲地区基础设施缺乏，公共卫生条件落后，大量非正规就业导致"封城"等措施难以持续，疫情不但会对非洲的经济增长和就业造成打击，更有可能导致政局动荡和社会动乱。这势必影响非洲的互联互通

和初见成效的区域经济贸易一体化。

2. 美肯自贸区对非洲自贸区的影响

美国等域外大国试图采取"分而治之"的手段破坏非洲大陆自由贸易区追求的区域经济一体化以及中非合作。2020年2月，美国总统特朗普和肯尼亚总统肯雅塔宣布将寻求制定双边自由贸易协定。美肯谈判的结果将对非洲的内部贸易产生重大影响。

美国对非政策的主要动机是保持在非洲的影响力以遏制中国。以肯尼亚为例，其在东非地缘战略位置重要，是美国争取的非洲战略伙伴之一。然而，肯尼亚与美国的贸易规模相对较小。以2018年为例，美国和肯尼亚之间的年度货物贸易总值约为11亿美元，肯尼亚仅仅是美国的第98个贸易伙伴；相比之下，美国是肯尼亚的第三大出口市场。美肯之间的贸易差距导致外界观察者普遍认为，美国和肯尼亚拟议中的自由贸易协定在很大程度上是美国为削弱中国在非洲的影响力而采取的象征性举措。

美肯自贸区被认为是《非洲大陆自由贸易协定》的破坏者。非洲大陆自贸区将成为世界上仅次于印度的第五大经济体，超过印度的名义国内生产总值。由于非洲内部贸易水平低，非洲自贸区被广泛认为是帮助非洲地区走出许多经济困境的良药。然而，很明显，美肯自由贸易协定对《非洲大陆自由贸易协定》所有缔约方都构成了重大挑战。

3. 部分非洲国家面临本国国家利益与贸易一体化承诺的两难困境

《非洲大陆自由贸易协定》是对"后增长与机遇法案时代"的重要回应。《非洲增长与机遇法案》于2000年5月由克林顿执政时期的美国参众两院批准后正式生效，并一直延期到2025年。法案为48个撒哈拉沙漠以南非洲国家提供单方面贸易优惠条件，符合该法案条件的非洲国家可按普惠制（GSP）向美国免税出口460种商品。纺织品和服装是受益最显著的行业，而且其中5类商品可免关税、免进口配额。但该协议并非永久法案，自《非洲增长与机遇法案》实施以来，非洲的贸易和投资格局发生了变化。中国在非洲的经济影响力越来越大，欧盟与非洲区域经济共同体缔结《经济合作伙伴协定》（EPAs），这使美国公司在非洲压力倍增，由此迫使美国国会保护在非洲有利益的美国公司，《非洲增长与机遇法案》的延续充满不确定性。

　　肯尼亚与美国进行双边贸易谈判的主要动机是保持对美国的优惠市场准入。肯尼亚希望永久地确保其目前在《非洲增长与机遇法案》下享有的与美贸易优惠。该法案大大放宽了美国对撒哈拉以南非洲国家的市场准入，其中包括肯尼亚根据该法案向美国免税出口了70%以上的产品。确保永久免税进入美国市场是肯尼亚的首要任务，尤其是美国已经成为肯尼亚第三大出口市场。肯尼亚国家统计局的数据显示，在2019年9月之前的6个月里，美国已超过荷兰，成为肯尼亚第二大出口市场。肯尼亚急于与美国签署双边自贸协定的主要原因是，与非洲其他国家相比，《非洲增长与机遇法案》未来如果不能延续将对肯尼亚的贸易产生更为严重的后果。世界贸易组织的普遍优惠制（Generalized System of Preference，GSP）允许发达国家向原产于发展中国家的产品提供在最惠国待遇基础上的非互惠性优惠待遇（如进口零关税或低关税），给惠国有权决定哪些国家和产品应列入其计划。在美国的普惠制方案下，最不发达国家获得额外的免税待遇；然而，肯尼亚是东非共同体国家中唯一没有被联合国贸易和发展会议认定为最不发达国家的国家。因此，肯尼亚对美国的出口（纺织品和服装）大部分不符合美国的普惠制标准，而仅仅适用于《非洲增长与机遇法案》。因此，如果《非洲增长与机遇法案》不再延续，而肯尼亚又不能与美国达成双边自由贸易协定，那么肯尼亚在与美国的战略贸易中将处于劣势地位。

　　随着2019年5月《非洲大陆自由贸易协定》的生效，非洲贸易一体化格局发生了根本性变化。该协定旨在通过加强和扩大非洲大陆在全球贸易谈判中的共同谈判权和政策空间，加速非洲内部贸易，提高非洲在全球市场的地位。其还要求缔约国遵守《货物贸易议定书》第4条，该条款要求将同样的优惠扩大到所有缔约国。这意味着，给予美国的任何优惠都必须在对等的基础上扩大到《非洲大陆自由贸易协定》缔约国。

　　美国和肯尼亚因双边自由贸易协定对非洲大陆自由贸易区的负面影响而面临大量批评。肯尼亚即将成为第一个违反《非洲大陆自由贸易协定》承

诺的国家。非盟一贯建议非洲国家就非洲共同关心的问题与第三方进行联合谈判，如贸易和经济发展。2018 年 7 月在毛里塔尼亚努瓦克肖特举行的非盟首脑会议和 2019 年 1 月在亚的斯亚贝巴举行的首脑会议上，非洲国家元首商定，一旦《非洲大陆自由贸易协定》生效，任何国家都不得与第三方进行双边自由贸易谈判，因为这可能危及《非洲大陆自由贸易协定》。

肯尼亚等非洲国家面临本国贸易利益与非洲区域一体化的两难困境。尽管《非洲大陆自由贸易协定》的实施被推迟到 2021 年 1 月 1 日，但美肯双边自由贸易谈判将对非洲大陆自由贸易以及肯尼亚在非洲大陆的地位产生影响。对肯尼亚自身来说，此举削弱了肯尼亚作为泛非主义和区域一体化倡导者的地位，并可能最终影响肯尼亚在非洲区域的贸易。非洲内部出口占肯尼亚商品出口的 40%，而对美出口则只占 8%。此外，肯尼亚对非洲其他国家的出口主要是增值产品，这对其制造业的成功和肯尼亚实现 2030 年愿景至关重要。

（二）中国与非洲大陆自贸区建设的政策建议

成功实施《非洲大陆自由贸易协定》将有助于减轻新冠肺炎疫情对非洲经济增长的负面影响，通过降低贸易成本来支持区域贸易和价值链。从长远来看，《非洲大陆自由贸易协定》的实施将进一步推动非洲的区域一体化和经济改革。通过区域层面的自贸协定取代碎片化的次区域经济协定，简化海关程序，并将贸易改革列为优先事项，《非洲大陆自由贸易协定》可以帮助非洲国家提高应对经济冲击的能力。简化海关手续将为非洲大陆自贸区带来收益。减少非关税壁垒及采取关税自由化措施，例如配额和原产地规则，将使非洲大陆的收入增加 2.4%，即约 1530 亿美元。贸易便利化措施将增加 2920 亿美元的收入，并降低从事贸易的企业的合规成本，助力非洲企业进一步融入全球供应链。疫情对非洲大陆自贸区的建设既构成了巨大挑战，也促使非洲更加团结互助，对非洲大陆自贸区产生了刺激和推动作用。

非洲大陆自贸区建设为中非贸易合作提供了新的机遇和挑战，从长期看，中非贸易往来和经济合作也推动非洲加速参与经济全球化，为非洲国家提供从价值链初级阶段向中高级阶段跃升的机遇，帮助非洲大陆全面实现自由贸易区。

第一，继续助力非洲经济转型，改善中非贸易结构。目前，中国和非洲均处于经济转型的时期，中国面临制造业转型升级，非洲则积极准备承接中国的产能转移以实现工业化。中国应继续深化中非产能合作，通过中非工业园区建设助力非洲的工业化建设。中国应继续以中非经贸园区为中国对非洲贸易和投资的重要依托，推动中国对非洲产业链整合，助力非洲建立家用电器、轻工纺织等产业集群，提高非洲的工业化水平、产业配套和出口创汇能力。

第二，继续在"一带一路"倡议和中非合作论坛框架下帮助非洲改善基础设施建设，推动非洲大陆的互联互通，督促非洲政府改善营商环境，使得非洲大陆从自贸区获得最大利益。

第三，积极帮助非洲应对新冠肺炎疫情，以中非医药合作和数字经济合作为抓手推动中非贸易。中非医药贸易额从 2009 年的 10.86 亿美元增至 2018 年的 24.39 亿美元，十年间增长了 1 倍以上。《非洲大陆自由贸易协定》的实施将在资金投入、政策协调、统一市场建设等领域为中非医药贸易提供新的机遇，中国企业可通过提升国际化经营能力，开展中国药品进入非洲的渠道建设。数字经济领域的合作是另一重点，中非应推动移动支付、电子商务、出行服务等领域的合作，促进中非之间的贸易进一步增长。

第四，中非经贸往来不断深入之际，也应更加注重民心相通与人文交流，以提高中国在非洲的影响力，打破美国等霸权国家在非洲的制度封锁。新冠肺炎疫情加剧了欧美国家与中国的竞争，中国的学者、媒体、智库和企业应更加积极在非洲发声，影响非洲各界对中国的看法，抢占有利的舆论空间。非洲大陆自贸区凸显非洲经济自主发展的雄心，但学界对中非自贸区建设的研究远远落后于中国与发达国家自贸区建设的研究，未来应加强中非学者对中非自贸区的机遇、问题与挑战的研究。中国企业应加强对非洲市场的研究，提高跨国经营能力，增强合规经营和属地化管理。

第五，中国应平衡和处理好中国与非洲主权国家的双边自贸协定以及与

非洲大陆自贸区多边协定之间的关系，避免与非洲大陆自贸区建设形成冲突，双边自贸区建设应助力非洲经济一体化建设，尊重非洲联合自强的愿望。

中非合作论坛成立已20年，中非合作逐步由政府主导向市场运作转型，从一般商品贸易往来向加工贸易、产能合作和技术转移升级，从传统的工程承包项目向投融资合作迈进。2018年中非合作论坛北京峰会宣布的"八大行动"，推动中非共建"一带一路"与落实非洲各国发展战略、非盟2063年议程以及联合国2030年可持续发展议程紧密对接，中非自贸区建设成为中非贸易畅通的新引擎。

综上所述，中非自贸区建设有助于推动非洲实现工业化和经济转型，分享中国发展的机遇，更好地融入全球产业链和国际合作体系。受新冠肺炎疫情的影响，全球经济下行，国际贸易形势严峻，全球产业链和价值链面临收缩，非洲经济面临的挑战尤其严峻。从中国的角度出发，中美贸易摩擦、欧美将中国视为制度性对手的现实也要求中国去寻找和开拓新的贸易伙伴和经济增长点，积极推动中非自贸区建设符合中国和非洲的共同利益。中非自贸区建设既是中国对国际秩序转型的回应，也契合了中国国内经济转型升级和非洲经济发展阶段的需要，是中非共同推动经济全球化的重要支点。

参考文献

[1] 程诚：《中非贸易的挑战与机遇》，《中国投资》2018年第22期。

[2] 戴兵：《二十载耕耘结硕果　新时代扬帆启新程——纪念中非合作论坛成立20周年》，《中国投资》（中英文）2020年第3期。

[3] 计飞：《中非自由贸易区建设：机遇、挑战与路径分析》，《上海对外经贸大学学报》2020年第4期。

[4] 朴英姬：《非洲大陆自由贸易区：进展、效应与推进路径》，《西亚非洲》2020年第3期。

［5］史志钦、唐晓阳、李连星、冯理达：《中非关系新时代中的新使命》，《中国经济时报》2018 年 9 月 3 日。

［6］舒运国：《中非经贸关系：挑战与对策》，《上海师范大学学报》（哲学社会科学版）2008 年第 5 期。

［7］王洪一：《非洲大陆自贸区对中非合作的机遇和挑战》，《中国投资》（中英文）2019 年第 18 期。

［8］张宏明主编《非洲发展报告（2017～2018）》，社会科学文献出版社，2018。

［9］African Union Commission, *Agenda 2063*: *The Africa We Want*, Framework Document, 2015.

B.8
中国与拉美自由贸易协定：
现状与未来

曾思敏　王飞*

摘　要： 十九大报告明确了中国的全球贸易治理观，除继续坚定支持多边贸易体制外，促进自由贸易区建设的重要性凸显，以更开放的态度推动建设开放型世界经济。拉丁美洲和加勒比地区是世界上新兴经济体较为集中的区域，各国希望通过贸易开放获得全球化的贸易红利。本报告评估中国和拉美国家签署的自由贸易协定现状，并对正在谈判和研究中的自由贸易协定和潜在的自由贸易协定谈判对象进行展望，提出以下政策建议：首先，继续深化改革开放，为世界各国提供进入中国市场的机会；其次，积极布局，争取与更多拉美国家签订自由贸易协定；再次，顺应国际潮流和趋势，推出更高级非传统议题自由贸易协定；最后，多边和双边并举，积极构建以"我"为核心的自由贸易协定网络。

关键词： 拉丁美洲　自贸区　自由贸易协定　区域经济合作

　　第二次世界大战后，以美国为首的发达国家垄断了国际贸易规则的制定权。随着发展中国家经济增长并更深融入世界体系，国际贸易规则的演

---

　　* 曾思敏，西南科技大学经济管理学院研究生，研究方向为产业经济学；王飞，中国社会科学院拉丁美洲研究所助理研究员，研究方向为拉美经济。

变增添了发展中国家的诉求。当前，世界正处于"百年未有之大变局"，全球经贸规则在美国主导的"逆全球化"趋势下出现重大调整。美国在不断"退群"的同时，加紧建立"新群"，希望通过主导国际贸易新规则的制定在国际竞争中继续保持其霸权地位。拉丁美洲和加勒比（以下简称"拉美"）地区地域广阔，石油、矿产品、农产品和畜牧业资源丰富，与中国经济有着很强的互补性。2003 年以来，中国与拉美国家经贸合作飞速发展，这主要体现在合作的广度和深度两个方面，贸易深度不断加深，贸易总额不断增长。目前，拉美已经成为中国出口增长最快的新兴市场之一。与此同时，中国也成为巴西、秘鲁等拉美国家最大的贸易伙伴和投资来源国。

一 引言

1978 年的改革开放揭开了中国对外贸易大发展的序幕。当前，中国和世界上许多国家通过扩大贸易规模、优化贸易结构两种方式实现了经贸合作关系的良性互动。中国和其他国家的贸易合作形式从简单到复杂，从双边合作起步，逐步扩展到多边合作，并通过成立自由贸易区加强贸易及经济联系，这些都是中国扩大对外开放和加强对外交流合作的具体要素。2013 年 11 月，中国共产党第十八届中央委员会第三次全体会议提出构建开放型经济新体制、以开放促改革的发展目标。具体到国际贸易合作层面，全会强调我国应继续遵守国际贸易的体制和规则，坚持多边和双边、区域和次区域等多层面的开放合作，以周边国家和地区合作为基础，加快实施自由贸易区战略，形成高标准自由贸易区全球网络。2019 年 10 月，中国共产党第十九届中央委员会第四次全体会议再次强调，建设更高水平的开放型经济新体制是当前深化改革、扩大对外开放的具体目标。当前，全球面临"百年未有之大变局"，业已形成的全球贸易规则和世界贸易体系进入重构期，我国坚持开放和多边主义，意味着必须坚持并加快实施自由贸易区战略，在新一轮的全球贸易治理中争取掌握话语权，通过区域经济合作提高中国国际竞争力，

维护中国利益。

　　截至 2020 年底，中国先后同三个拉美国家签署了双边自由贸易协定（FTA），分别是智利、秘鲁和哥斯达黎加。中国和智利的自由贸易协定促进了两国贸易额的快速增长，并且智利丰富的自然资源出口为中国广阔的需求市场提供了保证。中国和秘鲁签署自由贸易协定之后，中秘双边贸易快速发展，贸易额稳步增加。中国从 2011 年开始成为秘鲁最大的贸易伙伴。哥斯达黎加位于中美洲，是这一地区经济、社会发展程度较高的国家，多年以来保持了较高的国际竞争力。中国和哥斯达黎加尽管建交时间不长，但双方在建交之后迅速签订了自由贸易协定，其在贸易领域取得的早期收获在中美洲地区起到了"示范效应"。本报告总结了中国与三个拉美国家签署的自由贸易协定文本，在此基础上，分析了自由贸易协定对双边贸易的影响，并对未来中拉自由贸易协定的发展前景进行了展望。报告随后的结构安排如下：第二部分将从宏观领域回顾中国签署自由贸易协定的进程；第三和第四部分将聚焦中国与三个拉美国家签署的自由贸易协定，详细列出三个自由贸易协定文本的主要内容，并重点分析已签署的自由贸易协定对双边贸易的影响以及正在进行中的自由贸易协定谈判进展；最后一部分是前景展望及发展对策。

二　中国自由贸易协定实践

　　十九大以来，中国进入了新时代。新时代催生新要求，为全面深化改革，我国提出加快实施自由贸易区战略，构建开放型经济新体制。追溯历史，中国共产党第十七次全国代表大会从国家战略层面确立了建设自由贸易区的重要性，接着中国共产党第十八次全国代表大会再次明确提出加快实施自由贸易区战略。中国共产党第十八届中央委员会第三次全体会议提出，以周边国家和地区为合作基础，加快实施自由贸易区战略，形成面向全球的高标准自由贸易区网络。中国共产党第十九次全国代表大会再次强调加快自由贸易区建设，推动建设开放型世界经济。中国共产党十九届四中全会则再次强调了建设更高水平开放型经济新体制的重要性。

截至 2021 年 4 月，中国同 26 个国家和地区签署并实施了 19 项自由贸易协定。还有 10 项自由贸易协定正在谈判中，包括中国与海合会（GCC）、以色列、挪威、摩尔多瓦、斯里兰卡、巴勒斯坦、巴拿马的自由贸易协定，以及中日韩作为整体的自由贸易协定、中国和韩国第二阶段自由贸易协定、中国和秘鲁的自由贸易协定升级版。此外，还有 8 项自由贸易协定正在研究中，分别是中国与哥伦比亚、斐济、尼泊尔、巴布亚新几内亚、加拿大、孟加拉国、蒙古国的自由贸易协定，以及中国与瑞士的自由贸易协定升级联合研究。

回顾中国构建自由贸易协定网络的历史可以发现，中国在合作伙伴选择上更加多元，并通过提升文本的规则水平开展更加积极的"自贸区外交"，而这也成为我国外交的重要组成部分。2018 年之前，我国签订自由贸易协定的对象多数集中在亚洲地区，从未同非洲国家签署过自由贸易协定。尽管中国同海合会、以色列的自由贸易协定谈判已经启动，但进展缓慢。2018年，中国启动与毛里求斯、巴勒斯坦、巴拿马和摩尔多瓦四个国家的自由贸易协定谈判，使中国的自由贸易网络更加多元。2019 年，中国和毛里求斯签署自由贸易协定，这是中国在非洲地区签署的第一个自由贸易协定。协定将以毛里求斯为样本，推动中非经贸关系进一步在制度层面深化探索，为中非全面战略伙伴关系赋予新的内涵，推动中国和非洲地区国家贸易质量的提高。截至目前，中国正在研究中的自由贸易协定对象国大多位于大洋洲或美洲，对中国自由贸易区战略的全球布局意义重大。

中国签署自由贸易协定的过程中越来越重视规则深度，通过升级议定书达到贸易规则的升级，向更高水平迈进。例如，中国同新加坡在 2018 年升级了自由贸易协定。中国 - 新加坡自由贸易区的升级在传统贸易问题和新兴贸易问题两大领域均进行了有益的尝试并获得了一定的突破。例如，中国首次在自由贸易协定中就"建立单一关税窗口"进行了具有约束力的承诺，并且第一次对外承诺就商品价格的估价方法及标准做出具有约束力的预裁决定。值得注意的是，中国和新加坡在投资方面进行了全面升级，涵盖了当

前更受欢迎的投资者与国家间争端解决机制等新内容，反映了中国在国际投资缔约实践中的最新发展。升级版中新自由贸易协定中的共识和规则在一定程度上代表了中国目前所签署的双边自由贸易协定的最高水平，也有望成为中国今后与其他国家签订自由贸易协定的模板。

三　中国与拉美国家自由贸易协定磋商与签署

（一）已签署的自由贸易协定及其成效

1.《中国－智利自由贸易协定》

中国－智利自由贸易谈判采取了较为务实的方式，从货物贸易到服务贸易再到投资，逐渐开放双边市场。2004年11月，中国与智利良好的国家间关系推动两国开始就自由贸易协定进行谈判。双方在一年内完成了五轮磋商，就协定的基本内容达成了一致。2005年11月18日，中智两国签署了包括14章和8个附件的《中国－智利自由贸易协定》。这是继中国和东盟签署自由贸易协定之后，中国对外签署的第二个自由贸易协定，也是中国在拉美地区签署的第一个自由贸易协定。中智自由贸易协定对推动两国全面合作伙伴关系的进一步发展产生了积极的影响，在更高的层面为南南合作开创了新模式。降低关税是中智自由贸易协定最重要的内容。根据该协定，自2006年7月1日起，中国和智利全面启动货物贸易关税减让进程。其中，占两国税目总数97%的产品将于10年内分阶段降为零关税（中国将分为1年、2年、5年和10年四个阶段，而智利则分为1年、5年、10年三个阶段）。2006年9月，中国和智利将自由贸易谈判从商品贸易向服务贸易领域拓展，启动中智自由贸易区服务贸易谈判，并于2008年4月13日最终完成。双方签订了《中国－智利自由贸易协定关于服务贸易的补充协定》。2010年8月，中智服务贸易协定开始生效，这也是我国与拉美国家签订的第一个服务贸易协定。2009年1月14日，中国和智利的自由贸易谈判更进一步，双方自由贸易区投资谈判启动。在经历了六轮谈判之后，2012年9月9日，中国和智利在俄罗斯符拉迪沃斯托克签署了《中国－智利自由贸易协定关于投资的补充协定》，这标志着从货物贸易到服务贸易再到投资协定，中国－智利自由贸易区建设基本全面完成。

2015 年 5 月 25 日，中国和智利签署了谅解备忘录，启动了对自由贸易协定的升级计划，以期推动双边经贸关系的质的飞跃。2017 年 11 月，中国和智利在越南完成中国－智利自由贸易区升级谈判，并签订成果性文件。中国－智利自由贸易区升级协定是我国在党的十九大胜利闭幕后签署的第一个自由贸易区升级协定，这是继中国－东盟自由贸易区升级后达成的第二个自由贸易区升级协定，也是我国与拉美国家的第一个自由贸易区升级协定。中国－智利自由贸易区升级协定涵盖传统的货物贸易、经济与技术合作、服务贸易等内容，还涉及政府采购、电子商务、环境、竞争政策等规则范畴，实现了对原有协定文本的改进和完善。中国－智利自由贸易区升级协定的缔结和签署，成为推动两国互利的经贸合作的新动力，也为丰富中智全面战略伙伴关系的内涵提供了重要支撑。中国－智利自由贸易区升级协定于 2019 年 3 月 1 日正式生效，根据协定内容，在传统关税减免方面，我国将在 3 年内逐步取消对智利的部分木制品关税，智利则将立即取消纺织、家用电器、蔗糖、服装等产品的关税。宽限期结束后，双方货物贸易零关税产品占比将达到 98% 左右。彼时，中智自由贸易区将是中国货物贸易开放水平最高的自由贸易区。服务贸易方面，双方将在先前基础上进一步扩大和提升承诺部门的数量和水平。中国已经对 20 多个行业做出了更高水平的开放，包括商业法律服务、娱乐服务、分销等；智利则将完成 40 多个部门对中国的进一步开放，包括快递运输和建筑等领域。此外，双方还修订或补充了此前中智自由贸易协定中的原产地规则和经济技术合作等章节，并增加了电子商务、竞争政策、环境与贸易等新的规则和议题。

2.《中国－秘鲁自由贸易协定》

2007 年 3 月 31 日，中国与秘鲁宣布启动双边自由贸易区联合可行性研究。2007 年 9 月，双方在澳大利亚亚太经合组织领导人非正式会议期间正式启动自由贸易区谈判。2007 年 9 月~2008 年 11 月，中国和秘鲁自由贸易

协定谈判共进行了八轮，召开了一次工作组会议。2008 年 11 月，时任中国国家主席胡锦涛在对秘鲁进行国事访问期间，与时任秘鲁总统阿兰·加西亚·佩雷斯在秘鲁首都利马宣布双方完成了自由贸易协定谈判。2009 年 4 月，中国和秘鲁签署了《中国－秘鲁自由贸易协定》，这不仅是我国与拉美国家签署的第一个一揽子式的自由贸易协定，同时也是我国同发展中经济体签订的第一个一揽子式的自由贸易协定。

2010 年 3 月，《中国－秘鲁自由贸易协定》正式实施，这是继《中国－智利自由贸易协定》后中国在拉美开始实施的第二个自由贸易协定，也是中国达成并实施的第八个自由贸易协定。该协定也被视为当时中国所有自由贸易协定中最全面的一个，除涉及传统关税减免等内容外，还包括原产地规则、知识产权保护、技术性贸易壁垒、动植物检验检疫、贸易救济等新内容。《中国－秘鲁自由贸易协定》采用了一揽子式协定，在一年多的时间里，双方达成共识，签署了货物贸易、服务贸易、投资以及争端解决等协定，协定包含十七章内容以及十二个附件。从协定内容可以看出，与之前我国与发展中经济体签订的自由贸易协定相比，《中国－秘鲁自由贸易协定》在开放广度和深度上都有了很大的提高。在货物贸易方面，中秘双方承诺将分阶段对各自 90% 以上关税税目比例的产品实施零关税。在服务贸易方面，中国和秘鲁在世贸组织一般承诺基础上进一步开放两国的服务业部门。其中，中国将对秘鲁开放 16 个部门，主要包括信息咨询、外语翻译、采矿服务业、体育服务和旅游服务等；秘鲁将对中国开放 90 个服务业部门，主要包括中文教育、中医中药、采矿服务业、武术指导和交流等。此外，双方在投资方面也都承诺给予对方准入后国民待遇、最惠国待遇等。

中秘自由贸易协定自实施以来，情况良好，成效显著，带动双边经贸关系快速发展。基于两国之间的比较优势，秘鲁对中国的出口主要是附加值较低的初级产品和原材料，从中国则主要进口高附加值的制成品。中秘自由贸易协定是南南合作模式，双方互利互惠。从中国方面来看，主要是保证自己的原材料资源供给，而秘鲁则主要为了吸引更多来自中国的直接投资。根据该协定，对秘鲁出口到中国 99% 的商品实行关税减免，其中免税商品达到了 83.5%。秘鲁在纺织品、服装、鞋以及金属制品等目类下将此前从中国进口的 592 种属于"敏感商品"的标签撤销，总金额约占其总进口额的 10%。经过十几年的发展，《中国－秘鲁自由贸易协定》成效显著。在贸易红利方面，中国的交通工具、化工产品、机电产品和轻纺产品在中国对秘鲁的出口中所占比重较大，秘鲁向中国的出口主要是鱼粉、水果、鱼类水产品和矿产品等，双方实现了互利共赢。据不完全统计，中秘自由贸易协定签订以来，广东、浙江、湖北、山东、福建等省份的贸促会以及各省份下属的地市级贸促会都签发了中国－秘鲁自由贸易区优惠原产地证书①，使这些地区的大量出口产品获得关税优惠，降低贸易成本，提升企业竞争力，涉及的产品主要包括机械、汽车、化工、轻工、电子、家电、蔬菜、水果等。直接投资方面，两国为来自对方国家的企业及投资人（包括机构和自然人）提供各项投资便利，包括公平公正待遇、最惠国待遇等。《中国－秘鲁自由贸易协定》还对影响直接投资的关键事项做出了相应的规定。例如，收益的汇入汇出始终困扰着在拉美投资的中国企业，《中国－秘鲁自由贸易协定》专门就此项事宜提供了更多的便利，有利于中国的投资企业和企业法人自由汇出收益。

中秘自由贸易协定有效地提升了两国经济贸易合作水平，形成我中有你、你中有我的经贸合作格局，确保了两国关系的不断推进。近年来，秘鲁已经成为我国在拉美地区第二大投资目标国和第四大贸易伙伴。自 2009 年签署自由贸易协定以来，中国已成为秘鲁第一大贸易伙伴和主要投资来源国。《中国－秘鲁自由贸易协定》还实现了与时俱进，双方于 2016 年 11 月启动自由贸易协定升级联合研究。仅用时两年，中秘两国于 2018 年 11 月宣布完成了关于升级自由贸易协定的联合研究并开始进行谈判。2019 年 4 月，两国签署共建"一带一路"合作谅解备忘录。2019 年 11 月，秘鲁作

---

① 区域性优惠原产地证书是我的原产货物出口到缔约方进口国海关通关时，国外客户享受关税减免待遇的必要凭证。

为主宾国参加了第二届中国国际进口博览会。2019 年 8 月 23 日，中国 – 秘鲁自由贸易协定升级第三轮谈判顺利完成。双方在前期达成共识的基础上，围绕植物卫生措施、原产地规则、服务贸易、投资、海关程序与贸易便利化、电子商务、知识产权、竞争政策和全球供应链等议题展开全面深入磋商。

3.《中国 – 哥斯达黎加自由贸易协定》

2007 年 6 月，中国与哥斯达黎加正式建立外交关系，这是中美洲地区首个与我国建立外交关系的国家，从而为两国双边经贸关系的发展奠定了良好政治基础。2007 年 10 月，哥斯达黎加总统奥斯卡·阿里亚斯（Oscar Arias）访华期间，两国签署了《中哥关于开展双边自由贸易协定联合可行性研究的谅解备忘录》，并于 2008 年 1 月正式开始了可行性研究，随后在 2008 年胡锦涛主席访问哥伦比亚期间，两国共同宣布了双边自由贸易区谈判正式启动。从 2009 年 1 月到 2010 年 2 月，在一年多的时间内双方进行了六轮谈判，并最终于 2010 年 4 月在北京正式签署了《中国 – 哥斯达黎加自由贸易协定》。这是中国和中美洲国家签订的第一个一揽子式的自由贸易协定，不仅包括传统的货物贸易和服务贸易，还包括贸易救济、知识产权、原产地规则、海关程序、技术性贸易壁垒、卫生和植物卫生检疫措施等新内容。这也是中国签署并实施的第十项自由贸易协定，于 2011 年 8 月 1 日起正式生效。《中国 – 哥斯达黎加自由贸易协定》采用了一揽子式协定，协定正文内容共包含 16 章以及 13 个附件，双方就原产地规则、海关程序、货物贸易市场准入、跨境服务贸易、贸易救济手段、知识产权贸易、技术壁垒、卫生和植物卫生检疫措施、投资、争端解决机制等议题均达成一致，这表明我国自由贸易区谈判水平和经验都有了很大提升。自由贸易协定加强了地方和企业同拉美国家的经贸联系。例如，从 2011 年双方自由贸易协定正式实施至 2019 年底，位于广东省珠海市的拱北海关依据《中国 – 哥斯达黎加自由贸易协定》，为珠海市的出口企业共签发了 604 份原产地证书，总金额约为 2.8 亿元，可减免关税 1300 多万元。获得原产地证书后，"珠海制造"不断销往哥斯达黎加，并通过哥斯达黎加进一步辐射至中美洲和加勒比地区的其他国家。格力空调进入了哥斯达黎加的政府机关和居民家中，三一海洋重工参与了当地的基础设施建设。走进哥斯达黎加及其周边国家的还有珠海打印耗材产品、塑胶玩具、家居用品等商品。我们可以看到，不论是知名企业还是中小企业，都可以借助中国和哥斯达黎加签署的自由贸易协定，利用哥斯达黎加独特的地理位置优势，辐射中美洲大陆、加勒比地区乃至美国，极大地扩大了中国产品在拉美市场的覆盖面。

但是，相较于秘鲁和智利，中国与哥斯达黎加自由贸易协定的贸易红利效果（贸易转移和贸易创造）并不明显，双边贸易额增长有限，而且近年来还没有升级换代之势。

（二）潜在的自由贸易协定对象及谈判进展

1. 巴拿马

巴拿马 2017 年才与中国建立外交关系。但是，巴拿马多年来一直是中国在拉美地区重要的贸易合作伙伴之一。巴拿马在 2005 年之前一直位列中国在拉美地区前五大贸易伙伴。全球金融危机以及世界经济在 2012 年的"二次探底"使中巴经贸合作受到一定冲击，双边贸易总额自 2012 年起连续下降，巴拿马在中拉贸易中的地位也从第五位降到第八位。

中国与巴拿马建交后便有自由贸易协定谈判的构想。2018 年 6 月，巴拿马贸易和工业部长奥古斯托·阿罗塞梅纳（Augusto Arosemena）访华庆祝两国建交一周年之际，与时任中国商务部长钟山签署谅解备忘录，正式启动中－巴拿马自由贸易协定谈判。截至 2019 年巴拿马大选前，中国－巴拿马自由贸易协定在不到一年的时间内已经完成五轮谈判，进展迅速，双方围绕诸多议题展开深入协商，其中包括货物贸易、服务贸易、投资等传统领域，还包括金融服务、原产地规则、海关程序和贸易便利化、贸易救济、动植物检验检疫以及法律议题等。但是，2019 年 5 月巴拿马总统大选之后，中国和巴拿马自由贸易谈判随即陷入停滞。

2. 哥伦比亚

中国和哥伦比亚在经贸领域优势互补，合作潜力大，市场前景广阔。

2012年，中国和哥伦比亚宣布启动自由贸易区联合可行性研究。彼时，中国是哥伦比亚的全球第二大贸易伙伴，哥伦比亚是中国在拉美地区的第八大贸易伙伴。中哥双边贸易总额在2011年为82.3亿美元。其中，中国对哥伦比亚出口额与进口额分别为58.4亿美元和23.9亿美元。根据哥伦比亚国家统计署的数据，2019年哥伦比亚与中国双边货物进出口贸易总额为153.1亿美元，同比增长5.7%。其中，哥伦比亚对中国出口额同比增长10.3%，达43.4亿美元，占哥伦比亚出口总额的11%，提高了1.6个百分点；哥伦比亚自中国进口额同比增长4.0%，达109.7亿美元，占哥伦比亚进口总额的20.8%，提高了0.2个百分点。哥伦比亚对华贸易逆差达66.3亿美元。2019年，中国已经成为哥伦比亚第二大进口来源地和第二大出口市场。

但是，中国和哥伦比亚自2012年启动自由贸易区联合可行性研究后，其进展较为缓慢。2016年，中国外交部长王毅访问哥伦比亚时曾表示，中方希望尽快开启和哥伦比亚签订自由贸易协定的可行性研究。

3. 南方共同市场

南方共同市场（MERCOSUR）于1995年1月1日正式运作。这是一个成员国均为发展中国家的一体化组织，在南美地区规模最大，也最具影响力。中国同南方共同市场国家（除巴拉圭外）经贸关系密切，双方在1997～2003年共进行了四次对话，旨在加强国际经贸领域的合作。中国和南方共同市场在2004年6月进行第五次对话期间决定正式启动中国-南方共同市场对话联络小组，并初步就中国-南方共同市场自由贸易谈判交换意见，决定开展各自的可行性研究。2012年6月，中国和南方共同市场成员国签署了《中华人民共和国与南方共同市场关于进一步加强经济、贸易合作联合声明》。2018年6月，阿根廷外长福列在2018年南方共同市场峰会期间接受采访时指出，南方共同市场应与中国开启自由贸易协定谈判对话。彼时的乌拉圭外长尼恩强调，乌拉圭作为轮值主席国主要任务就是推动南方共同市场与中国达成经贸协议。

四 中国与拉美国家自由贸易协定成效比较

（一）中国－智利：步步为营

2005 年达成的《中国－智利自由贸易协定》与 2017 年签署的升级议定书均有效促进了中国和智利双边贸易规模与双边经贸关系的快速扩大和发展，成为中国和拉美国家建立自由贸易区的典范。目前，中国是智利最大的贸易伙伴、最大的出口市场和第二大进口来源地，智利则是中国在拉美地区的第三大贸易伙伴。2020 年，中智双边贸易总额突破 400 亿美元，是 2005年自由贸易协定实施前的 6 倍。中国主要向智利出口纺织品、机电产品、钢材、家电等制成品，从智利主要进口纸浆、鱼粉、葡萄酒等加工品和铜、铁矿砂、水果等初级产品。

中国和智利双边贸易呈现四大特点。

首先，在贸易规模方面，中智两国贸易总额持续增加。根据联合国商品贸易数据库的数据（见表 1），中国和智利双边贸易总额在 2003 年为 35.32亿美元，其中中国从智利的进口额为 22.48 亿美元，向智利的出口额为12.83 亿美元，此后几年，两国的贸易总额以年均 20%左右的增速增加，即使在 2008 ~ 2009 年全球金融危机期间也未减少。2020 年，中智双边贸易总额已经达到了 440.88 亿美元，其中中国从智利的进口额和对智利的出口额分别达到了 287.49 亿美元和 153.39 亿美元。中国从智利的进口额、对智利的出口额在中国进口总额、出口总额中的比重分别从 2003 年的 0.56% 和0.29%上升到了 2020 年的 1.40% 和 0.59%。2003 年智利同中国的贸易额只占其对外贸易总额的 0.07%，而到了 2019 年这一比重已经上升到了28.09%，同期，智利同美国的贸易额占其贸易总额的比重为 16.48%①。

---

① 笔者根据联合国商品贸易数据库（UN Comtrade）数据计算，此处选择智利作为报告国。为了保持本报告所使用数据的一致性，除特别说明外，所用数据均来自联合国商品贸易数据库或笔者根据该数据库计算所得。

表1 2003～2020 年中国和智利双边贸易情况

单位：亿美元

年份	中国进口	中国出口	贸易总额	净出口
2003	22.48	12.83	35.32	-9.65
2004	36.67	16.88	53.55	-19.78
2005	49.92	21.49	71.41	-28.42
2006	57.36	31.09	88.45	-26.27
2007	102.80	44.32	147.13	-58.48
2008	111.73	61.87	173.60	-49.86
2009	127.91	49.28	177.19	-78.62
2010	179.35	80.25	259.60	-99.10
2011	205.78	108.17	313.95	-97.62
2012	206.32	126.01	332.33	-80.31
2013	207.08	131.05	338.13	-76.02
2014	209.86	130.18	340.03	-79.68
2015	184.39	132.90	317.29	-51.49
2016	186.05	128.03	314.08	-58.02
2017	211.76	144.10	355.85	-67.66
2018	270.00	159.16	429.16	-110.83
2019	262.91	146.88	409.79	-116.03
2020	287.49	153.39	440.88	-134.10

资料来源：UN Comtrade。

其次，在贸易流向方面，中国始终处于贸易逆差地位，且逆差额有逐渐扩大的趋势。2003 年，中国对智利贸易逆差为9.65 亿美元，2020 年已经增加到134.10 亿美元（见表1）。按照 HS 编码，2018 年中智经贸往来涉及95个部类，中国在其中21 个部类出现了贸易逆差，其中，贸易逆差最大的部类依次是第26 章"矿砂、矿渣及矿灰"，第74 章"铜及其制品"，第47 章"木浆及其他纤维状纤维素浆、回收（废碎）纸或纸板"，第8 章"食用水果及坚果；柑桔属水果或甜瓜的果皮"，第3 章"鱼、甲壳动物、软体动物及其他水生无脊椎动物"，这五个部类在中国对智利的贸易逆差总额中所占比重分别为40.87%、38.21%、7.65%、6.47% 和1.69%。从表2 可以看出，2003～2018 年智利对中国的出口以原材料以及初级化工产品为主，其中铜及其制品，矿砂、矿渣及矿灰，木浆及其他纤维状纤维素浆、回收（废碎）纸或纸板占比始终位于出口比重前三。除了上述三类产品，第 8 章与第 28 章产品也始终在智利对中国的出口中占比较大。近年来，食用水果及坚果、柑桔属水果或甜瓜的果皮（第 8 章产品）成为智利对中国出口的热点，其出口比重从 2003 年的 1.48% 上升到 2018 年的 6.37%。智利从中国进口的产品和其他拉美大国类似，以工业制成品和机电产品为主。其中，第 85 章产品始终占据着出口占比最高的位置，服饰服装、鞋靴等轻工业制成品占比也较大（见表 3）。一个值得注意的现象是，2003~2018 年，智利从中国进口产品的类别集中度有降低趋势。

表 2　2003~2018 年智利对中国主要出口产品比重

单位：%

HS	2003 年	2006 年	2009 年	2012 年	2015 年	2018 年
74	54.90	39.43	61.06	58.72	46.28	37.70
26	22.30	44.36	23.73	27.69	34.21	40.21
47	9.26	6.24	7.35	4.84	6.48	7.53
8	1.48	0.96	1.40	2.90	5.34	6.37
28	2.03	1.62	0.99	1.59	0.98	1.06

注：HS 编码指代产品：74 "铜及其制品"；26 "矿砂、矿渣及矿灰"；47 "木浆及其他纤维状纤维素浆、回收（废碎）纸或纸板"；8 "食用水果及坚果；柑桔属水果或甜瓜的果皮"；28 "无机化学品、贵金属、稀土金属、放射性元素及其同位素的有机及无机化合物"。

表 3　2003~2018 年智利从中国主要进口产品比重

单位：%

HS	2003 年	2006 年	2009 年	2012 年	2015 年	2018 年
85	12.88	12.84	15.37	13.17	17.01	15.03
84	10.63	11.72	14.33	11.47	9.05	8.55
61	11.04	11.04	10.04	10.15	8.93	8.74
62	11.72	10.63	9.34	7.84	7.91	7.95
64	7.10	7.10	6.45	5.58	5.28	4.72

注：HS 编码指代产品：85 "电机、电气设备及其零件；录音机及放声机、电视图像、声音的录制和重放设备及其零件"；84 "核反应堆、锅炉、机器、机械器具及零件"；61 "针织或钩编的服装及衣着附件"；62 "非针织或非钩编的服装及衣着附件"；64 "鞋靴、护腿和类似品及其零件"。

再次，贸易品技术结构方面，双方进出口技术构成较为稳定。一方面，2003～2019 年，中国从智利进口的产品类型以初级产品和资源型制成品为主（见表 4），其占比始终保持在 97% 以上，且绝对额大大高于同类产品中国向智利的出口。另一方面，中国从智利进口产品的技术含量有下降趋势。2003 年，中国从智利进口的 62.03% 是初级产品（13.95 亿美元），36.17% 是资源型制成品（8.13 亿美元），几乎没有高级技术制成品。2019 年，初级产品占中国从智利总进口的比重为 48.87%（137.64 亿美元），资源型制成品的比重增长到 50.88%（143.31 亿美元），而高级技术制成品则仅占 0.01%（420 万美元），绝对额的差距更大。2003～2019 年，中国出口制成品以低级技术制成品为主，此类产品出口占比多数年份保持在 50% 以上，但有下降的趋势。值得注意的是，中国向智利的出口结构呈现技术含量高级化的趋势。中国出口到智利的高级技术制成品占比从 2003 年的 9.57% 上升到 2019 年的 15.15%，中级技术制成品的占比也有上升趋势（见表 5）。

表 4　2003～2019 年中智贸易品技术结构（智利出口）

单位：百万美元

年份	初级产品	资源型制成品	低级技术制成品	中级技术制成品	高级技术制成品
2003	1394.6	813.1	7.5	32.9	0.1
2004	2174.8	1449.0	9.9	32.3	0.3
2005	2470.3	2449.6	6.1	64.6	1.0
2006	2536.0	3080.7	2.9	115.7	0.6
2007	5925.6	4310.9	8.4	32.6	2.9
2008	6132.8	4969.4	8.5	60.0	2.1
2009	8429.4	4269.0	17.2	74.2	0.8
2010	11608.6	6173.7	14.8	122.0	16.0
2011	13431.1	7073.5	17.0	40.0	16.6
2012	12958.0	7583.1	18.6	42.7	29.2
2013	11114.5	9506.1	19.4	59.5	8.1
2014	11932.5	8976.2	22.6	48.6	6.0
2015	10129.4	8225.2	17.2	57.7	9.4
2016	9868.9	8686.4	13.9	29.2	6.0

续表

年份	初级产品	资源型制成品	低级技术制成品	中级技术制成品	高级技术制成品
2017	10319.7	10818.1	12.4	22.9	1.6
2018	12922.1	14022.4	13.8	38.7	1.7
2019	13764.2	14331.1	18.1	50.2	4.2

注：产品技术分类标准参见 Lall 国际贸易商品分类方法。

资料来源：联合国贸易和发展会议数据库，http：//unctadstat. unctad. org/wds/ReportFolders/reportFolders. apx？CS_ ChosenLang = en。

表5　2003～2019年中智贸易品技术结构（智利进口）

单位：百万美元

年份	初级产品	资源型制成品	低级技术制成品	中级技术制成品	高级技术制成品
2003	7.9	61.6	813.7	277.2	122.8
2004	13.0	83.1	1030.6	386.1	175.4
2005	20.1	127.2	1214.8	528.9	257.8
2006	41.4	175.4	1731.7	772.3	385.9
2007	56.8	291.3	2239.8	1199.7	642.9
2008	79.4	459.6	3032.7	1710.1	902.1
2009	64.2	329.9	2437.7	1153.1	941.6
2010	121.6	537.5	4127.6	1862.7	1369.8
2011	160.6	776.2	5372.9	2664.1	1835.6
2012	157.8	895.3	6437.2	3201.9	1894.6
2013	191.8	908.6	6572.8	3378.1	2044.8
2014	218.1	931.1	6763.3	3108.4	1985.4
2015	227.6	955.6	6572.3	3286.2	2237.2
2016	243.5	912.1	6518.3	2985.6	2121.5
2017	250.6	937.0	7590.4	3454.5	2145.0
2018	258.4	1264.9	8064.0	3914.7	2386.9
2019	250.0	1077.3	7562.8	3569.9	2225.0

注：产品技术分类标准参见 Lall 国际贸易商品分类方法。

资料来源：联合国贸易和发展会议数据库，http：//unctadstat. unctad. org/wds/ReportFolders/reportFolders. apx？CS_ ChosenLang = en。

最后，中国和智利还存在个别贸易摩擦案例。2003～2015年，中国和智利之间的贸易摩擦较少。2016～2020年，智利对中国发起4次反倾销调

查（见表6），主要集中在工业制成品，涉案产品包括盘条、钢条和钢制研磨球。

表6　2016~2020年中国－智利贸易摩擦

时间	涉案产品	类型
2016年8月	盘条	反倾销
2017年1月	钢条	反倾销
2018年6月	钢制研磨球	反倾销
2020年4月	钢制研磨球	反倾销

资料来源：中国贸易救济信息网，http://cacs.mofcom.gov.cn/。

（二）中国－秘鲁：稳步推进

中国是秘鲁最大的出口市场、进口来源国和贸易伙伴，秘鲁是我国在拉美地区第二大投资目的地和第四大贸易伙伴。2020年，中国－秘鲁双边贸易额达220.14亿美元，中国出口额和进口额分别为88.66亿美元和131.48亿美元，同比分别增长 - 7.20%、4.2%和 - 13.57%。中国向秘鲁主要出口高新技术产品、机电、纺织品、服装等各种技术含量的制成品，中国从秘鲁主要进口鱼粉和铜、铁等矿产品。

中国和秘鲁双边贸易呈现四大特点。

首先，在贸易规模方面，中秘两国贸易总额呈上涨趋势。根据联合国商品贸易数据库的统计数据（见表7），2003年，中秘两国贸易总额只有11.14亿美元，中国从秘鲁的进口额和对秘鲁的出口额分别为7.60亿美元和3.54亿美元。此后多年，两国贸易总额以年均25%左右的速度增长。2003年秘鲁同中国的贸易额只占其对外贸易总额的7.55%，而到了2019年这一比重已经上升到了26.90%，同期，秘鲁同美国贸易额占其贸易总额的比重为16.45%。此外，多年来秘鲁同中国的贸易保持了顺差，2020年顺差规模达到42.82亿美元。

表7　2003～2020年中国和秘鲁双边贸易情况

单位：亿美元

年份	中国进口	中国出口	贸易总额	净出口
2003	7.60	3.54	11.14	-4.06
2004	15.23	4.18	19.41	-11.04
2005	22.78	6.09	28.87	-16.69
2006	29.08	10.09	39.16	-18.99
2007	43.38	16.83	60.21	-26.55
2008	44.92	27.74	72.66	-17.18
2009	43.24	20.99	64.23	-22.25
2010	63.68	35.50	99.18	-28.19
2011	78.64	46.53	125.18	-32.11
2012	84.55	53.33	137.87	-31.22
2013	84.08	61.89	145.97	-22.19
2014	81.41	61.01	142.42	-20.40
2015	79.50	63.55	143.05	-15.95
2016	94.91	59.90	154.81	-35.01
2017	133.67	69.59	203.26	-64.09
2018	152.13	81.02	233.15	-71.11
2019	152.12	85.09	237.21	-67.03
2020	131.48	88.66	220.14	-42.82

资料来源：UN Comtrade。

其次，在贸易流向方面，在绝大多数年份中，中国处于贸易逆差地位，且逆差总额呈扩大趋势。根据表7的数据，中国对秘鲁的贸易逆差额由2003年的4.06亿美元扩大到2018年的71.11亿美元，增幅达到1651.48%。按照HS编码，2018年，中国和秘鲁贸易往来涉及94个部类，中国在其中的22个部类当中，从秘鲁进口大于出口，逆差规模最大的部类分别是第26章"矿砂、矿渣及矿灰"、第74章"铜及其制品"、第23章"食品工业的残渣及废料；配制的动物饲料"和第8章"食用水果及坚果；柑桔属水果或甜瓜的果皮"。2003～2018年，秘鲁对中国出口的主要产品是原材料和初级化工产品，其中第26章产品"矿砂、矿渣及矿灰"出口占比始终排名第一，并且呈上升趋势，从2003年的48.31%上升到2018年的77.19%，在秘鲁对中国的出口中有越来越重要的地位。第74章产品"铜及其制品"也是主打产品。另外，第23章产品"食品工业的残渣及废料；配制的动物饲料"的出口有显著的下降，其占比从36.46%下降到8.12%，但其依然处于出口排名前三的地位（见表8）。秘鲁从中国主要进口工业制成品和机电产品（见表9）。秘鲁从中国进口最多的是电机电气设备、音像设备及其零件。核反应堆、锅炉、机器和车辆及其零部件也是秘鲁从中国进口的重要产品类别。

表8 2003~2018年秘鲁对中国主要出口产品比重

单位：%

HS	2003 年	2006 年	2009 年	2012 年	2015 年	2018 年
26	48.31	54.39	69.76	68.96	69.43	77.19
74	10.07	4.49	8.66	13.45	9.64	9.15
23	36.46	18.73	15.65	11.29	12.03	8.12
8	0.0003	0.11	0.29	0.82	2.71	1.48
16	—	0.21	0.42	1.42	1.68	0.77

注：HS 编码指代产品：26 "矿砂、矿渣及矿灰"；74 "铜及其制品"；23 "食品工业的残渣及废料；配制的动物饲料"；8 "食用水果及坚果；柑桔属水果或甜瓜的果皮"；16 "肉、鱼、甲壳动物、软体动物及其他水生无脊椎动物的制品"。

表9 2003~2018年秘鲁从中国主要进口产品比重

单位：%

HS	2003 年	2006 年	2009 年	2012 年	2015 年	2018 年
85	20.66	15.39	19.30	16.28	17.15	17.54
84	9.82	11.80	16.66	13.74	11.63	11.28
87	6.63	7.39	10.89	12.42	7.83	7.61
72	0.21	8.92	1.78	7.20	5.30	7.42
73	2.38	5.35	4.20	5.38	5.85	5.25

注：HS 编码指代产品：85 "电机、电气设备及其零件；录音机及放声机、电视图像、声音的录制和重放设备及其零件、附件"；84 "核反应堆、锅炉、机器、机械器具及其零件"；87 "车辆及其零件、附件，但铁道及电车道车辆除外"；72 "钢铁"；73 "钢铁制品"。

再次，贸易品技术结构方面，中秘两国贸易结构比较稳定。根据表10的数据，制成品是中国对秘鲁出口的主要商品类型，特别是低级技术制成品和中级技术制成品，其占比多数年份都保持在30%以上（除2009年低级技术制成品占比达29%之外），并且自2003年起，这两类产品的出口额均在1亿美元以上，远远超过其他技术制成品类型组别。高级技术制成品出口额则在2006年超过了1亿美元，在2013年超过了10亿美元。反之，中国从秘鲁的进口则以初级产品和技术含量较低的资源型制成品为主（见表11），2003~2018年，这两类产品的进口始终达到总进口额的99%以上。其中，初级产品的进口占比有明显的下降，从2003年的49.54%下降到2019年的19.97%，同时资源型制成品的进口占比呈上升趋势，由49.79%上升到79.82%，成为中国自秘鲁进口的主要产品。

表10　2003~2019年中秘贸易品技术结构（中国出口）

单位：百万美元

年份	初级产品	资源型制成品	低级技术制成品	中级技术制成品	高级技术制成品
2003	2.5	46.5	125.5	138.6	39.1
2004	4.9	51.2	123.5	176.8	61.8
2005	6.6	84.7	192.7	231.2	93.0
2006	13.6	126.0	360.6	372.5	132.8
2007	19.8	179.2	532.1	609.8	338.5
2008	27.0	293.4	934.3	1007.1	509.5
2009	29.3	227.1	610.6	790.4	439.8
2010	52.2	354.6	1165.1	1352.8	621.9
2011	69.4	428.1	1518.5	1770.9	863.2
2012	77.4	470.8	1882.9	1981.8	913.9
2013	81.6	555.7	2259.6	2212.6	1071.5
2014	77.6	563.0	2227.5	2078.4	1150.2
2015	98.3	626.5	2258.3	2242.9	1120.7
2016	91.0	634.1	2159.6	1961.1	1136.1
2017	109.3	668.8	2504.3	2248.8	1415.7
2018	111.2	774.7	3028.8	2634.1	1540.3
2019	123.5	867.3	3132.0	2792.2	1591.4

注：产品技术分类标准参见Lall国际贸易商品分类方法。

资料来源：联合国贸易和发展会议数据库，http：//unctadstat.unctad.org/wds/ReportFolders/reportFolders.apx？CS_ ChosenLang＝en。

表11　2003~2019年中秘贸易品技术结构（中国进口）

单位：百万美元

年份	初级产品	资源型制成品	低级技术制成品	中级技术制成品	高级技术制成品
2003	376.5	378.4	2.4	2.7	0.0
2004	630.2	878.3	2.7	11.8	0.0
2005	924.7	1331.6	3.5	18.2	0.0
2006	1228.6	1656.0	6.5	16.7	0.0
2007	1183.2	3134.5	10.0	10.1	0.1
2008	1186.7	3285.5	8.7	11.2	0.1
2009	1145.7	3154.9	9.0	14.2	0.0
2010	1702.0	4631.2	10.3	24.7	0.0
2011	2141.0	5668.0	13.8	41.3	0.2
2012	2350.8	6055.2	15.5	33.2	0.0
2013	2101.8	6263.3	19.2	23.8	0.1
2014	2309.5	5806.4	15.5	9.2	0.3
2015	2089.1	5844.2	13.1	3.2	0.3
2016	1971.2	7504.2	13.0	1.9	0.2
2017	2735.0	10599.2	29.1	2.6	0.9
2018	3085.5	12095.9	19.1	11.6	0.5
2019	3255.3	13008.9	26.0	7.2	0.7

注：产品技术分类标准参见 Lall 国际贸易商品分类方法。

资料来源：联合国贸易和发展会议数据库，http：//unctadstat. unctad. org/wds/ReportFolders/ reportFolders. apx？CS_ ChosenLang = en。

最后，中秘贸易摩擦较为频繁，反倾销是秘鲁对华贸易救济调查的主要形式。秘鲁在对华贸易中呈现较为明显的"出口初级产品化"趋势，且出口的技术水平在较长时间难以得到提升，因此中秘贸易摩擦较多。涉案产品方面，秘鲁对中国的贸易反倾销主要集中在纺织品上，其次是工业制成品，但制成品的技术含量较低（见表12）。

表12　2003~2019年中国-秘鲁贸易摩擦

时间	涉案产品	类型
2003 年 7 月	铁铰链	反倾销
2003 年 10 月	陶瓷餐具	反倾销
2004 年 1 月	不锈钢锅、茶壶、煎锅和带把浅口锅	反倾销

续表

时间	涉案产品	类型
2004 年 2 月	合成纤维制服装、棉质非针织服装等	反倾销
2004 年 11 月	棉机织物	反倾销
2005 年 9 月	牛仔布	反倾销
2006 年 5 月	鞋类产品	反倾销
2008 年 7 月	纺织面料	反倾销
2009 年 2 月	平纹织物	反倾销
2011 年 8 月	长和宽不超过 60 厘米的墙面瓷砖	反倾销
2012 年 6 月	服装和其他纺织品	反倾销
2013 年 10 月	热轧钢管	反倾销
2017 年 2 月	拉链及其配件	反倾销
2019 年 2 月	府绸织物	反倾销
2019 年 2 月	涤纶面料	反倾销

资料来源：中国贸易救济信息网，http：//cacs. mofcom. gov. cn/。

（三）中国－哥斯达黎加：效果不彰

中国目前是哥斯达黎加在全球范围内的第二大贸易伙伴。两国于 2010 年 4 月签署了自由贸易协定，2011 年 8 月，该协定正式生效。2007 年 10 月，两国签署促进和保护投资协定，该协定于 2016 年 10 月生效。2019 年，因受世界经济持续下行、国际贸易争端加剧以及哥斯达黎加国内经济下行压力依旧严峻等国内外消极因素叠加的影响，哥斯达黎加对华贸易总体表现不佳。联合国商品贸易数据库数据显示，2020 年，中哥双边贸易总额为 22.04 亿美元，其中中方出口额与进口额分别为 15.36 亿美元和 6.69 亿美元，同比分别增加 -1.61%、1.05% 和 -7.08%。中国主要对哥斯达黎加出口运输工具、机械设备、电器及电子产品、棉纺织品和塑料制品等；从哥方进口电器及电子产品、电子技术、计算机与通信技术、电子零配件、集成电路及微电子组件等。

当前，双方贸易关系呈现四个特点。

首先，在贸易规模上，中国与哥斯达黎加两国间的双边贸易数额较小，自由贸易协定签署之后的效果不明显，且近年来呈现显著下降。根据联合国商品贸易数据库数据（见表13），2003年，中国和哥斯达黎加双边贸易总额为6.59亿美元，2010年增加至37.95亿美元，2012年达到61.72亿美元的峰值之后开始下降，2020年只有22.04亿美元，甚至低于2007年的水平。具体到出口方面，2003年以来，中国对哥斯达黎加的出口规模呈上涨趋势，2003年出口额为0.99亿美元，2020年达到了15.36亿美元，年均增速为17.5%。但中国自哥斯达黎加进口规模却在近年来有显著下降。2003~2012年，进口规模呈扩大趋势，从2003年的5.61亿美元上涨到2012年的52.70亿美元。但2012年之后，进口额开始一路下跌，特别是在2015年出现了断崖式的下降，下降幅度达到了80%。

表13　2003~2020年中国和哥斯达黎加双边贸易情况

单位：亿美元

年份	中国进口	中国出口	贸易总额	净出口
2003	5.61	0.99	6.59	-4.62
2004	6.41	1.54	7.96	-4.87
2005	9.22	2.29	11.51	-6.93
2006	17.47	4.09	21.56	-13.39
2007	23.07	5.68	28.75	-17.38
2008	22.71	6.19	28.90	-16.51
2009	26.46	5.38	31.84	-21.09
2010	31.07	6.88	37.95	-24.19
2011	38.44	8.85	47.29	-29.59
2012	52.70	9.02	61.72	-43.68
2013	47.58	9.27	56.85	-38.31
2014	41.86	11.10	52.96	-30.77
2015	8.26	13.31	21.57	5.05
2016	6.97	14.95	21.92	7.97
2017	7.92	14.95	22.87	7.03
2018	7.76	16.64	24.41	8.88
2019	7.20	15.20	22.40	8.00
2020	6.69	15.36	22.04	8.67

资料来源：UN Comtrade。

其次，在贸易流向上，中国从入超转为出超，贸易结构变化大。2003～2014 年，中国在中哥双边贸易中始终是入超方。2003 年，中国与哥斯达黎加双边贸易存在 4.62 亿美元的贸易逆差，此后，贸易逆差规模几乎不断扩大并于 2014 年达到 30.77 亿美元。2015 年，中国与哥斯达黎加双边贸易由逆差转为顺差，当年实现 5.05 亿美元的贸易顺差。此后，中国保持了贸易出超地位。2018 年，中国实现 8.88 亿美元的贸易顺差。同其他拉美国家不同的是，哥斯达黎加对中国出口最多的产品是制成品，始终占据着最大比重的是第 85 章产品，但产品的比重在2018 年有下降的趋势，从 2003 年的 92.61% 下降到 2018 年的41.18%。同时，第 90 章产品的比重开始有了明显的提升，2009 年跻身哥斯达黎加出口中国占比前五，此时的占比为 0.16%，到 2015 年之后，此类产品的占比上升到第二位，并在 2018 年达到了 39.92%，成为近年来哥斯达黎加出口的一个新热点（见表 14）。中国自哥斯达黎加进口产品的集中度很高，其进口额位于前十的产品基本上就是中国自哥斯达黎加进口的全部产品，占进口总额比重在 2003～2012 年始终保持在99.8% 以上，在 2018 年这一占比下降到 96.89%，中国自哥斯达黎加进口产品的集中度有所下降。中国对哥斯达黎加的出口以工业制成品为主。其中，第 85 章产品始终是中国对哥斯达黎加出口最多的部类，且此类产品的出口比重在 2003～2018 年呈上涨趋势，从 2003 年的12.57% 上升到 2018 年的 18.17%，可以看出中国在此类产品上的贸易逆差呈缩小趋势。此外，第 84 章产品核反应堆、锅炉、机器、机械器具及零件也占据着中国对哥斯达黎加出口的重要位置，并且其出口比重也有所上涨，从 2003 年的 7.36% 上升到 2018 年的 12.68%。中国对哥斯达黎加出口产品中保持较大比重的还有第 86 章产品、第 87 章产品和第 72 章产品。特别是第 72 章钢铁产品，近年来其出口比重显著提高，2003 年仅为 0.19%，2012 年达到 4.20%，到 2018 年更是上涨到11.43%（见表 15）。

表14 2003～2018年哥斯达黎加对中国主要出口产品比重

单位：%

HS	2003 年	HS	2006 年	HS	2009 年	HS	2012 年	HS	2015 年	HS	2018 年
85	92.61	85	99.27	85	98.50	85	98.81	85	74.11	85	41.18
84	6.77	41	0.12	41	0.36	20	0.30	90	12.65	90	39.92
41	0.19	94	0.10	23	0.26	74	0.23	41	6.67	17	4.19
44	0.12	84	0.08	20	0.17	90	0.20	2	1.50	2	2.95
6	0.11	3	0.08	90	0.16	39	0.08	39	1.15	44	2.08

注：HS 编码指代产品：85 "电机、电气设备及其零件；录音机及放声机、电视图像、声音的录制和重放设备及其零件、附件"；84 "核反应堆、锅炉、机器、机械器具及零件"；41 "生皮（毛皮除外）及皮革"；44 "木及木制品；木炭"；6 "活树及其他活植物；鳞茎、根及类似品；插花及装饰用簇叶"；94 "家具；寝具、褥垫、弹簧床垫、软座垫及类似的填充制品；未列名灯具及照明装置；发光标志、发光铭牌及类似品；活动房屋"；3 "鱼、甲壳动物、软体动物及其他水生无脊椎动物"；23 "食品工业的残渣及废料；配制的动物饲料"；20 "蔬菜、水果、坚果或植物其他部分的制品"；2 "肉及食用杂碎"；90 "光学、照相、电影、计量、检验、医疗或外科用仪器及设备、精密仪器及设备；上述物品的零件、附件"；74 "铜及其制品"；39 "塑料及其制品"；17 "糖及糖食"。

表15 2003～2018年哥斯达黎加从中国主要进口产品比重

单位：%

HS	2003 年	2006 年	2009 年	2012 年	2015 年	2018 年
85	12.57	24.60	22.96	17.86	17.67	18.17
84	7.36	6.07	14.02	8.49	8.69	12.68
86	6.49	8.35	7.85	5.68	5.56	3.56
87	5.34	7.46	3.53	7.97	8.99	5.79
72	0.19	4.14	3.06	4.20	5.74	11.43

注：HS 编码指代产品：85 "电机、电气设备及其零件；录音机及放声机、电视图像、声音的录制和重放设备及其零件"；84 "核反应堆、锅炉、机器、机械器具及零件"；86 "铁道及电车道机车、车辆及其零件，铁道及电车道轨道固定装置及其零件、附件，各种机械（包括电动机械）交通信号设备"；87 "车辆及其零件、附件，但铁道及电车道车辆除外"；72 "钢铁"。

再次，在贸易品技术结构上，中哥产业贸易规模较大，各种制成品均是各自向对方出口的重要组成部分。根据表16和表17的数据，中国从哥斯达黎加进口的商品类型以高级技术制成品为主，其占比始终保持在50％以上。但是此类产品的进口额近年来有下降的趋势，其占比从2003年的99％下降到2019年的55.48％。此外，中国从哥斯达黎加进口的中级技术制成品有显著的增长，其占比从2003年的0.36％上升至2019年的22.96％。中国对哥斯达黎加以低级技术制成品和中级技术制成品出口为主，其绝对量大大高于中国对哥斯达黎加同类产品的进口。另外，中国对哥斯达黎加出口的技术含量有提高的趋势。中级技术制成品和高级技术制成品出口占比都有缓慢上升趋势。

表 16　2003~2019 年中哥贸易品技术结构（中国进口）

单位：百万美元

年份	初级产品	资源型制成品	低级技术制成品	中级技术制成品	高级技术制成品
2003	1.0	1.5	1.1	2.0	555.7
2004	0.9	4.1	4.4	4.9	627.9
2005	2.1	4.9	8.4	7.3	898.8
2006	2.3	4.5	4.6	11.6	1725.6
2007	3.1	9.3	4.2	18.0	2273.7
2008	5.4	10.6	5.6	16.2	2234.6
2009	16.5	11.4	6.1	20.9	2595.4
2010	9.5	17.1	12.6	33.1	3039.6
2011	6.5	17.7	9.7	41.3	3772.5
2012	9.0	42.4	2.7	65.6	5158.4
2013	27.4	33.7	20.6	83.7	4598.5
2014	51.5	43.6	19.1	126.5	3961.1
2015	76.3	20.7	42.2	141.2	550.5
2016	46.5	19.2	20.9	141.9	475.4
2017	26.3	112.3	97.7	184.1	422.4
2018	47.3	48.1	54.9	145.8	556.1
2019	39.9	50.3	76.2	177.2	428.2

注：产品技术分类标准参见 Lall 国际贸易商品分类方法。

资料来源：联合国贸易和发展会议数据库，http：//unctadstat.unctad.org/wds/ReportFolders/reportFolders.apx？CS_ChosenLang=en。

表 17　2003~2019 年中哥贸易品技术结构（中国出口）

单位：百万美元

年份	初级产品	资源型制成品	低级技术制成品	中级技术制成品	高级技术制成品
2003	1.6	10.5	42.7	33.0	10.7
2004	3.6	16.2	64.8	47.4	22.3
2005	14.3	23.1	79.0	71.9	40.4
2006	12.4	35.5	123.1	146.0	91.5
2007	22.0	50.9	153.5	197.2	144.1

续表

年份	初级产品	资源型制成品	低级技术制成品	中级技术制成品	高级技术制成品
2008	35.3	76.1	248.6	193.5	65
2009	20.4	60.2	145.1	150.6	158.5
2010	32.2	77.3	214.7	273.1	90.2
2011	43.9	102.5	287.7	262.3	187.7
2012	51.7	96.1	291.6	310.5	151.2
2013	39.4	115.8	279.0	328.8	163.2
2014	37.7	127.4	325.8	406.2	211.7
2015	43.4	144.3	406.6	527.3	207.8
2016	50.3	148.4	473.4	530.4	289.8
2017	51.8	152.8	546.5	505.5	235.2
2018	44.4	171.5	599.8	565.3	280.4
2019	47.2	156.1	533.9	528.2	252.7

注：产品技术分类标准参见 Lall 国际贸易商品分类方法。

资料来源：联合国贸易和发展会议数据库，http：//unctadstat. unctad. org/wds/ReportFolders/reportFolders. apx？CS_ ChosenLang = en。

最后，哥斯达黎加保税区企业持续稳定发展，同中国贸易成为亮点。在哥斯达黎加经济复苏缓慢、对外贸易总体表现不佳的大背景下，2019 年哥斯达黎加保税区企业仍然保持生产活力，系 2019 年唯一保持增长态势的进口主体。2019 年哥斯达黎加保税区企业从中国进口额为 1.97 亿美元，同比增长19.85%；主要进口产品集成电路和电子显微结构进口额为 4559.73 万美元，服装和纺织品进口额为 1575.84 万美元，电子材料进口额为 1114.30 万美元。

五　中拉自由贸易协定发展前景及对策

在当前国际贸易关系如此紧密的时代，国际分工日趋复杂，国际经贸治理日趋多样，生产跨越多个国家的趋势已不可阻挡。即使"逆全球化"浪潮涌动，拥有广泛代表性的世界贸易组织难以发挥作用，但全球化的趋势不会逆转，开放的中国需要同包括拉美国家在内的更多经济体进行贸易合作。中拉贸易合作属于南南合作范畴，对于重塑世界经济格局有着重要的作用。自2008 年金融危机以来，国际形势纷繁复杂，中国坚定不移地扩大对外开放，中国共产党十八届三中全会通过的《中共中央关于全面深化改革若干重大问题的决定》提出，"加快自由贸易区建设。坚持世界贸易体制规则，坚持双边、多边、区域次区域开放合作，扩大同各国各地区利益汇合点，以周边为基础加快实施自由贸易区战略。改革市场准入、海关监管、检验检疫等管理体制，加快环境保护、投资保护、政府采购、电子商务等新议题谈判，形成面向全球的高标准自由贸易区网络"。

首先，我们应继续深化改革、扩大对外开放，为世界各国提供进入中国市场的机会。这是中国自由贸易区战略的基调。近年来，中国采取了实际行动维护着多边自由贸易体制。中国深化改革开放的各项举措对内将满足本国民众的需求，而且可以与世界分享巨大的市场，为维护自由贸易和多边贸易体制，共建创新、包容、开放的世界经济开辟新的前景。

其次，面临国际经贸严峻的形势，积极布局，争取与更多的拉美国家签订自由贸易协定。逆全球化浪潮叠加新冠肺炎疫情，使本就风雨飘摇的全球化更加举步维艰。新冠肺炎疫情短期内仍将存在，我们必须做好应对。在逆全球化浪潮中，更加坚定地坚持更公平、更透明、更普惠、更合作互助的全球化，借助 5G、云计算、大数据、智能制造等众多新动力，加强国际合作。新版美墨加协定、巴西－智利 FTA 谈判，欧盟－南共市自由贸易谈判显示出拉美国家积极推动双边、多边自由贸易体制的决心。事实上，拉美外向型经济体在签署自由贸易协定方面较为积极，希望通过更大的市场为本国商品寻求更宽的出路。在签署自由贸易协定对象国选取方面，有南北型和南南型两大类。南北型还包括南北双边型（如美国－哥伦比亚自由贸易协定）和南北多边型（如北美自由贸易区－新版美墨加协定、欧盟－哥伦比亚自由贸易协定），南南型则包括南南双边型（如哥伦比亚－墨西哥自由贸易协定①）和南南多边型（如中美洲共同市

----

① 哥伦比亚与墨西哥自由贸易区属于 G－3 协议（包括哥伦比亚、墨西哥与委内瑞拉）中的一部分，这一协议从 1989 年 3 月 12 日开始谈判，1994 年 6 月 13 日正式签署。哥伦比亚、墨西哥和委内瑞拉分别在 1989 年 12 月 20 日、12 月 31 日和 12 月 29 日通过了该项协议并宣布即时生效。但在 2006 年 5 月 25 日，因同哥伦比亚存在冲突，委内瑞拉宣布退出 G－3 协议，这一决议在同年 11 月 19 日生效，这时，G－3 协议变为仅剩哥伦比亚与墨西哥的一项自由贸易协议。

场、南方共同市场）。目前来看，中国在拉美签署自由贸易协定的伙伴国经济体量还较小，自由贸易协定的效果在个别国家不彰，甚至出现倒退，这都需要我们想办法解决。

再次，自由贸易协定内容需要更高级，符合国际潮流和趋势。尽管美国退出了 TPP 谈判，但其作为一个高水平、高质量、21 世纪的贸易协定，代表了未来贸易谈判的趋势。投资政策、竞争政策、知识产权保护、中小企业、监管一致性等新领域和新议题的加入，为未来国际贸易和国际投资新规则的制定提供了新模板。未来一段时间内，围绕货物贸易、服务贸易和投资新规则制定的角力将更加严峻，发展中国家需紧跟发达国家的步伐，在自由贸易协定内容方面进行升级换代，以对外开放的主动性赢得经济发展的主动权。例如，2020 年，秘鲁、智利、哥伦比亚、厄瓜多尔和玻利维亚签署一项贸易协定，目的是促进中小微企业发展。可以说，拉美国家已经开始在非传统贸易协定议题方面有所作为，这为中拉未来商签自由贸易协定开拓了新方向，内容高级化成为新准则。

最后，继续积极构建以"我"为核心的自由贸易协定网络，多边和双边并举。在区域层面，中国可利用自由贸易谈判，推动建立地区贸易新规则和新秩序。例如，中国同南方共同市场之间的贸易对话启动较早，南方共同市场各个成员国同中国的贸易联系紧密，中国是其最重要的贸易伙伴国之一。这为双方贸易谈判向纵深发展创造了条件。在双边层面，中国与拉美潜在自由贸易对象国的关系值得关注。哥伦比亚同中国启动自由贸易协定谈判较早，最近又再次活跃；巴拿马前几轮磋商进展较快，在新总统执政之后停滞；乌拉圭多次表态希望和中国进行自由贸易协定谈判，对于这三国可重点关注。

参考文献

[1] Carol Wise, "Playing Both Sides of the Pacific: Latin America's Free Trade Agreements (FTAs) with China", *Pacific Affairs*, 89 (1), March 2016.

［2］ ECLAC，"People's Republic of China and Latin America and the Caribbean：Ushering in a New Era in the Economic and Trade Relationship"，*CEPAL Report*，2011.

［3］ 柴瑜等：《"中国－哥伦比亚自由贸易协定"研究》，《拉丁美洲研究》2012 年第 4 期。

［4］ 李巍、张玉环：《国际经济秩序的危机与中国的选择——2018 年中国经济外交报告》，《战略决策研究》2019 年第 2 期。

［5］ 岳云霞：《中智自由贸易协定评价》，《拉丁美洲研究》2006 年第 1 期。

［6］ 中国社会科学院世界经济与政治研究所国际贸易研究室：《跨太平洋伙伴关系协定文本解读》，中国社会科学出版社，2016。

Abstract

In recent years, economic globalization has suffered setbacks, the mechanism of multilateralism has developed slowly, and tendency of trade protectionism in some parts of the world has been constantly escalated. Sino-US trade disputes not only seriously damage the economic and trade interests of both sides, but also have adverse effects on the global economic recovery. The outbreak of the Covid – 19 epidemic hit the world economy seriously, resulting in a sharp contraction of international trade and investment. The global supply chain, value chain and industrial chain showed a trend of regional and localized contraction, and the world economy is facing sluggish growth.

General secretary Xi Jinping has stressed on many important occasions that the opening door of China will not be closed, but will only open wider and wider. In October 2019, the Fourth Plenary Session of the 19th CPC Central Committee once again stressed the need to build a new open system with a higher level. The development of free trade area is an important measure for China to build a new pattern of opening up. Facing the complicated international situation, under the leadership of the CPC Central Committee and the State Council, the building of pilot free trade zones and free trade agreements has made a series of significant and positive progress.

This report summarizes and sorts out the status quo and trend of China's pilot free trade zone and free trade agreements in the past year, and carries out in-depth analysis and puts forward suggestions for specific problems. The general report analyzes the overall context, effectiveness, challenges and suggestions of the development of pilot free trade zone and free trade agreement in China. Up to now, China has set up 21 pilot free trade zones, and nearly 70% of the provinces over the country have pilot free trade zones. China continues to build a high-quality network of free trade agreements. So far, China has signed 17 free trade agreements with 25 countries and regions. The main contents of the sub-reports are as follows: comprehensively evaluating the strategic layout and a series of system construction of Hainan free trade port, and deeply discussing the legal system construction, so as to put forward constructive suggestions on the system design and operation of Hainan free trade port; conducting in-depth analysis on the linkage between import expo and pilot free trade zone in order to comprehensively improve the level of opening to the outside world; summarizing the main achievements and problems of financial industry reform and innovation in the current pilot Free Trade Zone, and discussing the direction and focus of the follow-up reform; by taking tourism industry in Hainan as an example, the reform and innovation development of service industry in free trade zone being discussed; summarizing the development situation of manufacturing industry in the pilot free trade zone and putting forward forecast about the trend; on basis of analyzing the basic trade situation between China and Africa, some suggestions for China and Africa economy cooperation and the construction of China-Africa free trade agreement put forward; on the basis of evaluating the free trade agreements signed by China and Latin American countries, the prospects of the potential free trade agreements under negotiation and research discussed.

Keywords: Pilot Free Trade Zone; Free Trade Agreement; Free Trade Port; High Quality Development

Contents

I General Report

Abstract: The construction of the pilot free trade zone is of great significance for China to participate in the governance of the new pattern of global economy and connect with the new rules of international economy and trade. The FTA has adhered to the core functions of the system, and has made a lot of valuable exploration and innovation in the fields of trade liberalization, investment facilitation, the opening of the financial industry and the transformation of government functions. It has played a key role in stabilizing COVID − 19's foreign trade and foreign capital market. There are still some problems in the development of China's Pilot Free Trade Zone, such as low proportion of high-value system innovation, insufficient stress testing, lack of benchmarking international economic and trade rules, etc. In order to promote the high-quality development of the Pilot Free Trade Zone, we should strengthen the top-level design, accelerate the legislative guarantee, straighten out the management system, provide a high-quality policy environment for system innovation, stress testing and financial opening, and encourage "bold trial, bold breakthrough and active reform" by establishing a fault-tolerant mechanism. By strengthening the integrated development of manufacturing industry and modern service industry, we will continue to expand the industrial cluster foundation of the pilot free trade zone and enhance the radiation strength to give play to the "growth pole" effect. In addition, China has signed 17 free trade agreements with 25 countries and regions, which plays an important role in promoting China's international economic and trade cooperation. In the future, we should continue to strengthen the network construction of high-standard free trade areas.

Keywords: Pilot Free Trade Zone; Free Trade Agreement; Institution Innovation; High Quality Development

II Special Reports

B.2 Benchmarking with International First – class Standards and Promoting the Construction of Hainan Free Trade Port

Fu Lixin / 034

Abstract: At present, the tendency of Global trade protectionism is escalating, and the trend of anti-globalization is prominent. The CPC Central Committee clearly supports the construction of a free trade port with Chinese characteristics and promotes the management policy and institutional system of building a pilot zone step by step and stage by stage in Hainan. This report comprehensively evaluates the strategic layout of Hainan free trade port, the construction of comprehensive system, the construction of investment and trade system, the construction of tax system and the construction of customs system. At the same time, it deeply discusses the construction of the legal system of Hainan free trade port, and puts forward targeted and effective policies, increasing stress testing, liberalizing investment access, innovating regulatory system and improving customs clearance efficiency Improve the tax system, form a depression effect, improve the legal system and provide priority protection.

Keywords: Free Trade Zone; Hainan Free Trade Port; Institutional Construction; Customs; Tax

B.3 Report on the Linkage Development of Import Expo and

Pilot Free Trade Zones   *Cui Can* / 058

Abstract: Import Expo provides an important stage for overseas enterprises. Pilot Free Trade Zone provides a policy guarantee for overseas enterprises to enter the Chinese market. The linkage of the Import Expo and the Pilot Free Trade Zone fully demonstrates China's courage and charm in attracting resources from all sides, China's firm determination in comprehensively adhering to reform and opening up, and promoting economic globalization and multilateralism. We should actively hold high-quality Import Expo, play a driving and leading effect, expand the domestic and foreign influence of the Import Expo, strengthen the economic spillover effect. We will promote the linkage of the Import Expo and the Pilot Free Trade Zone and comprehensively raise the level of opening to the outside world.

Keywords: Import Expo; Pilot Free Trade Zone; Shanghai

III Industry Reports

B.4 Financial Innovation and Development of Pilot Free

Trade Zones   *Jin Dianchen, Zhu Yukun* / 076

Abstract: The Pilot Free Trade Zone has become a new platform for China's opening to the outside world and an accelerator for promoting domestic reform. Over the past few years, the Pilot Free Trade Zone has formed a large number of replicable and replicable experiences in many fields, especially in financial reform and innovation, established a financial system framework and supervision mode of "macro prudence with first-line liberalization and second-line strict management", and achieved "ice breaking" in the reform of important financial fields and key links. The Pilot Free Trade Zone has made a series of remarkable achievements in the fields of financial and capital account convertibility and related foreign exchange management, exchange rate reform and foreign debt management reform, but there are still some problems, such as the fragmentation of legislation related to financial innovation, the relative lag of financial supervision system, the limited financial innovation that can be copied and promoted, and the low synergy of financial reform system. The direction and focus of the follow-up reform should be to properly handle the three groups of relations, promote financial reform, innovate financial supervision mode, improve comprehensive financial supervision, enrich characteristic financial products and services, and improve the risk management system of the Pilot Free Trade Zone.

Keywords: Pilot Free Trade Zone; Financial Innovation; FinTech; Financial Cooperation

Abstract: The opening of service industry to the outside world is a key area that needs to be broken through in the reform of the Pilot Free Trade Zone. Tourism is an important area for the reform, innovation and development of the service industry in the free trade zone. The development of tourism is closely related to the reform and innovation of the Free Trade Zone. Policy innovation and pilot reform in the field of tourism can lead the innovation and development of the Free Trade Zone and promote a new round of reform and opening up. The reform and innovation of tourism is the task and requirement given by the central government to the development of Hainan Free Trade Zone and an important part of the construction of Hainan Free Trade Zone and Free Trade Port. Since its establishment, Hainan Free Trade Zone has explored a series of tourism reform and innovation practices, and achieved a number of innovation and demonstration in the policy fields of taxation, visa, investment and financing, land, aviation, talent

and culture, which has greatly promoted the construction of Hainan international tourism consumption center and provided new impetus for the reform, innovation and development of the Free Trade Zone. In the future, we should focus on the objectives and requirements of the construction of international tourism consumption center, improve public services, enrich tourism supply, and fully release the potential of tourism consumption.

Keywords: Free Trade Zone; Tourism; Reform and Opening Up; Hainan

B.6 Innovation and Development of Manufacturing Industry in Pilot Free Trade Zones *Wang Shi*, *Hu Xiaobing* / 126

Abstract: Manufacturing industry and auxiliary segments are the key Industrial sector ubiquitously existing and seizing the core position in every Pilot Free Trade Zone and their partition. Every Pilot Free Trade Zone has utilized its unique favorable conditions from geographical location and policy, made tremendous achievements in terms of carrying on global manufacturing industry migration, optimizing industry structure and independent innovation. Especially apparent in Mid-West area, manufacturing industry has become the essential engine of boosting exports and economic growth for Pilot Free Trade Zones and adjacent area. Furthermore, also as the important breakthrough of system and mechanism innovation, manufacturing industry will provide practical experiences and examples in terms of enlarging openness by policies' advantages and accelerating manufacturing industry upgrade.

Keywords: Pilot Free Trade Zone; Manufacturing Industry; Industry Upgrading; Independent Innovation

Contents

IV Sino-foreign Cooperation Reports

B. 7 The Construction of FTA between China and Africa

Zhou Jinyan / 161

Abstract: The construction of China Africa Free Trade Area is not only China's response to the transformation of the international order, but also meets the needs of China's domestic economic transformation and upgrading and Africa's economic development stage. It is an important fulcrum for China and Africa to jointly promote economic globalization in the post epidemic era. Compared with the rapid development of China Africa economic cooperation, the construction of China Africa Free Trade Area lags behind. The establishment of the African continental Free Trade Area, which covers 54 African countries and a population of 1. 2 billion, has brought new opportunities and challenges to the construction of China Africa Free Trade Area. China should balance the construction of bilateral Free Trade Area between China and African sovereign countries and the construction of multilateral Free Trade Area between China and Africa, help Africa's economic integration and jointly defend the multilateral trading system.

Keywords: AfCFTA; FTA between China and Africa; FOCAC

B. 8 Sino-LAC FTAs: Current Situations
and Future Prospects

Zeng Simin , Wang Fei / 186

Abstract: The report of the 19th National Congress of the Communist Party of China has clarified China's view on Global trade governance. In addition to continuing to firmly support the multilateral trading system, it is of great importance to promote the construction of Free Trade Areas and promote the construction of an open world economy with a more open attitude. Latin America

and the Caribbean is a region where emerging economies are more concentrated in the world. Countries hope to obtain the trade dividend of globalization through trade opening. This paper evaluates the current situation of Free Trade Agreements signed between China and Latin American countries, looks forward to the Free Trade Agreements under negotiation and research and potential negotiating objects of Free Trade Agreements, and puts forward the following policy suggestions. First, continue to deepen reform and opening up to provide opportunities for the Chinese market for countries all over the world. Secondly, actively arrange and strive to sign Free Trade Agreements with more Latin American countries. Thirdly, comply with the international trend and trend to launch a higher-level non-traditional topic Free Trade Agreement; Finally, both multilateral and bilateral efforts should be made to actively build a network of Free Trade Agreements with China as the core.

Keywords: Latin America; Free Trade Zone; Free Trade Agreement; Regional Economic Cooperation

权威报告・一手数据・特色资源

皮书数据库
ANNUAL REPORT(YEARBOOK)
DATABASE

分析解读当下中国发展变迁的高端智库平台

所获荣誉

- 2019年，入围国家新闻出版署数字出版精品遴选推荐计划项目
- 2016年，入选"'十三五'国家重点电子出版物出版规划骨干工程"
- 2015年，荣获"搜索中国正能量 点赞2015""创新中国科技创新奖"
- 2013年，荣获"中国出版政府奖・网络出版物奖"提名奖
- 连续多年荣获中国数字出版博览会"数字出版・优秀品牌"奖

成为会员

通过网址www.pishu.com.cn访问皮书数据库网站或下载皮书数据库APP，进行手机号码验证或邮箱验证即可成为皮书数据库会员。

会员福利

- 已注册用户购书后可免费获赠100元皮书数据库充值卡。刮开充值卡涂层获取充值密码，登录并进入"会员中心"—"在线充值"—"充值卡充值"，充值成功即可购买和查看数据库内容。
- 会员福利最终解释权归社会科学文献出版社所有。

数据库服务热线：400-008-6695
数据库服务QQ：2475522410
数据库服务邮箱：database@ssap.cn
图书销售热线：010-59367070/7028
图书服务QQ：1265056568
图书服务邮箱：duzhe@ssap.cn

社会科学文献出版社 皮书系列
SOCIAL SCIENCES ACADEMIC PRESS (CHINA)

卡号：893542338311
密码：

基本子库 SUB DATABASE

中国社会发展数据库（下设 12 个子库）

整合国内外中国社会发展研究成果，汇聚独家统计数据、深度分析报告，涉及社会、人口、政治、教育、法律等 12 个领域，为了解中国社会发展动态、跟踪社会核心热点、分析社会发展趋势提供一站式资源搜索和数据服务。

中国经济发展数据库（下设 12 个子库）

围绕国内外中国经济发展主题研究报告、学术资讯、基础数据等资料构建，内容涵盖宏观经济、农业经济、工业经济、产业经济等 12 个重点经济领域，为实时掌控经济运行态势、把握经济发展规律、洞察经济形势、进行经济决策提供参考和依据。

中国行业发展数据库（下设 17 个子库）

以中国国民经济行业分类为依据，覆盖金融业、旅游、医疗卫生、交通运输、能源矿产等 100 多个行业，跟踪分析国民经济相关行业市场运行状况和政策导向，汇集行业发展前沿资讯，为投资、从业及各种经济决策提供理论基础和实践指导。

中国区域发展数据库（下设 6 个子库）

对中国特定区域内的经济、社会、文化等领域现状与发展情况进行深度分析和预测，研究层级至县及县以下行政区，涉及省份、区域经济体、城市、农村等不同维度，为地方经济社会宏观态势研究、发展经验研究、案例分析提供数据服务。

中国文化传媒数据库（下设 18 个子库）

汇聚文化传媒领域专家观点、热点资讯，梳理国内外中国文化发展相关学术研究成果、一手统计数据，涵盖文化产业、新闻传播、电影娱乐、文学艺术、群众文化等 18 个重点研究领域。为文化传媒研究提供相关数据、研究报告和综合分析服务。

世界经济与国际关系数据库（下设 6 个子库）

立足"皮书系列"世界经济、国际关系相关学术资源，整合世界经济、国际政治、世界文化与科技、全球性问题、国际组织与国际法、区域研究 6 大领域研究成果，为世界经济与国际关系研究提供全方位数据分析，为决策和形势研判提供参考。

法律声明

　　"皮书系列"（含蓝皮书、绿皮书、黄皮书）之品牌由社会科学文献出版社最早使用并持续至今，现已被中国图书市场所熟知。"皮书系列"的相关商标已在中华人民共和国国家工商行政管理总局商标局注册，如LOGO（ ）、皮书、Pishu、经济蓝皮书、社会蓝皮书等。"皮书系列"图书的注册商标专用权及封面设计、版式设计的著作权均为社会科学文献出版社所有。未经社会科学文献出版社书面授权许可，任何使用与"皮书系列"图书注册商标、封面设计、版式设计相同或者近似的文字、图形或其组合的行为均系侵权行为。

　　经作者授权，本书的专有出版权及信息网络传播权等为社会科学文献出版社享有。未经社会科学文献出版社书面授权许可，任何就本书内容的复制、发行或以数字形式进行网络传播的行为均系侵权行为。

　　社会科学文献出版社将通过法律途径追究上述侵权行为的法律责任，维护自身合法权益。

　　欢迎社会各界人士对侵犯社会科学文献出版社上述权利的侵权行为进行举报。电话：010-59367121，电子邮箱：fawubu@ssap.cn。

社会科学文献出版社